U0819625

陈云

ChPBCLUB（中国私人银行家俱乐部）创办人兼理事长、危而思商学院首席讲师，曾任某信托公司私人信托部首席财富顾问，经济学学士、中级经济师、认证私人银行家，著有畅销书《大额保单操作实务》。

有着十多年的家庭财富管理经验，先后任职于国内知名的三方财富管理机构和信托公司，担任高级理财经理和首席财富顾问，擅长于依据客户具体情况，构建家族信托和大额保单的财富管理架构。先后受聘于工商银行、建设银行、中信银行、民生银行、交通银行、深圳农村商业银行、中国人寿、交银康联人寿、太平人寿、中意人寿、华夏人寿、英大人寿、中信保诚人寿、建信人寿、中银三星人寿、汇丰人寿等金融机构及团队，累计主讲各类培训和客户场沙龙将近两百场。

刘娓娜

北京市千奭律师事务所主任、北京企业法治与发展研究会＆企业诉讼研究中心副主任、北京大学国家发展研究院硕士，ChPBCLUB（中国私人银行家俱乐部）特聘专家讲师。

拥有10多年的丰富律师经验，专注于研究中国私人财富传承的法律风险防范，将民营企业家在企业运营过程中的刑事法律风险与公司运营过程中涉及公司内部股权结构设计中的控制权、运营权及分红权等诸多法律问题与私人资产配置等相关法律问题相结合，研究了一系列的有效隔离及防范措施及解决方案。擅长处理特别重大、复杂的案件，特别是涉及公司运营中的法律风险防范、公司股权结构设计、公司股权分割与继承案件。

David Zhang

美国SEC注册顾问。在美国曾在PIMCO、花旗另类投资部等担任分析师、基金经理等职位，回国后曾担任国内前三基金公司的香港投资总监、美国总经理等职。

19年海外架构、税务筹划、家族传承安排和海外投资经验，在美国移民前后税务规划、在岸和离岸信托、基金会设立、跨境税务规划、资产保全、全球信息交换、中国个人所得税筹划及自我申报等方面提供咨询。

王敏

MBA（企业税收管理与筹划方向），会计学讲师、中级经济师（财政与税收方向），ChPBCLUB（中国私人银行家俱乐部）特聘专家讲师。

主要研究方向为税收理论政策、企业税收风险与筹划，长期致力于税法、审计、会计等专业课程的教学工作；近年来公开出版发表学术论文10篇，个人主持或参与课题3项，主编及参编教材2部。

黄丽颖

中航信托股份有限公司高级财富顾问，ChPBCLUB（中国私人银行家俱乐部）特邀信托专家讲师，AFP(金融理财师)与CPB(私人银行家)持证人，渤海税校特聘教授；永浩私人财富保护与传承中心首席信托专家；14年家庭财富管理经验。

李兴琨

中国人民大学经济学硕士，国家理财规划师二级，第五届全国十佳理财师大赛优胜理财师。

超过10年金融从业经验，曾在国内大型股份制银行、公募基金公司、第三方理财机构从事财富管理和资产配置工作，具有丰富全权委托账户管理经验。

石端义

AFP持证人，毕业于北京师范大学。

超过13年金融从业经验，长期在国内大型基金公司、外资银行、第三方理财机构从事财富管理工作；对基金、信托、银行理财等理财产品有较深研究。

何永萍

北京市京师律师事务所合伙人，财富传承部主任；国家心理咨询师，国家婚姻家庭咨询师，北海国际仲裁院仲裁员，北京市高级人民法院认证调解员，北京市律师协会婚姻与家庭法律专业委员会委员。

擅长将金融理财、信托、保险、移民与法律风险防范相结合，其研发的“高端私人财富保护及传承”服务模式深受高净值人士欢迎。

刘金涛

北京市一法律师事务所税法部副主任，注册税务师、律师、经济师，ChPBCLUB（中国私人银行家俱乐部）特聘专家讲师。

先后在食品药品监督管理局、地方税务局、人民法院、会计师事务所、税务师事务所、某大型农业电商公司等多家单位任职。在虚开发票风险防范、涉税争议解决、环境保护税、合同税务审阅、财务人员职业法律风险控制、高净值人士财税风险防范等领域有深入研究和丰富实战经验。出版有《环境保护税法全解析及计算申报实务》及《虚开发票的处理及预防》等著作。

何永萍

北京市京师律师事务所合伙人，财富传承部主任；国家心理咨询师，国家婚姻家庭咨询师，北海国际仲裁院仲裁员，北京市高级人民法院认证调解员，北京市律师协会婚姻与家庭法律专业委员会委员。

擅长将金融理财、信托、保险、移民与法律风险防范相结合，其研发的“高端私人财富保护及传承”服务模式深受高净值人士欢迎。

刘金涛

北京市一法律师事务所税法部副主任，注册税务师、律师、经济师，ChPBCLUB（中国私人银行家俱乐部）特聘专家讲师。

先后在食品药品监督管理局、地方税务局、人民法院、会计师事务所、税务师事务所、某大型农业电商公司等多家单位任职。在虚开发票风险防范、涉税争议解决、环境保护税、合同税务审阅、财务人员职业法律风险控制、高净值人士财税风险防范等领域有深入研究和丰富实战经验。出版有《环境保护税法全解析及计算申报实务》及《虚开发票的处理及预防》等著作。

私人财富管理系列丛书

私人财富管理一本通：

从保值增值到保全传承

陈 云 等著

中国财经出版传媒集团
中国财政经济出版社

图书在版编目（CIP）数据

私人财富管理一本通：从保值增值到保全传承 / 陈云等著. --北京：中国财政经济出版社，2020.8（2022.1重印）

（私人财富管理系列丛书）

ISBN 978-7-5095-9928-0

Ⅰ.①私… Ⅱ.①陈… Ⅲ.①私人投资－基本知识－中国 Ⅳ.①F832.48

中国版本图书馆CIP数据核字（2020）第132742号

责任编辑：潘　飞　　责任印制：史大鹏

封面设计：卜建辰　　责任校对：胡永立

SIREN CAIFUGUANLI YIBENTONG：CONG BAOZHIZENGZHI DAO BAOQUANCHUANCHENG

中国财政经济出版社 出版

URL：http：//www.cfeph.cn

E-mail：cfeph @cfemg.cn

（版权所有　翻印必究）

社址：北京市海淀区阜成路甲28号　邮政编码：100142

营销中心电话：010-88191537

北京时捷印刷有限公司印刷　各地新华书店经销

710×1000毫米　16开　24.25印张　304 000字

2020年8月第1版　2022年1月北京第2次印刷

定价：78.00元

ISBN 978-7-5095-9928-0

（图书出现印装问题，本社负责调换）

本社质量投诉电话：010-88190744

打击盗版举报热线：010-88191661　QQ：2242791300

私人财富管理，扬帆起航的体系思维

1978年，对中国来说注定是不平凡的一年，那一年召开的党的十一届三中全会决定开始实行对内改革、对外开放的政策，由此拉开了中国大跨步发展的序幕。时至今日，已经过去40多年，无论从政治、文化、法制和思想的角度看，还是从经济、财富、科技和教育的角度看，中国都已然发生了天翻地覆的变化，这些变化最终使我国人民的生活水平不断提升。尤其是在财富的积累方面，放眼古今中外，能在如此短的时间内，创造如此多的社会财富，可以说是前无古人，后也难有来者。

我们欣喜于改革开放所带来的财富积累的同时，也需要冷静地观察其背后的财富风险：

首先，改革开放源于1978年，但直到2005年中国才有了真正意义上的个人理财，而更为全面的私人财富管理，也仅仅是最近几年才逐渐被大家所熟知，由此导致的最大的问题就是缺乏专业且全面的体系架构思维，大部分私人财富管理的参与者都处于相对比较茫然的“头痛医头，脚痛医脚”的初级阶段。当居民的财富管理需求越来越多元化、越来越个性化时，从业者如何提升自己的专业水准和架构思维，是其必须思考的问题。

其次，2005年以后，中国的个人理财业务得到了飞速的发展，但风险也如影随形。从误导性销售到“飞单”，从庞氏骗局到“两非”（非法集资、非法吸收公众存款），从股市波动到金融危机……无论是普通的“中产”还是年迈的老者，都像韭菜一样，在有意无意中被人收割。我们固然要谴责那些制造风险的参与主体，但我们也要反思自己，是什么因素驱使着我们去做一些从表面看就能感知的高风险理财，是人性的贪婪还是专业的无知，抑或是碍于情面的善良？况且，随着市场波动的除了辛苦积累的财富，还有年轻从业者的职业生涯。面对这些难以分辨的风险，我们又当如何去守护财富、规划人生？

再次，改革开放40多年了，中国的“创一代”“富一代”大部分都到了退休的时候，伴随而来的，或许是人类历史上绝无仅有的财富移转浪——巨量的财富从一代传承到二代。而在传承的过程中，又会有太多的不确定性因素导致传承的失败，比如：内地的国画大师的家族继承纠纷案，相声名家的财富争夺案；港台地区的某集团世纪遗产案，经营之神的家族遗产争夺案；等等。还有很多发生在民间的继承纠纷，尤其是以房产继承为核心的纠纷，无不映射着财富在传承中的问题和不确定性，所有的这些不确定性所带来的风险小则影响家庭和睦，中则影响企业发展，大则影响一方经济，“富不过三代”俨然成了传承路上的魔咒。如何打破这样的历史枷锁，如何帮助家族更好地“传”和“承”财富，是从业者应该思考的关键问题。

最后，全球化在给我们提供各种便利的同时，也让越来越多国外先进的财富管理理念和模式进入中国，这对我国的财富管理既是机遇也是挑战。挑战在于如果国内从业者再不对我国财富管理方面的模式和方法进行学术性探讨和系统性梳理，不对自身财富管理的专业水平和服务意识进行必要的完善和赋能，那么或许会有越来越多的“创一代”“富一代”选择海外的财富管理，这会导致我国财富、人才的外流；但我们又不能简单粗暴地对这样的选择加以直接的阻止，只有完善我国私人财富管理的方方面面，才是留住财富、留住人才甚至吸引他国财富、他国人才的根本所在。

基于以上的这些思考，我们集众人之力，写了这套关于私人财富管理的丛书，可以说是目前国内第一套也是唯一一套系统梳理私人财富管理的丛书。

本套丛书从资产配置流程和策略、理财产品分析、境内外税务筹划、婚姻家庭资产规划、境内外家族信托和境内外保险设立、家族企业股权治理等多个维度系统地阐述私人财富管理的方方面面；并且，本套丛书定位于将复杂的金融专业知识，用尽可能通俗的语言展现给大家，争取让零基础的朋友也能轻易地看懂。

这套丛书总共有三本：

第一本，《私人财富一本通：从保值增值到保全传承》，是从私人财富管理的概念和内涵、私人财富管理的目标和流程、理财工具分析、资产配置与组合管理策略、私人财富管理与境内外税务筹划、私人财富管理与婚姻财富管理筹划、私人财富管理与企业股权的治理等多视角进行详细的阐述，既有理论的分析，也有案例的讲解，还有法律条文的解读，可谓是深入浅出、通俗易懂。

第二本，《保险一本通：从普通保险到大额保险》。长久以来，很多民众对于保险存在着这样那样的误区，这其中既有保险服务不是很完善的问题，也有保险条款复杂难懂的问题，更有购买保险时的期望与理赔时的现实之间差距的问题。而市面上大部分关于保险的书籍都是从营销角度进行阐述的，甚少有从保险的基本分类到条款解读、从功能价值到架构设计、从境内到境外等多维度分析。《保险一本通：从普通保险到大额保险》一书可以说最大限度地弥补了上述不足，让民众尽可能全面地了解保险，并对保险形成更为客观、合理的判断和认知，继而帮助其配置真正符合自身需求的保险产品。而对金融从业人员来说，尤其是保险从业人员，正确、全面、客观地认识保险产品，也有助于更全面地体现其专业价值、更好地服务客户。

第三本，《信托一本通：从理财信托到私人信托》。信托作为一个舶来品，国人对此了解甚少。信托作为世界范围内运用最为广泛的私人财富管理工具，无论是其核心功能还是运用空间，都超乎我们的想象，被誉为“现代信托之父”的美国哈佛大学教授斯考特先生曾说过：信托的运用范围可以和人类的想象力相媲美。《信托一本通：从理财信托到私人信托》一书从信托的基础概念和分类、理财型信托和家族信托的异同、家族信托的功能和特点、家族信托在我国发展的运用和困境、慈善信托在我国的发展、离岸信托的内涵与分类等多维度展开叙述，为大家全方位、立体化地呈现信托的面貌，在中国私人财富规模不断增加的时代背景下，助力中低收入家庭的财富保值与增值、高收入家庭的财富保全与传承。

本套丛书核心内容于2019年年中全部完成，后经过反复多次的修改和调整，最终形成目前的内容。原计划于2020年初正式出版发行，岂料天有不测风云，新冠肺炎疫情的暴发，让全国人民都遭受了空前的影响与不便，本套丛书也由此耽误了出版的进度。所幸在全国人民的共同努力下，新冠肺炎疫情很快得到了有效控制，各项工作陆续恢复，在中国财政经济出版社尉敏老师的帮助与协调下，本书的出版工作也得以顺利推进。

2020年还有一件大事值得大书特书，那就是《中华人民共和国民法典》(以下简称《民法典》)正式颁布，并将于2021年1月1日开始实施，作为中华人民共和国的第一部法典，《民法典》的颁布具有深远的影响。

在此背景下，私人财富管理领域亦有不小的变化，比如，公证遗嘱优先效力的取消，在保障遵守立遗嘱人最真实意愿的同时，也有可能带来额外的遗嘱效力的纠纷，作为财富管理者，我们该如何应对？再比如，对于债权人代位权行使的问题，由之前《合同法》规定的仅在债务人怠于行使其到期债权时，债权人才可以行使代位权，改为《民法典》所规定的只要债权人有证据表明债务人存在怠于行使其债权的情形并且会导致债权人利益受损，就可以向人民法院申请代位权，这体现了保护善意当事人合法权益的立法精神。在实务中，我们应该树立正确的价值观，以法律为准绳，帮助客户做好财富规划。

对此，本套丛书也依据《民法典》的相关规定，做了全面的修改和完善，这也算是给各位读者的补偿，让大家能够与时俱进，更好地服务客户。

当然，由于我们学识有限，有些地方写得或许不够全面，恳请广大读者海涵并提出宝贵意见。

此外，感谢本套丛书的各位作者，不辞辛劳，多次修改书稿，感谢中国财政经济出版社的尉敏老师和潘飞老师对于本套丛书的修订与校稿。正是大家的共同努力，才使这套丛书顺利地与大家见面。

当然，还要感谢我的爱人，在写这套丛书的时候，正处于其艰难的怀孕期间，由于写作的繁忙，没有太多时间陪伴她，但她对于我的工作依然是一如既往地支持，感谢她的理解与支持。让我们倍感幸福和幸运的是，我们的龙凤胎儿女，差不多在本套丛书完成之际，也来到了这个世界，这是上天赐予我们最好的礼物。如今，本套丛书即将出版，他们也一岁有余，希望两个小家伙健康快乐地成长，将来成为对社会有用之人。

最后，衷心地希望本书能够给每一位读者，带来一些思想、方法、价值等方面的启迪。

ChPBCLUB私人银行家俱乐部创始人　陈云

2020年7月18日北京

目录
CONTENTS

第一章 认识私人财富管理

Chapter 1

第一节 什么是私人财富管理

绝大多数人都需要管理财富。有为解决财富相对匮乏而进行的财富管理，在这个视角下的财富管理，其核心目标是创造财富；也有为解决财富拥有时的风险而进行的财富管理，这个视角下的财富管理，其核心目标是建立风险防护网以保护财富、建立正确的分配体系以防范子孙后代被财富负能量所伤害、建立完善的家族治理体系以确保财富可以有序传承并不断保持新的创富活力。

而无论哪种，私人财富管理都是专业人士须厘清客户个人与家庭的财务状况，与客户共同界定其财富管理目标及优先顺序，明确客户的风险属性，分析和评估客户的财务状况，为客户量身定制合适的财富管理方案，并及时执行、监控与调整，最终满足客户人生不同阶段的财务需求的综合金融服务，也是为达成个人与家庭的总体财务目标所进行的全面规划与实施的全过程。

所以，私人财富管理是针对客户的综合需求所进行的有针对性的金融服务，是一种全方位、分层次、个性化的规划服务，而不是局限于某单项产品的推介。它包括个人或家庭生命周期每个阶段的资产和负债分析、现金流量预算和管理、个人风险管理与保险规划、投资目标确立与实现、婚姻财产管理与规划、子女养育及教育规划、所得税规划、保险规划、退休及遗产规划等方面。

私人财富管理业发展最早可追溯到17世纪前古希腊的管家制度。17世纪，私人银行家在瑞士日内瓦兴起，到19世纪出现了现代金融业的雏形。第二次世界大战后，随着全球经济的复苏，金融服务业发展进入了繁盛期。20世纪90年代后期，“私人财富管理”开始正式成为一个行业用语，私人银行和财富管理逐渐成为主流业务，并在欧美盛行。2008年暴发的全球金融危机，让金融机构与客户都对风险有了重新的认识，自此私人财富管理的发展也相应进入了全新阶段。

第二节　私人财富管理的核心要素

一、基于整个家庭经济生命周期的财富管理

人们在整个经济生命周期中都有需要实现的目标。这个周期包括年轻有收入时开始资本积累规划；为保护刚成立的家庭购置充足的保险与购房；当获得更高收入、拥有一定资本积累时，也可能要给孩子的优质教育筹集资金，为自己及配偶制订退休规划，或者需要给年迈的父母或其他亲戚提供财务上的支持等。人们可能也想合理地安排养老金规划，使得他们既能满足退休后的收入需求，又能以一种税务筹划的方式转移财富，使其在有生之年或去世后按自己的意愿将财富转移给子孙后代或

其他继承人。

一个完整的财富周期包含财富的创造、财富的保护、财富的传承和财富的再创造4个阶段。良好的财富管理的视角必须涵盖完整的财富生命周期，若只关注财富生命周期中的某一个阶段，对家族财富就难以加以良性管理。比如，只关心财富的创造而不关心财富的保护，任财富暴露在各种风险的风口浪尖上，财富很可能在“创一代”就消逝了，更别奢谈财富的传承了；只关注财富的保护而不关注财富的传承，就是积累了天量财富，恐怕也会消逝于二代之手；只关注财富的传承而不关注财富的再创造，不能激发传承者的创新与创造活力，再多的财富也难以久远，所谓家业长青就更谈不上。成功的财富管理，虽然各有各的原因，但无不有完善的、宽视野的财富管理体系作为支撑。

二、理财规划过程

理财规划过程包括将个人及家庭目标转化为具体规划，以及最终执行这些规划的具体安排。这包括以下6大步骤：（1）建立与客户的关系；（2）收集数据和确定目标与期望；（3）确定个人与家庭的财务状况；（4）设计理财规划；（5）实施理财规划；（6）对理财规划进行监测与调整。

这6大步骤环环相扣，缺一不可。建立与客户的关系是所有私人财富管理的开始。在设计理财规划时，必须立足于客户个人与家庭的目标，及其财务状态的分析。而一个理财规划无论考虑得多么周全，最终取决于实际实施的结果。在基于整个家庭经济生命周期的财富管理过程中，情况总会不断发生变化，家庭成员的生老病死、结婚或者离异、工作的调动、不同的经济形势等因素使得不断监测与调整理财规划非常必要。

三、私人财富管理行业的职业道德

许多在各自专业领域提供建议和服务的专家都需要遵守职业操守和监管法规。这些监管法规和行为规范在不同的专业领域会各有不同，作为私人财富管理行业里的从业者，应该遵循以下行为规范：

（一）遵纪守法

遵守国家有关法律法规与社会公德，遵守所属机构的管理规定和道德操守准则。

（二）正直诚信

为客户提供服务时，不利用执业之便为自己谋取不正当利益，主要是不欺诈、不夸大、做到实事求是；为客户谨慎、勤勉地管理其资产；不假借名义发表个人观点；在获得客户合法授权后，才行使资产的保管权、处置权和管理权。

（三）客观公平

诚实公平地提供服务，不在经济利益、关联关系和考核压力等影响下夸大或隐瞒事实；从客户利益出发，做出合理、客观的专业判断；及时披露其在提供服务过程中发生的利益冲突。

（四）专业称职

在所能胜任的范围内为客户提供专业服务，并保持学习，不断维持与补充相关知识和技能；在尚不具备称职能力的领域，或聘请专家协助工作，或向专业人员咨询，或将客户介绍给其他相关专业组织与机构。

（五）保密原则

除非客户书面许可与要求，否则从业者应对所有客户的所有材料严格保密。

（六）恪尽职守

从业者应及时、全面、周到、勤勉地为客户提供专业服务，充分计划并监督实施；从业者须根据客户的具体情况提供并实施有针对性的规划建议；对向客户推荐的理财产品进行尽职调查；对下属向客户提供的私人财富管理服务进行监督管理。

（七）职业精神

用良好的接人待物体现行业的信誉，不诋毁同行。

第三节　私人财富管理的服务机构

一、私人银行

私人银行起源于瑞士日内瓦，起初专门服务超级富豪家族，后来逐渐演变为向高净值客户个人及其家庭、家族、企业和相关基金会提供产品和服务的金融机构。

私人银行在组织形式、服务对象和服务内容上区别于一般的金融服务。私人银行既可以特指针对特殊服务对象的特殊金融服务，也可以特指针对特殊服务对象提供特殊金融服务的特定金融组织形式。就其组织形式而言，私人银行多是商业银行的一个特殊业务单元；就其服务对象而言，私人银行服务主要针对高净值个人客户及其家庭、家族和企业；就其服务内容而言，私人银行业务是指商业银行为高净值客户个人及其家庭、家族、企业和相关基金会提供的专业化、个性化、综合化的金融服务和相关的延伸服务。

（一）综合化财富管理服务的流程

从海外私人银行服务实践看，其为客户提供的综合化财富管理服务的流程包括以下4个方面：

1. 资产打包

打包就是私人银行从高净值客户处获取委托资产，并进行集中化管理的过程。委托资产既可以是股票、债券等金融资产，也可以是房地产、商品等实物资产，还可以是家族企业的经营性资产。私人银行将客户分布在银行、证券公司、保险公司、信托公司等处的资产汇集到一张财务报表中，结合客户的个性化需求，实现对其金融资本、人力资本、文化资本和社会资本等的优化配置。

2. 资产构造

构造就是私人银行在注重高净值客户需求和个性化服务的基础上，将资产池中的资产重新分割为收益和风险等不同的部分，然后据此对客户的资产池进行优化配置，构造新的资产管理组合。在这个过程中，往往还需要工具创新，以创造不同于原来资产池的风险、收益特征。

3. 风险隔离

风险隔离的目的是在高净值客户的委托资产和其他资产之间设立一道“防火墙”，让委托资产池与其他资产的风险暴露无关。为了达到这个目，通常采用两种方式：第一，投资于特殊的避险产品；第二，设立一个特别目的载体（Special Purpose Vehicle，SPV）。第一种方式较为常见，比如借助寿险产品的特殊功能来实现破产隔离、税务筹划等。但是，当客户的需求多元化时（如代际传承、子女教育、财富增值保值），特殊的避险产品便“独木难支”。此时，无论是在灵活性方面，还是在风险隔离的实际效果方面，第二种方式都显得略胜一筹，比如设立家族信托、慈善基金等。

4. 权益重构

权益重构是指将受托资产与委托人和受托人（私人银行）的资产隔离开来，重新构造受托资产的所有权和收益权结构。进行权益重构是私人银行财富管理区别于传统财富管理的关键特征。以家族信托为例，私人银行受高净值客户委托，设立家族信托，代为管理、处置其家族财产。在此情况下，所有权和收益权互相分离，信托资产与原始权益人（高净值客户）、私人银行均处于风险隔离状态，收益权则按客户意愿进行分配，以此帮助高净值客户规划财富传承。

得益于个人及家族财富的快速发展，传统商业银行日益出现“脱媒”现象，商业银行传统的存款、结算和贷款业务日渐式微，而直接面对高端客户进行综合化财富管理的私人银行业务则迅速崛起，已经成为海外商业银行的一个核心业务板块，以私人银行名义管理的客户资产规模持续上升，许多传统商业银行更是直接转型为以私人银行业务为主的新型银行。

相比海外银行，我国商业银行开展私人银行业务则要晚得多。2005年银监会第2号主席令颁布，商业银行的零售银行正式开始个人理财业务。从2007年开始，借鉴外资银行进入国内市场设立私人银行等财富管理分支机构的经验，本土商业银行也开始先后成立私人银行部门，为高净值客户及其家庭提供更加多元化的财富管理服务。从表1-1我们可以看到，中资银行的私人银行业务发展迅猛，在客户数量和管理资产规模上都有较高的增长，其中，招商银行相对领先。

表1-1　2019年上市的中资银行私人银行业务发展概况

银行名称	客户门槛（万元）	客户数量（万户）	增速（%）	管理资产规模（亿元）	增速（%）
中国银行[①]	800	—	—	16000	14.29
招商银行	1000	8.17	11.98	22310	9.40
中信银行	600	4.19	24.02	5739	22.27

续表

银行名称	客户门槛（万元）	客户数量（万户）	增速（%）	管理资产规模（亿元）	增速（%）
交通银行	600	4.72	18.49	6092	18.27
工商银行	800	9.02	11.80	1.55	11.60
建设银行	1000	14.27	12.21	1.51	11.93
民生银行	800	2.20	14.28	4042	12.81
农业银行	500	12.3	16.04	1.40	24.98
浦发银行②	800	4	5.26	5000	—
光大银行③	1000	3.22	15.21	—	—
平安银行	600	4.38	45.7	7339	60.3
兴业银行	600	4.02	31.39	5292	24.32

注：

①中国银行2019年年报未披露客户数量。

②浦发银行2019年年报披露，管理规模超5000亿元，未披露具体数据。根据2018年年报，管理规模也达到了5000亿元。

③光大银行2019年年报未披露。

资料来源：万得，各商业银行年报。

而中国银行业协会发布的《中国私人银行行业发展报告（2018）》显示，27家中资私人银行的管理资产规模（Asset Under Management，AUM）从2017年的10.7万亿元，增长到2018年的12.2万亿元；私人银行客户数从2017年的74.7万人，增长到2018年的88.6万人。

不过由于我国的商业银行因为分业经营政策，并无信托业务经营权，所以其私人银行目前对高净值人群及其家庭提供的主要服务仍是资产配置服务。

作为商业银行个人金融金字塔尖的私人银行业务，与一般零售业务注重产品营销不同，更加注重资产配置，综合考虑客户在风险、收益、流动性等方面的需求，设计出综合性金融解决方案，帮助客户实现财富的保值、增值。私人银行为满足客户多元化的资产配置需求，均注重资产配置所需要的产品线的搭建。从历史脉络看，私人银行最早主要配置银行自身的理财产品，后来逐步扩大到配置银行与外部资产管理机构合作的理财产品，再后来覆盖到外部资产管理机构的理财产品；起先是配置境内产品，以后逐步扩大到境外资产配置服务。

如今，私人银行的产品线已越来越丰富。以招商银行为例，招商银行于2007年推出私人银行服务，为资产在1000万元以上的高端客户提供全方位、个性化、私密性的综合财富管理服务。经过多年的发展，逐步构建了以专业投资顾问团队服务为核心竞争力的服务体系，搭建起品种齐全的开放式产品平台，打造了从“市场研究观点”到“投资策略”到“大类资产配置”到“产品组合选择”再到“绩效跟踪检视”的全面资产管理与产品服务能力，并提供一系列满足高端客户需求的增值服务体系和营销活动平台。2014年，招商银行私人银行还连同招银国际、永隆银行、招商银行香港分行等建立起跨境金融服务平台，搭建起开放式的全球财富管理平台、投资交易和产品平台，为私人银行客户提供最佳的境外投资体验和全球资产配置方案。

再如中国工商银行，其私人银行部于2008年在上海成立以来，以工行集团的整体优势为后盾，逐步搭建了跨产品、跨机构、跨市场的一体化服务平台，对个人金融资产在人民币800万元及以上的个人高净值客户提供以资产管理为核心、以顾问咨询为重点的个性化、专业化的财富管理服务。

私人银行业务的极致是为客户全面管理财富，帮助客户实现财富的保值、增值和传承，助力客户解决个人、家庭与企业面临的投资、融资、法律、税务、养老、慈善、健康、移民、教育等各类复杂问题。国内部分领先的私人银行在早期为客户进行简单理财、后期为客户提供复杂资产配置的基础上，不断深化私人银行服务的广度和深度，开始尝试提供

“一站式”的服务。

（二）综合化财富管理服务的范围

实行“一站式”服务战略的私人银行，资产管理配置仍旧是其服务体系中的关键，即如何根据高净值客户的个性化需求和风险偏好，结合丰富多元的产品去配置期限、类别、比例不同的资产。但是，其服务范围有了极大扩充。以下是目前国内私人银行提供的除资产配置之外的一些基本服务：

1. 投行服务

利用银行的信贷便利，对企业客户和家庭成员个人客户提供一系列信贷服务，并结合客户实际情况开发出多样化融资手段，如股票质押式回购、约定式回购、信托融资、租赁融资、应收账款融资等。

2. 家族信托服务

利用其客户、渠道、资产配置、品牌等方面的优势，以家族客户财富顾问的角色和家族信托保管人的角色与信托公司合作，选择合适的信托公司作为受托人，为客户规划各种目的的家族信托方案，并提供资产配置等相关服务，助力家族财富的保护与传承。

3. 第三方专业服务

利用其与律师、会计师、税务师等第三方专业服务机构的协作网络，为高净值客户提供便捷的法律服务、税务筹划、财务规划等专业服务。

4. 离岸服务

利用其境外网点和合作伙伴，协同移民、教育服务机构，结合客户的留学计划、身份规划、境外投资等一系列需求，为客户提供离岸金融服务和相关非金融服务。

5. 其他增值服务

与境内外知名星级酒店、权威医疗机构、高端旅行社等各类服务商合作，提供出行、健康、休闲、品鉴、社交等一系列增值服务。

二、信托公司

信托业是以营利为目的而经营信托业务的企业组织，其具体名称因各国金融体制不同而有所差异。实行金融混业经营的国家，如英国和美国，信托业可以是银行，具体为银行的信托部；也可以是信托公司。在日本则叫“信托银行”。

在我国，由于实行金融分业经营体制，目前全面经营信托业务的金融机构是信托公司。但是，信托公司现今作为专营信托业务金融机构的法律地位，不是一开始就明确的，它经历了一个曲折的演变过程。

我国信托公司的前身是信托投资公司。2006年，原中国银监会重新制定了《信托公司管理办法》，将“信托投资公司”统一改称为“信托公司”，目的是引导信托公司走上主营信托业务的道路。从经营体制上看，我国信托公司经历了两大历史发展阶段：第一阶段是1979—2000年，中国信托业实行的是高度银行化的混业经营体制；第二阶段是2000年至今，中国信托业实行的是主营信托业务的分业经营体制。

改革开放以来，信托业作为中国金融业的重要组成部分得到恢复和发展。1979—2000年，因于种种原因，信托业经历了多次清理整顿，但从经营体制上看，一直实行的是高度银行化的混业经营体制。所谓“混业经营”，主要体现在：一是金融业务混业经营，信托业几乎可以经营全部种类的金融业务；二是金融业务与非金融业务混业经营，信托业不仅可以经营门类齐全的金融业务，还可以经营各种非金融业务，如实业投资、房地产投资甚至贸易业务。所谓“高度银行化”，是指信托业的主要业务是银行业务，负债以吸收单位存款为主，资产以发放贷款为主。在这一阶段，由于社会财富极其有限，加上法律上并没有建立信托制度，以财产管理为特色的真正意义上的信托业务并没有开展起来，信托业主要是作为弥补传统金融业的不足而存在，只有“信托之名”，并无“信托之实”。

（一）确立分业经营体制

从2000年开始，国家对信托业进行了制度重建，按照信托业与银行业、证券业严格分业经营、分业管理的政策，对信托业进行了大规模整顿。通过这次整顿，整顿前的244家信托投资公司绝大多数通过关闭、撤销、破产等方式退出了市场，经过重新登记，只保留了现在的68家信托公司；同时，通过这次整顿，摒弃了历史上高度银行化的混业经营体制，确立了信托业主营信托业务的分业经营体制。具体体现在3个方面：

1. 信托业定位于“主营信托业务的金融机构”

明确“信托业务”是指“信托公司以营业和收取报酬为目的，以受托人身份承诺信托和处理信托事务的经营行为”，而依照《中华人民共和国信托法》(以下简称《信托法》)的规定，信托是“指委托人基于对受托人的信任，将其财产权委托给受托人，由受托人按委托人的意愿以自己的名义为受益人的利益或者特定目的，进行管理或处分的行为”。

2. 信托业与银行业务分业经营、分业管理

《信托公司管理办法》第二十一条明确规定，信托公司除同业拆入外，不得开展负债业务，而且同业折入余额不得超过净资产的20%。该办法第三条还明确规定：“信托财产不属于信托公司的固有财产，也不属于信托公司对受益人的负债。信托公司终止时，信托财产不属于其清算财产。”

3. 信托业与证券业务分业经营、分业管理

按照整顿的要求，信托公司原有证券业务以自组控股证券子公司，或以评估后的证券资产参股其他证券公司，或以对外转让等方式全部剥

离。整顿后，信托公司不再直接经营证券经纪业务和股票承销业务。

（二）业务灵活、广泛

但不管怎样，我国信托公司的信托业务仍较为灵活、广泛，主要体现为：

1. 设立方式的灵活性

信托公司的信托业务可以采取法律许可的所有方式设立：既可以通过合同设立，也可以通过遗嘱设立，还可以通过法律允许的其他方式设立。

2. 受托财产的广泛性

信托公司可以接受各种财产的信托，包括资金、动产、不动产、有价证券、其他财产和财产权。只要不违背法律的禁止性规定，信托公司可以接受的信托财产的类型并无限制。

3. 运用方式的多元性

信托公司可以依照信托文件的约定，采取多元方式，管理、运用或者处分信托财产。只要信托文件没有限制，信托公司可以采取投资、出售、存放同业、买入返售、租赁、贷款等多种方式，对信托财产加以灵活运用。换言之，信托公司可以跨市场配置信托资产，即可以在货币市场、资本市场、金融衍生品市场以及实业市场、实物市场等广泛的市场上运用信托财产。

4. 信托功能的综合性

信托公司可以经营各种功能的信托业务：既可以经营私益信托业务，可以经营公益信托业务；既可以经营自益信托业务，也可以经营他益信托业务；既可以经营单纯财产转移的信托业务，也可以经营单纯财产管理的信托业务，还可以经营融合财产转移和财产管理功能于一身的信托业务。

三、家族办公室

家族办公室是为超高净值家庭提供家族财富管理专属服务的专业机构。最早的家族办公室可以追溯到古罗马时期的“大管家”制度，作为国王的管家，负责打理王室财富。现代家族办公室兴起于19世纪中期，致力于帮助因工业革命致富的欧美企业家族，管理他们的财富，实现其财富的保值、增值以及传承。1882年，约翰·洛克菲勒建立了世界上第一个现代意义的家族办公室。

家族办公室全面充当家族幕僚和家族顾问，是家族内外部事务管理的中枢，完全从家族立场出发，系统规划家族金融资本的保值、增值与传承，协助管理家族人力资本的培育、家族文化资本和社会资本的构建，全力助推家族目标的实现。尽管现实中有各种形态和各种功能的家族办公室，但现代家族办公室的典型服务哲学是对财富家族的生活和财富实施全方位管理，以实现各个层次的家族目标。家族办公室的关键在于发挥上述作用，而不是牵强地设置一个形同虚设的机构。一般而言，根据各个家族的目标，每个家族办公室都会制订出适合他们生活和财富管理需求的独特方案。

（一）服务对象分类

从家族办公室的服务对象区分，可以分为单一家族办公室、联合家族办公室和市场化家族办公室。

1. 单一家族办公室

单一家族办公室由一个家族建立，并只为该家族提供服务。1882年成立的洛克菲勒家族办公室是第一个严格意义上的单一家族办公室。随后，卡耐基、杜邦等超富裕家族也纷纷成立自己的家族办公室。据统计，2012年全球的家族办公室有6000家左右，其中超过3000家的家族办公室在北美洲，欧洲约有1000家，其余的家族办公室则主要分布于亚洲、拉丁美洲以及中东。

除我们耳熟能详的洛克菲勒家族外，杜邦家族、古根汉姆家族、罗斯柴尔德家族以及梅隆家族等“长寿家族”均启用了单一家族办公室。由于家族办公室的专业性，其运营成本通常较高，因此，一般情况下，设立单一家族办公室的家族可投资资产须在1亿美元以上。

从国外的经验看，这还只是设立功能精简型单一家族办公室的一个最低门槛。要想家族办公室运营良好，通常需要设立多功能型单一家族办公室，这至少需要家族可投资资产在5亿美元以上；而要完整地打理好投资、税务、法律、教育和其他一切家族服务，则须设立全能型家族办公室，家族至少需要拥有10亿美元以上的资产。超富裕家族设立单一家族办公室的最主要目的是实现财富的跨代传承和家族资产负债表的统一管理，同时也为家族治理、家族教育、家庭成员关系维护、家族慈善事业等家族需求提供全面服务。

单一家族办公室属于家族自身建立的家族服务组织，其功能和结构非常灵活，家族对于家族财务、私人事务及隐私保护可以全面掌控，这也是单一家族办公室的最大优势所在。

2.联合家族办公室

联合家族办公室的服务对象不限于某一家族，而是对多个家族共同提供服务，因此也被称为多家族办公室。联合家族办公室的创建方式主要有4种：一是可以由互相信任的几个家族共同建立并服务于这些家族，如阿里巴巴集团核心创始人马云与蔡崇信在香港设立的家族办公室蓝池资本。二是可以由外部专业人士创建，服务于有限的几个家族，如总部位于美国西雅图的Mccutchen集团，它管理着4个家族约52亿美元的资产，平均每个家族13亿美元。三是由单一家族办公室接纳其他家族客户转变而来。四是私人银行为了更好地服务大客户而设立。

联合家族办公室虽然服务于多个家族，但并不意味着规模一定会比单一家族办公室大。许多单一家族办公室都是由行业中的巨型企业家族建立，管理的资产规模往往比联合家族办公室还要大。例如，戴尔电脑创始人迈克尔·戴尔的单一家族办公室MSD资本，管理的资产规模大约为120亿美元；索罗斯于2012年将其他投资者的基金全部退回，把著名的对冲基金SFM变更为单一家族办公室，管理着约250亿美元的家族资产，它们比很多联合家族办公室的规模都要大得多。

3. 市场化家族办公室

由于单一和联合家族办公室的运营成本都过高，通常只适用于超级财富家族，普通的高净值家庭和超高净值家族就被拒之门外，而他们对于产品和服务的需求与资产在1亿美元以上的客户相比，并无太大差别。因此，市场化的家族办公室应运而生，它们采取市场化的经营方式，为家族财富未达到单一或联合家族办公室最低门槛但又需要相应服务的家族客户提供服务。

中国民生银行和胡润百富发布的《2014—2015中国超高净值人群需求调研报告》指出，全球规模最大的市场化家族办公室为总部设立在瑞士的汇丰银行私人财富中心，它管理着297个家族约1236亿美元的资产。

（二）按服务内容分类

无论是单一、联合还是市场化家族办公室，从服务内容上，都可以分为3类：

第一类是全能型家族办公室，为家族提供全方位的系统家族服务。

第二类是多功能型家族办公室，为家族提供多项但不是全部的家族服务，如提供家族资产配置和家族慈善管理服务，又如提供家族治理和家族教育服务，等等，具体的服务组合根据家族需要确定。

第三类是单一功能家族办公室，仅就某一项家族事务提供服务，如仅就家族资产配置提供服务的投资办公室，仅就家族法务提供服务的合规办公室，仅就家族慈善提供服务的慈善办公室，仅就税务筹划提供服务的税务办公室，等等。

在实践中，全能型家族办公室比较少见，单一和联合家族办公室以及信托公司、私人银行设立的家族办公室多属于多功能型家族办公室，而由律师、税务师所设立的家族办公室和由资产管理机构设立的家族办公室多属于单一功能家族办公室，前者主要提供法律和税务解决方案，后者主要提供资产配置方案。

国外家族办公室的实践相对成熟，国内家族办公室的兴起则是近几年的事，处于刚刚起步的阶段。2013年被定义为中国“家族办公室”元年，在这一年及之后，大量家族办公室应运而生。国内独立三方家族办公室67%成立于2011—2016年，半数以上成立于2015—2016年两年间（见图1–1）。

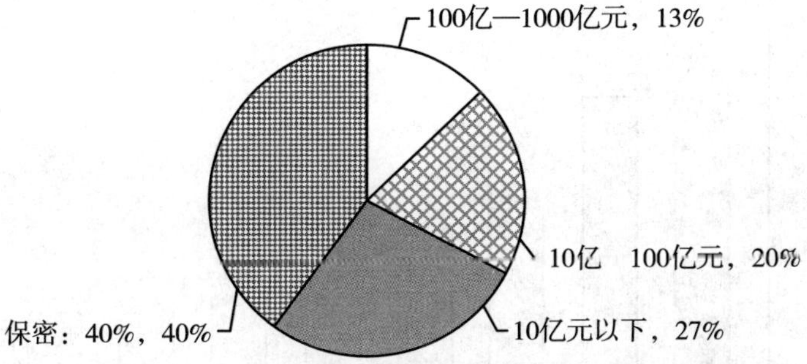

图1–1 独立第三方家族办公室资产管理规模

资料来源：上海高级金融学院（SAIF）与惠裕全球家族智库2017年联合发布的《中国本土家族办公室服务竞争力调研报告》。ChPBCLUB中国私人银行家俱乐部。

（三）国内分类

目前，国内主要有3类家族办公室：

第一类是由传统金融机构为更好地服务超高净值家族而设立，如一些商业银行私人银行部门和信托公司设立的家族办公室。

第二类是由相关专业人士去创办的市场化家族办公室，为家族客户提供或全功能或多功能或单一功能的家族服务。

第三类是由家族企业一代或二代成员创办，为自己或其他家族管理财富，比较典型的有BAT的创始人及其他大型房地产或制造公司控股家族创办的家族办公室。

上海高级金融学院（SAIF）与惠裕全球家族智库联合发布的《中国本土家族办公室服务竞争力调研报告》显示，目前本土家族办公室主要分布在北京、上海、深圳三地（见图1-2），信托公司背景的家族办公室比例最高，占39%，商业银行和律师背景的各占25%，企业家背景的占21%。绝大部分家族办公室管理的资产规模在200亿元人民币以下。

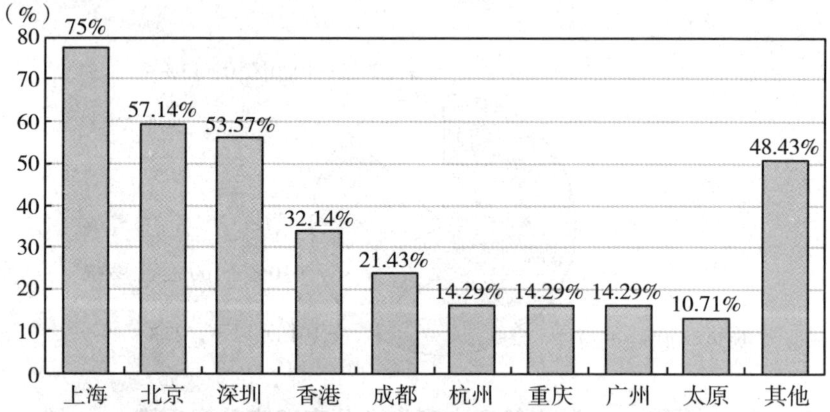

图1-2 家族办公室所在地分布

资料来源：上海高级金融学院（SAIF）与惠裕全球家族智库2017年联合发布的《中国本土家族办公室服务竞争力调研报告》。ChPBCLUB中国私人银行家俱乐部。

根据上海高级金融学院（SAIF）与惠裕全球家族智库联合发布的《中国本土家族办公室服务竞争力调研报告》的不完全统计，中国本土的联合家族办公室所服务客户的平均年龄为51岁，64%的客户为男性，其中76%的客户目前仍然在运营着家族企业。图1-3数据显示，在国内，86%的家族办公室对其客户设置了准入门槛。

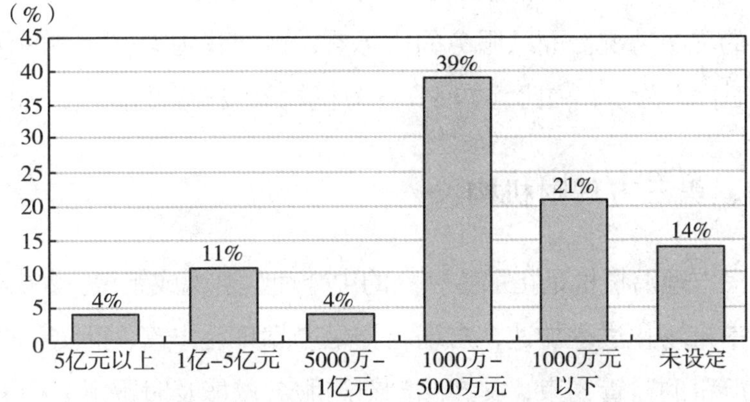

图1-3　对客户资产规模的最低要求

资料来源：上海高级金融学院（SAIF）与惠裕全球家族智库2017年联合发布的《中国本土家族办公室服务竞争力调研报告》。ChPBCLUB中国私人银行家俱乐部。

与此同时，图1-4数据显示，目前本土家族办公室服务客户的平均资产规模的分布与最低规模门槛的分布类似。

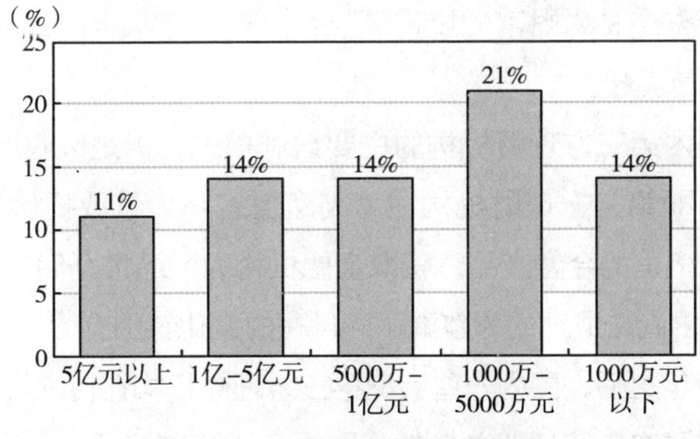

图1-4　客户的平均资产规模

资料来源：ChPBCLUB中国私人银行家俱乐部。

目前，本土家族办公室将其客户群体大概划分为：一代创富者为主，占到89%的比例，大多数为企业家、上市公司股东、投融界和演艺界成功人士。这也反映了目前家族客户的财富仍然掌握在第一代的财富创造人手中的现实情况。而从服务的代际看，目前我国家族客户的代际结构主要以三代人为主，占比为79%，部分机构已服务到四代人，占比29%。

四、第三方理财机构

第三方理财机构是指那些独立的中介理财机构或组织。2006年前后，国内利率市场化进程加速，市场上金融产品日益丰富，而传统金融机构受制于严苛的监管约束，其产品创新与服务没能及时跟上高净值客户需要的发展步伐，在此基础上第三方理财机构应运而生，并逐步发展壮大。

在私人财富管理发展初期，客户的选择基本属于“产品驱动”，即哪家能提供更有竞争力的产品（预期收益率与产品多元化是其重要的衡量标准），哪家就能较快速地建立规模优势。第三方理财机构可以突破金融机构要分业经营的限制，可以提供多元化的产品供高净值客户选择。尤其是2008年金融危机之后，高净值客户更倾向于通过良好的资产配置来分散与降低整个私人财富的投资风险。这在一定程度上推动了第三方理财机构的快速崛起。

目前国内第三方理财机构的主要盈利模式，仍是以收取产品的销售费用为主，即第三方理财机构在为高净值客户设计或提供理财方案后，通过代销方案里的金融产品，获取金融机构的产品推介佣金而获得盈利。这主要与国内尚未成熟的为咨询顾问付费的文化氛围有关。

在2009年之后，国内一些大型第三方理财机构在传统代销业务以外，开始谋求开展资产管理业务，部分取得了资管牌照后，也同时在其资产端收取管理费、从业绩中提取报酬等而获利。

第二章 私人财富管理流程

Chapter 2

私人财富管理服务不同于机构资金管理服务，机构客户的理财经理更加注重投资组合管理，而私人理财经理则更加重视客户，要采用以客户为中心的财富管理方法。本章通过全局视角来考察财富管理的各个环节，简要介绍私人财富管理的相关概念。

私人财富管理流程可以分为相互关联的几个环节，如图2-1所示。

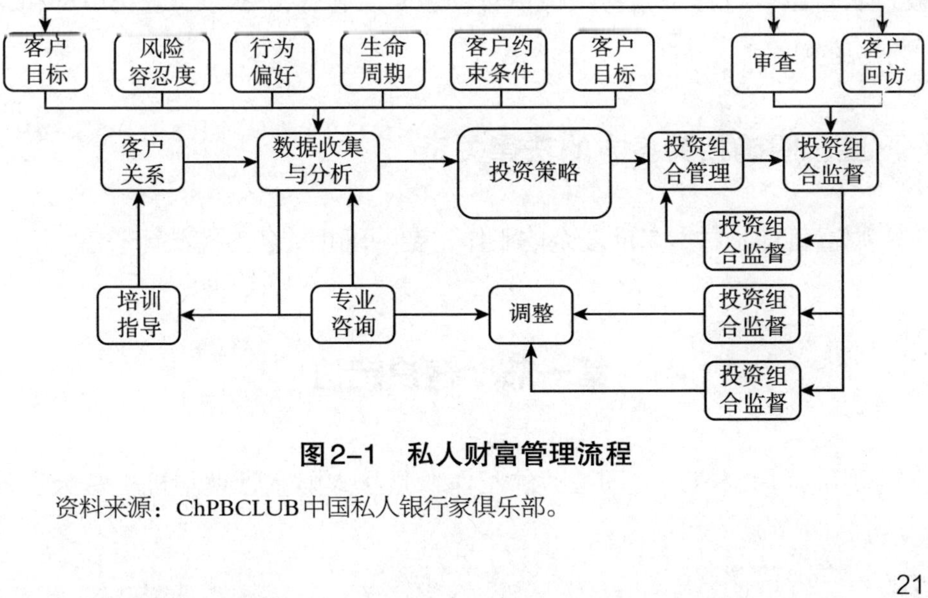

图2-1 私人财富管理流程

资料来源：ChPBCLUB中国私人银行家俱乐部。

一、客户定位

私人财富管理是在充分了解客户的基础上去开展财富管理工作。但要充分了解客户十分困难且复杂，它包括多个因素，需要我们通过多维度去分析。

二、客户关系处理

任何财富管理流程要顺畅地运行均离不开与客户之间基于沟通和信任建立的稳定关系，这是保障财富管理质量和效率的必要条件。

三、私人财富管理投资策略

基于对客户信息的掌握，结合市场情况制定有效的投资策略是财富管理的核心。

四、投资组合的执行、监督、审查与调整

财富管理是一个动态、持续的过程，既需要有效的执行，更需要在投资组合运行过程中紧密跟踪审查，适时调整，以更好地适应市场和客户情况的变化。

五、明确相关各方的法律关系

财富管理是种严肃而复杂的工作，要明确相关各方的法律关系。

第一节　客户定位

明确客户定位是一项细致的工作，是私人财富管理与机构资金管理

差异的体现，主要有以下几个因素。

一、目标管理

客户目标是客户财富管理希望达到的目的，例如希望实现10%/年的组合收益。但客户的实际目标远比这些可识别的收益率要求要复杂得多。比如实现财富保值增值，这是客户常说的目标；还比如，做好退休规划、财富转移、慈善捐赠规划、节税等。这些目标往往无法用具体数字来描述，甚至都不够明确。

（一）目标要明确，并可衡量

我们在与客户确定财富管理目标时，应尽力让客户的目标更加明确，如果能用数字衡量当然最好。比如，客户希望实现财富的保值增值，这是一个很普遍的目标，那我们可以根据当前市场的社会平均财富的增长水平、客户年龄结构、投资期限等，设定一个可量化的目标，例如未来5年的年化回报率能超过8%。同时，希望达成的时间和如何达成的步骤也要明确。

（二）目标是可以达到的

制订的理财目标要综合考虑客户当前的财务状况和理财目标的年限，同时要结合所处的经济环境，不能痴人说梦、编造一些遥不可及的幻想。例如，20%的年化投资报酬率，在景气的环境中敢于冒险的投资人或许可以实现，但在经济低迷的时候或对于极度保守的投资人而言是不切实际的。

（三）目标要与客户的风险容忍度相匹配

客户的主观目标与其实际的风险容忍度经常不匹配，往往要超出其风险容忍度，这时理财经理要与客户沟通，降低客户的目标，使目标与风险容忍度尽可能匹配。不应使投资者承担超出风险承担能力以外的风险，比如，目标为15%/年的实际收益率就与适度保守的风险容忍度相违背。

（四）目标要具有时限性

达成目标的计划要有时限性，这样才具备可操作性。同时，一般时间长一些的目标实现的概率会高一些。

二、家庭财务属性

客户财务分析在整个理财规划中具有非常重要的意义，如图2-2所示：

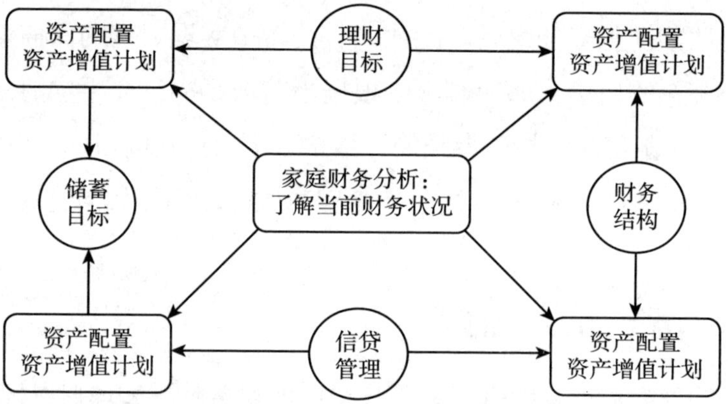

图2-2 财务分析的意义

资料来源：ChPBCLUB中国私人银行家俱乐部。

作为理财师，首先要对客户当前的财务状况做相应的了解，然后确定理财目标。分析家庭的财务结构，要注意以下两方面：一方面，要了解客户已有的资产配置状况，以便未来做好资产增值计划；另一方面，要了解家庭的负债情况，为未来的减（增）债计划做准备；同时，对家庭未来的收入要做一定的预测和分析，多管齐下，保证私人财富管理目标的实现。这离不开分析家庭的资产负债表和现金流量表，如表2-1、表2-2所示。

表2-1　　个人（家庭）资产负债表

科目			金额（元）
金融资产	现金与现金等价物	现金	
		活期存款	
		定期存款	
		其他类型银行存款	
		货币市场基金	
		人寿保险金收入	
	现金与现金等价物小计		
	其他金融资产	债券	
		股票及权证	
		基金	
		期货	
		外汇实盘投资	
		人民币（美元、港币）理财产品	
		保险理财产品	
		证券理财产品	
		信托理财产品	
		其他	
	其他金融资产小计		
金融资产小计			
实物资产		自住房	
		投资的房地产	
		机动车	
		家具和家用电器	
		珠宝和收藏品	
		其他个人资产	

续表

科目		金额（元）
实物资产小计		
资产总计		
负债	信用卡透支	
	汽车贷款	
	住房贷款	
	其他贷款	
负债总计		
净资产		

表2–2　　个人/家庭收入支出表

姓名：　　　　日期：　　　　单位：元

收入		金额	百分比	支出		金额	百分比
工资和薪金	姓名			房子	租金支出		
	姓名				贷款支出		
	姓名				维修、装饰支付		
自雇收入（稿费及其他非薪金收入）				家电、家具和其他大件消费	购买		
资金和佣金					维修		
养老金和年金				汽车	贷款支出		
投资收入	利息、分红				汽油费		
	资本利得				维护费用		
	租金收入				保险费、车船税等		
	其他				过路费、停车费等		
其他收入				日常生活开支	水、电、气等费用		
总收入					电话、上网等通信费		
					交通费		
					日常生活用品		
					外出就餐		
					其他		

续表

收入		金额	百分比	支出		金额	百分比
				购买衣物开支	衣服、鞋子及附件		
				美容护理支出	化妆品、头发护理、美容、健身等		
				休闲娱乐支出	度假		
					其他休闲和娱乐		
				商业保险费用	人身保险		
					财产保险		
					责任保险		
				医疗费用	体检、保健、药品、住院等		
				其他支出			
总收入				总支出			
现金结余（或超支）							

三、风险容忍度

客户的风险容忍度对于金融服务行业的从业人员来说是一个非常重要的概念，离开了客户风险容忍度，是无法制订适合客户的资产配置方案的。可是要让客户真正了解其风险承担能力十分困难，但一旦做到了这一点就会大大改善理财经理与客户间的关系，也会有效避免理财过程中因市场原因引起客户投诉甚至提起诉讼的风险。

影响客户风险容忍度的因素有很多，资产量、受教育程度、年龄、性别、婚姻状况、就业状况等属于主要因素，除此之外，还有性格、出生顺序等也会影响人对风险的容忍程度。评估客户风险容忍度的方法有很多，如通过调查问卷和访谈的形式，也有理财经理会通过对客户生活习惯的了解及打交道的整体经验来做判断。

四、行为偏好

行为偏好也会影响到投资者投资决策的方式和投资结果。从理论上来说，在其他条件一定时，投资者偏好获得某些特定的收益。但是对于损失却不一样，大多数人更加偏好不确定的损失。例如，当投资者面临这样两个选择：第一，必定会损失500元，第二，可能损失1000元或者没有损失，大多数投资者会选择第二种。投资人更愿意为规避损失承担风险，而不愿为获取收益承担风险。这就是一种行为偏好，它会影响投资人面对风险的反应，从而影响其投资决策和资产配置状况。

五、生命周期

家庭生命周期是研究客户不同阶段行为特征和价值取向的重要工具，理财经理可以帮助客户根据其家庭生命周期制订适合客户的理财规划方案。

就家庭而言，从一对夫妻结婚建立家庭生养子女（家庭形成期）、子女长大就学（家庭成长期）、子女独立和事业发展到巅峰（家庭成熟期）、夫妻退休到终老而使家庭消亡（家庭衰老期），就是一个家庭的生命周期。家庭处于不同的周期，其理财需求往往会有较大区别。这是以多数家庭的历程进行的划分，不同世代家庭的周期阶段会有交集，例如：自己的家庭处于形成期时，父母的家庭往往已经到成熟期；当自己的家庭处于成长期时，父母的家庭往往已经处于衰老期。家庭生命周期是一种观察出来的现象，了解客户在不同周期的需求，可以帮助我们进行适当的规划。

不同家庭生命周期的理财重点有较大差异，我们可以根据其家庭生命周期的流动性、收益性、资产增值和传承需求做资产配置规划。如流动性需求在客户子女很小或客户年龄很大时较大，流动性较好的存款或货币基金比重可以高一点；资产增值需求在家庭成长期和成熟期较高，在权益类资产的配置比重上可以高些。表2–3可以作为参考。

表2–3　　不同家庭生命周期的资产配置

周期	形成期	成长期	成熟期	衰老期
夫妻年龄	25—35岁	30—55岁	50—65岁	60—90岁
保险安排	随家庭成员增加提高寿险保额	子女教育年金	养老险、年金	长期看护险、即期年金
信托类安排	购房计划类信托	教育金计划 资产增值计划	退休安排 资产保值计划	资产传承安排
核心资产配置	股票类70% 债券类10% 货币类20%	股票类60% 债券类30% 货币类10%	股票类50% 债券类40% 货币类10%	股票类70% 债券类10% 货币类20%
信贷运用	信用卡 购房贷款	汽车贷款 房屋贷款	还贷	无贷款

家庭的生命周期决定人的生涯规划，生涯规划主要包括4个环节：事业规划、家庭规划、居住规划和养老规划。而理财规划正是为这些规划进行服务的。比如，用投资来积累资产，用贷款来实现提前置业的愿望，用保险来保障家庭收入中断时生活质量不下降或大额医疗费用有着落，用节税增加家庭可支配收入（见图2–3）。

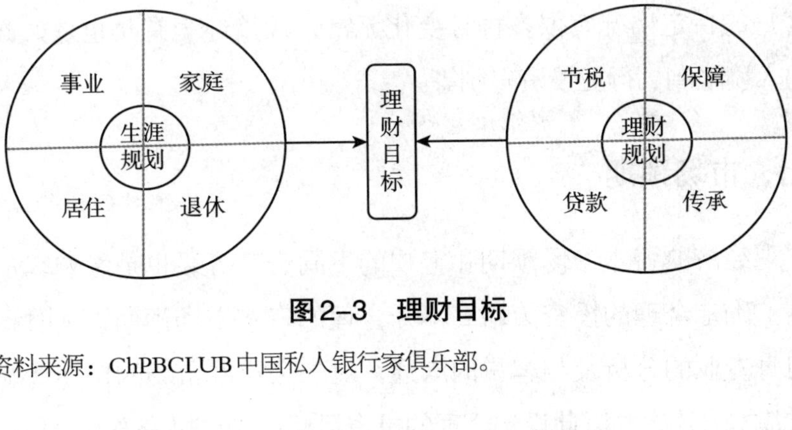

图2–3　理财目标

资料来源：ChPBCLUB中国私人银行家俱乐部。

六、客户约束条件

客户的约束条件是理财经理提供服务必须考虑的前提，这些约束条件包括投资时限、流动性要求、法律约束、税收和投资限制等。它们给财富管理带来了更多与众不同的挑战。私人客户通常面临多层次的投资期限，比如，有的客户预期未来一段时间处于财富积累阶段，但与此同时或随后不久将产生一系列大量的现金需求（如子女出国留学或开始创业）。还有些客户希望自己离世后将财富传承给子孙后代或捐赠给慈善机构，这就延长了投资时限。尽管这些阶段的连续性可能导致投资期限几近无限，但它实际上不应被视为通常意义上的无限期限，因为其中的间隔阶段意义重大。安排合理的资金需求时间表有助于为客户设计一个既能满足流动性需求又能打破投资组合间平衡的理财方案。

另外，法律的要求往往比较复杂。客户意图通过房产规划、保险或信托等来转移财富，可能在房产税、信托基金等方面遇到复杂的法律问题。而理财师必须熟悉应对税务问题和法律问题的不同策略，这时往往需要理财经理与相关的专业人士（律师或会计师）相互合作、相互协调，来确保财富规划中的局部理财目标的实现不过分干扰该规划中其他理财目标的实现。

客户的特定情况有很多种且变化无常，政策环境有时也是如此，如资金出入境限制、行业投资限制等。

七、市场预期

宏观经济的资本市场预期和客户的不同资产等级也是影响客户特性的因素。确定合理的投资策略离不开合理的资本市场预期，理财经理要通过自身专业的分析及与客户的沟通，对未来资本市场的预期情况与客户达成基本一致，并以此设定合理的投资目标，制订投资方案。

第二节　客户关系处理与理财价值观

私人财富管理的一切工作都是以客户为导向，理财经理需要源源不断地从客户及共事的专业人士（律师、会计师等）那里收集合适的信息，并利用这些信息和数据对客户进行培训和指导，使其了解财富管理的大体流程、可选的投资方案和投资策略等相关知识。所以，建立稳定的客户关系，对收集相应的数据，以及帮助客户了解财富管理规划能为他们实现怎样的目标至关重要。

一、客户关系处理

若要建立稳定的客户关系并确保理财经理与客户意见一致，对客户的指导和培训尤为重要，比如，客户能否真正理解理财经理提及的风险意味着什么。而指导和培训是由理财经理与相关的专业投资人员协作完成。这项工作要求理财经理具有卓越的沟通能力以及妥善梳理人际关系的技巧和经验。

在为客户制订财富规划方案前，适时地做一些小型的投资者教育培训是非常有必要的，主要有以下几个目的：（1）向客户介绍基本的现代投资理论和概念，如资产配置、投资组合理论等；（2）介绍基本的投资术语，如风险、波动性、投资风格等；（3）让客户明白自己的投资理念和价值取向。

关于择时交易的问题，我们需要告诉客户：

第一，几乎所有的研究，包括学术界和实践界都认为，除去时间和交易成本外，实际选择并不能增加价值。

第二，择时交易充满风险，市场的回报率（无论正回报还是负回报）都发生在短暂的剧烈波动那一时间段。成功的市场实际选择需要的不是一次“交易”，而是两次——一次是在市场即将大涨前适时进去，另一次是在市场即将大跌时跑出来。

第三，如果有人说他的确发现了成功掌握市场实际的规律，那他一定是想让人上当受骗，相信他们愿意与人分享这一发现。

二、理财价值观

金融理财的目的与其说是在追求财富，倒不如说是在追求一种富足感。在理财规划上，当现有资源无法满足全部理财目标时，人们对个别理财目标间的相对重要性或实现顺序的主观选择，称为理财价值观。资源有限，欲望无穷，非常富有者可以实现所有理财目标，极端贫困者仅求保暖，中产阶级需要实现其价值观。很多时候我们必须做出选择，来决定资源的分配顺序。理财价值观因人而异，没有对错标准，理财经理的责任不在于扭转客户的价值观，而是让客户了解再坚持极端价值观所付出的代价。

一般将理财价值观分为4种类型：

（一）偏退休型

先牺牲后享受的“蚂蚁族”：这类客户的最大期待就是早日实现财务自由而提前退休，或者是在退休后享受远高于当前消费水平的生活。退休前后的生活形态差异巨大，工作期间全力以赴，不注重当前享受，习惯于将大部分选择性支出都存起来，且储蓄投资的目标就是期待退休后享受更高品质的生活。高储蓄率是其突出的特征。对于这类客户应该依其意愿顺水推舟，规划可让其顺利实现退休梦想的储蓄投资计划，由于客户储蓄率高，投资时限长，往往会跨过多个经济周期，不宜太保守。

（二）偏当前享受型

先享受后牺牲的“蟋蟀族”：这类客户注重眼前的享受，对于未来，

“船到桥头自然直”。对当前消费效用的要求远高于对未来更佳生活水平的期望。这种心态使他们在工作期的储蓄率偏低，选择性支出大部分放在了当前的消费上，一旦退休，其积累的资产极有可能不够老年生活所需，必须降低生活水平。其主观的理财规划目标也更加注重眼前的目标，如购车等，而忽略离现在时间较久的退休金规划。个人的价值观受成长背景的影响，并不容易改变，理财经理的责任不在于纠正客户的价值观，而是提醒客户忽略退休安排可能带来的后果，唤起其筹备退休后基本保障的意识，以强迫储蓄来让客户退休后能够实现财务独立。

（三）偏购房型

为“壳”辛苦为“壳”忙碌的“蜗牛族”：泛指那些对拥有自有住宅的心理评级极高，将购置房产列为理财首要目标，甚至可以为了拥有自有住宅而节衣缩食、背负长期房贷的家庭。有些高资产量客户甚至会将绝大部分资产投向房产。对于这类客户，应充分考虑流动性对他们的影响。

（四）偏子女型

一切为儿女着想的“慈乌族”：这类客户当前投资于子女交易经费的比重偏高，或者其首要储蓄动机也是筹集未来子女的高等教育准备金或出国留学资金准备金。即使退休也不期待子女赡养，甚至当前的储蓄、投资均是希望未来给子女留下更多遗产。这时，理财师要提醒他们还是要留一些资源给自己。

第三节　私人财富管理投资策略

除了客户相关的属性分析外，还有就是私人财富管理的投资策略，投资策略是指导所有投资决策的基础性文件。它为有效管理投资组合设定了投资目标（风险和收益）和约束条件（流动性、投资时限、税负、监管要求和其他特殊需要）。图2-4展示了私人财富管理投资策略的框架：

1. 客户简介
2. 客户目标
3. 投资目标
   3.1 目标收益率
   3.2 目标风险水平
4. 投资约束条件
   4.1 时间范围
   4.2 税务
   4.3 流动性需求
   4.4 法律及监管要求
   4.5 特殊情况
5. 战略性资产配置
   5.1 资产登记约束
   5.2 投资约束
   5.3 投资策略
   5.4 投资风格
6. 执行、监督与审查
   6.1 对客户、经理、托管人及其他当事方的责任
   6.2 绩效度量、评价及基准
   6.3 再平衡方针

图2–4　私人财富管理投资策略框架

资料来源：ChPBCLUB中国私人银行家俱乐部。

一、遵循投资组合管理且考虑客户独特性

（一）步骤

投资组合管理一般按照以下4个步骤开展（见图2-5）：

1. 撰写投资策略说明书

详细说明投资人的投资目标和投资限制条件，特别是为了达到投资目标投资人所愿承受的风险种类及其程度大小。

2. 制定投资策略

根据当前的财务状况和经济条件，设计能够满足客户投资目标的投资策略。

3. 制订并执行投资计划

以对当前和未来的经济、市场环境的预测为基础，构建合理的资产配置，可能包括跨资产类别、跨行业、跨国别的组合。

4. 追踪考核投资绩效，做好监督反馈

根据经济和市场环境、客户属性的变化适时调整投资目标或投资组合，以满足对投资绩效的要求。

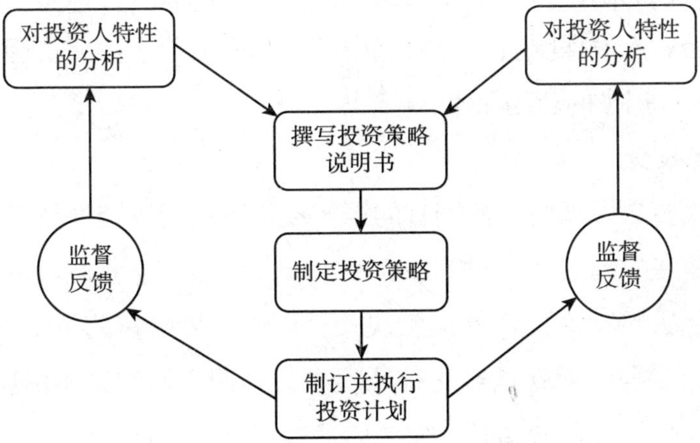

图2–5 投资组合管理4个步骤

资料来源：ChPBCLUB中国私人银行家俱乐部。

在投资组合管理中，最重要且对投资者影响最大的是投资策略说明书的撰写。其目的是为投资过程建立一个明确的最佳指导原则和行动路线。这样可以使投资人直观地了解其投资需求及其面对的限制条件，从而设立切实可行的投资目标，并充分了解投资所带来的成本和风险。同时，投资策略说明书还进一步确立了投资绩效评估的客观标准，使投资人和理财经理明确了解投资目标是否达成。它作为一种书面文件，也可以起到规范理财经理的投资行为的作用，以保护投资人的合法权益。

（二）基本构成

个人投资者进行的投资组合管理应包含以下一些基本构成：

1. 教育投资与保险

对于大多数个人和家庭来说，第一种最重要的投资决策就是有关教育的投资，即构筑自身及其子女的人力资本。大多数人在其早期的工作生涯中占有的最重要的资本就是人力资本，也是自己收入的来源。从这个角度来看，患病、受伤的风险要远大于与财富相关的风险。对于人力资本，最直接的防范方法就是购买保险，把劳动收入与保单一起看作一个资产组合。人寿保险就是对家庭中任何一个有收入的成员因死亡而带来的所有收入损失的套期保值。

2. 住宅投资

对于大多数人来说，其拥有的第一项重要的经济资产就是他们的住宅，特别是在中国这个对自有住房要求极高的国度。我们可以把决定不再租房子而去购房看作一种投资决策。评价这种投资的风险和收益时，一个重要的参考因素就是对两种风险进行套期保值的这所房屋的价值：第一种风险就是租金的增长，如果你拥有房屋，租金的增长会提高你的投资收益；第二种风险是你租住的房屋可能会突然不能居住（比如，房主有其他用途或房屋被出售），购买住宅就不会面对这个问题。

3. 养老金投资

人们现在储蓄、做投资都是为了将来的消费做准备，是为了退休后不会因为收入的突然下降而降低生活标准。有研究表明，随着年龄的增长，一个人会逐渐失去从一项巨大的投资失败中恢复过来的潜力。因此，随着接近退休年龄，投资者的风险承担能力会越来越低，也将越来越倾向于低风险投资或无风险投资。退休规划越早开始越好。

4. 税务筹划

在投资组合的构建中，对投资收益进行合理的税务筹划也是重要的考量因素。投资中一般有两种筹划方式：一是投资于免税的投资品种，比如国债、公募基金等；二是投资于延迟付税的投资品种，比如，高增长性股票实现资本利得收入时的延迟交税。

二、风险控制

在投资组合的风险控制手段中，比较行之有效的方法包括资产配置和依赖专业人士管理两种：

（一）资产配置

在私人财富管理中，所谓的资产配置就是决定投资于资产组合的各种主要资产类型的比例和数额。我们可以把资产配置分为以下几个步骤（见图2–6）。

1.明确资产组合中应包括的资产类别

通常考虑的几种主要资产类型有：货币市场工具、固定收益类资产、股票、不动产、贵金属和其他。

2.明确资本市场的期望值

包括利用历史数据与经济分析来决定投资人对资产组合中所包括的资产在持有期内的预期收益率。

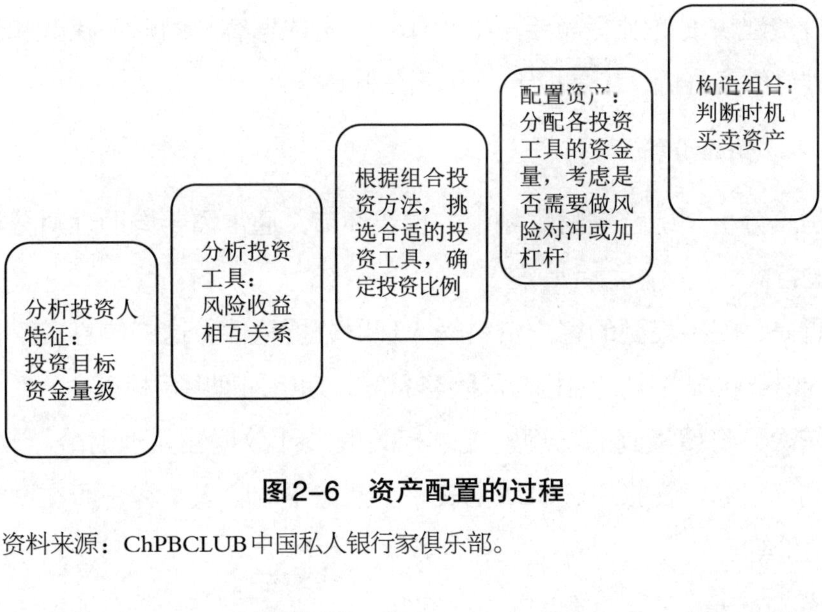

图2–6　资产配置的过程

资料来源：ChPBCLUB中国私人银行家俱乐部。

3. 确定组合的有效边界

即找出在既定风险水平下可获得最大预期回报的资产组合。

4. 寻找最佳资产组合

即在考虑投资人限制条件的基础上，选择最符合投资人风险收益目标的资产组合。

（二）依赖专业人士管理

随着人们越来越富有，越来越多的人除了社会保险、养老计划这些“被动储蓄”之外，开始建立和管理他们自己的资产组合。看起来似乎自己管理自己的资产组合是成本最低的，但你花在精心管理自己资产组合上的时间和精力是有机会成本的，再考虑到专业和非专业管理所产生的投资结果之间的可能差异，选择专业人士进行投资组合管理会更合适，虽然那样会付出一些费用。

三、撰写投资建议书

投资建议书的撰写需要两个步骤：一是依据客户的财务状况和理财目标进行仿真分析，二是拟定投资建议书。

（一）仿真分析

仿真分析是综合理财规划中的重要环节，通常需要借助理财分析软件来进行。

首先，将搜集到的客户资料输入理财分析软件，这些信息资料包括客户的财务状况、家庭结构、风险容忍度、期望的理财目标等。

其次，将搜集到的与理财规划相关的统计数据输入理财分析软件，例如利率、通货膨胀率、GDP增长率、家庭平均收入、客户所在城市的平均房价等。

这些数据可以作为制订理财目标的基准，并根据这些数据把目标分为基本水平、平均水平和满意水平。先从平均水平开始制订理财目标，如果资源充足，可以将目标上调，资源不足则下调目标。

最后，根据客户的财务状况和风险容忍度分析各理财目标实现的可能性。在分析各理财目标实现的可能性时，需要确定以下几个重要事项：

（1）根据客户的理财价值观来确定各理财目标的先后顺序。我们已经讲述过具有不同理财价值观的客户的各项理财目标制定顺序。假如客户没有确定各项理财目标的先后顺序，那么应该以实现的时间先后顺序来确定，距离最近的理财目标优先满足；如果目标顺序形同，应该以各个目标的现值与所有目标的总现值之间的比例来分配现有的资产和未来的储蓄资源。

（2）确定现有资源运用的先后顺序。一般来说，如果将现有资源分配到目标实现周期最长的退休规划上，复利的效果最大；如果将现有资源有限配置在短期目标上以确保短期目标顺利实现，那么其着眼点是长期目标可以在未来收入增加的条件下通过增加储蓄来实现。

（3）确定资产配置方案。确定资产配置方案要综合考虑风险容忍度和理财目标。一方面，依照客户的风险容忍度拟定可能达到的投资报酬率；另一方面，根据各项投资工具的历史报酬率和标准差等资料，结合短期目标的流动性要求，来确定合理的资产配置方案。

（4）根据各项理财目标的实现情况和资源剩余情况调整资产配置方案。当无法同时实现所有理财目标时，需要调整资产配置方案，可以通过降低目标值、延长目标实现期限、提高储蓄率等来实现。假如各项理财目标均实现后，现有资源还有剩余，一方面可以通过上调目标值、缩短目标实现期限、调低储蓄率等手段来调整资产配置方案，另一方面为客户制订遗产规划，建议客户及早通过分年赠与、购买以子女为受益人的高额寿险或信托来实现资产传承。

（5）模拟全过程的资产净值变化情况和现金流情况。除了上述这些横截面的静态分析外，还需要做时间序列的动态仿真分析，模拟客户从现在到终老每年度的现金流量和资产净值，并绘出成长图，让客户一目了然地预知未来在财务上的可能发展趋势。

（二）拟定投资建议书

理财建议书应明确界定客户目前的生活水平及未来希望达到的层次。客户当前的生活水平大体可分为4个层次：基本生活水平、平均生活水平、满意生活水平和富足生活水平（见图2–7）。

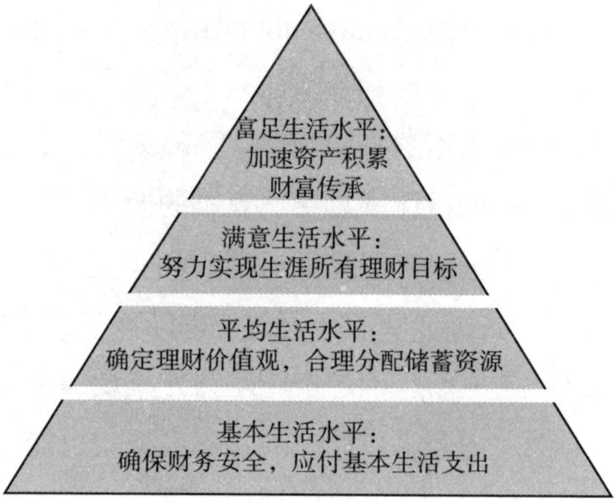

图2–7　生活水平层次

资料来源：ChPBCLUB中国私人银行家俱乐部。

如果客户的资产已经足够多，一辈子甚至几辈子都花不完，也就是说已经达到财富金字塔的顶端——富足层次，那么在进行理财规划时，应主要考虑以税务规划为主的遗产传承，兼顾资产的保护规划。如果客户当前处于满意层次，但未来会到达富足层次，则资产保护规划（分散风险、资产增值）和税务规划要同时进行。如果客户处于平均层次，未来希望达到满意层次，则理财规划的重点是实现资产稳定增长的投资规划。如客户当前还处于基本生活需求层次，那么提高收入的生涯规划可能比实现资产增值的投资规划更为重要，由于保险可以带来生活保障功能，可放在优先位置。

一份“投资建议书”一般包括摘要、规划分析、行动方案和产品推荐4个要素：

1. 摘要

将仿真分析得出的结果整理成一两页的摘要，针对客户最关心的理财目标和亟待解决的特殊需求，给出明确的诊断结果和建议。

2. 规划分析

此部分是投资建议书的如要内容，主要包括以下几点：

（1）客户的家庭资产负债表。

（2）客户的家庭现金流量表。

（3）对客户当前财务状况的诊断与建议。

（4）依靠客户的风险承担能力设定合理的预期投资回报率。

（5）根据拟定的投资回报率和理财目标达成年限，并参考相关投资工具的历史回报率和风险模拟出最有机会实现理财目标的核心投资组合，并给出相应的资产配置建议。

（6）将各项理财目标所需的未来现金流（包括每年的生活开支）与现有的资产及工作能力可生的未来现金流作对照，测算各时期的资金缺口，提出增收、减支或调整理财目标（金额或年限）的建议。

（7）测算保障型保额需求。

3. 行动方案

行动方案包括投资调整方案、保险调整方案、解决客户特殊需求的行动方案：

（1）投资调整方案。比较现有的投资组合与建议的投资组合，列出可行的组合调整方案，包括调整金额、调整时机、调整比率等。

（2）保险调整方案。评估客户当前已有的保险安排是否充足，评估家庭是否存在收入中断、费用激增等可能改变生涯现金流量的风险。以保费占收入的比例、保额与年支出的倍数等指标衡量保险规划的合理性，提出保险固化调整方案。

（3）解决客户特殊需求的行动方案。每个客户会因为个人或家庭的特殊因素而具有特殊的理财需求，比如移民、婚姻变化、现金流的非正常变化时在税收上的特别考虑等。这些需要通过特定的行动方案来满足。

4. 产品推荐

任何一份投资建议书的执行落地都离不开产品，但理财经理应该把理财规划与产品推荐严格区分开来，只有当客户要求理财经理协助其执行规划方案时，理财经理才能进行产品推荐。理财经理可以在本机构提供或代销的产品中寻找满足客户需求的产品，来配置客户的资产。如果本机构没有满足客户需求的产品，本着以客户为中心的原则，应为客户推荐其他金融机构提供或代销的可以满足客户需求的产品。

第四节　投资建议书的执行、监督、审查与调整

投资建议书做好以后，理财经理首先需要与客户细致地沟通投资建议书的内容，帮助客户分析和理解投资方案，共同探讨方案的合理性，商定方案执行的步骤、策略、产品选择和时机选择等，如果需要律师、会计师等专业人员协助，还须帮助客户选择胜任的律师或会计师。这时，理财经理需要监督理财建议书的执行情况。投资建议书执行完毕后，客户和理财经理需要定期审查投资组合的表现，检查客户状况是否发生重大变化，根据需要做适当调整。具体步骤如下：

一、与客户深入探讨投资建议书

须重点讨论的主要问题包括：（1）各理财目标的达成安排；（2）模拟理财规划前后所发生的变化；（3）详细介绍行动方案；（4）具体介绍涉及的金融产品。

二、协助客户执行投资建议书

理财建议书的实施阶段可能会涉及以下几个方面：

一是选择交易机构：如果投资组合涉及券商开户，需要询问客户对原有券商的满意度。在实际操作中，这种情况并不多见；二是对客户已有金融产品的处置，如果需要卖出，协助客户卖出；三是连接现有产品，构建投资组合；四是当遇到比较复杂的问题时，协助客户挑选胜任的律师或会计师。

三、监督并控制投资建议书的执行

随着时间的推移和环境的变化，原来制订的理财目标和投资方案可能与实际情况已经不完全相符，比如，客户家庭成员发生了变化，有新的成员加入（如生二胎）。所以，理财经理需要定期检查并监督投资方案的执行情况，根据实际情况与执行情况进行合理的修正和调整。特别是客户的理财目标发生变化，或者方案执行不佳时，理财经理一定要与客户再次深入交谈，甚至需要重新规划投资方案。

四、投资组合的评估与调整

在为客户建立了投资组合后，理财经理需要定期对投资组合的业绩进行评估，将各项投资的实际业绩表现与事先设定的投资目标进行比较。

在做绩效评估时需要考虑风险因素，即计算风险调整后的收益率。

在证券市场，实际回报与预期回报总是会有偏差，并不是在出现偏差的时候都需要进行调整，而是要看这种偏差是否超出了预定范围。投资组合的调整不宜太过频繁，这不仅会增加交易成本，还会带来更多的选择错误的风险。一般出现下述情况时，应该建议客户卖出某项资产：

一是该项投资已经达到目的；二是该项投资出现重大变化，经分析后会影响未来的表现；三是投资未达预期，并且预计业绩并不会出现实质性改善；四是当前有更好的投资选择。

第五节　明确相关各方的法律关系

客户和理财经理是委托代理关系，客户自始至终都是理财资产的权利主体，财产权属不发生转移，理财经理是以客户的名义在客户授权的范围内开展理财活动。理财经理与客户之间的法律关系主要包括代理和委托。

一、代理

根据《民法总则》的相关规定，代理是指代理人以被代理人（又称本人）的名义，在代理权限内与第三人（又称相对人）实施民事行为，其法律后果直接由被代理人承受的民事法律制度。代理人在代理权限范围内实施代理行为。代理人以被代理人的名义进行代理行为。代理主要是实施民事法律行为。被代理人对代理人的行为承担民事责任。

代理按代理权产生根据的不同分为委托代理、法定代理和指定代理，理财经理与客户之间的代理关系属于委托代理关系：代理人按照被代理人的委托行使代理权。《商业银行个人理财业务暂行管理办法》第九条规定，综合理财服务，是指商业银行在向客户提供理财顾问服务的基础上，接受客户的委托和授权，按照与客户事先约定的投资计划和方式进行投资和资产管理的业务活动。在综合理财服务活动中，客户授权银行代表客户按照合同约定的投资方向和方式，进行投资和资产管理，投资收益与风险由客户或客户与银行按照约定方式分配与承担。

代理人在代理权限内实施代理行为，代理人实施代理权不得逾越代理权限范围，也不得滥用代理权。滥用代理权的情况有：（1）代理人与第三人恶意串通，损害被代理人利益，代理人应当承担民事责任，第三人和代理人负连带责任。（2）代理人和被代理人知道代理事项违法的行为。（3）代理人以被代理人名义与自己进行民事活动的行为。（4）同一代理人代理双方当事人进行同一项民事活动的行为。

当出现以下情况时，代理关系消灭：（1）代理人或被代理人的自然人死亡或法人消灭。（2）代理人丧失行为能力。（3）设定法定代理的前提消失（如被代理人取得或者恢复行为能力，代理人或被代理人之间的亲属关系或者监护关系因解除收养或离婚等而不存在）。（4）在委托代理和指定代理中，代理期限届满或代理任务完成；被代理人或指定代理机关撤销委托或指定；代理人辞去代理职务等。

不能代理的行为包括：（1）具有人身性质的法律行为不能代理。（2）履行具有人身性质的义务不能代理。（3）违法行为不能代理。（4）依照法律规定或者当事人双方约定，应当由本人实施的其他法律行为，也不能代理。

二、委托

委托合同，又称“委任合同”，是指受托人以委托人的名义和费用为委托人办理委托事务，而委托人则按约定支付报酬的协议。大陆法各国民法对委托合同的限制不尽相同。按多数国家的法律规定，委托合同的标的既包括法律事务，也包括非法律事务；合同内容可以是有偿的，也可是无偿的。我国的民法理论认为：委托合同的标的只限于法律行为，它是委托代理的发生根据，故受托人在委托权限内与第三人所作法律行为的后果完全由委托人承担。

（一）按照受托人的权限范围，委托合同可以分为特别委托和概括委托

1. 特别委托

是指委托人特别委托受托人处理一项或数项事务的委托；

2. 概括委托

是指委托人委托受托人处理一切事务的委托。

关于特别委托和概括委托，《合同法》第三百九十七条作了明确规定："委托人可以特别委托受托人处理一项或数项事务，也可以概括委托受托人处理一切事务。"

（二）委托合同的法律特征

1. 建立在委托人与受托人相互信任的基础上

委托人之所以选定受托人为自己处理事务，是以他对受托人的办事能力和信誉的了解、信任为基础的；而受托人之所以接受委托，也是出于愿意为委托人服务，能够完成委托事务的自信，这也是其基于对委托人的了解和信任。因此，委托合同只能发生在相互信任的特定人之间。没有当事人相互的信任和自愿，委托合同关系就不能建立，即使建立了合同关系也难以巩固。因此，在委托合同中，受托人应当亲自处理受托的事务，不经委托人的同意，不能转托他人处理受托的事务。同时，在委托合同建立后，如果任何一方对他方产生了不信任，都可以随时终止委托合同。

2. 标的是委托事务

委托合同是提供劳务类合同，其标的是劳务，这种劳务体现为受托人替委托人处理委托事务。关于委托事务的范围，《合同法》并没有将委托事务限于法律行为，因而解释上应不限于法律行为。但是，应当指出，委托事务的范围也并不是没有任何限制的，委托事务必须是委托人有权实施的，且不违反法律或者社会公共利益、社会公德的行为。

3. 受托人以委托人的名义和费用处理委托事务

受托人处理事务，除法律另有规定外，不是以自己的名义和费用，而是以委托人的名义和费用进行的。因此，委托合同的受托人处理受托事务的后果，直接归委托人承受。这是委托合同与行纪合同、承揽合同、居间合同等类似合同的重要区别。

4. 委托合同可以是有偿的，也可以是无偿的

委托合同可以是有偿合同，也可以是无偿合同，委托合同是否有偿，由当事人双方约定。如约定收取报酬，则为有偿合同；如法律没有另外规定，当事人双方又没有约定给付受托人报酬的，则为无偿合同。

委托合同终止的原因包括一般原因和特殊原因。一般原因是指一般合同所通存的终止原因，如委托事务处理完毕、委托合同履行已经不可能、委托合同的存续期届满等；特殊原因是指导致委托合同终止特有的原因，主要有以下两种原因：（1）当事人一方解除委托合同；（2）当事人一方死亡、丧失民事行为能力或破产。

Chapter 3

第三章 私人财富管理工具

第一节 私募基金

一、私募基金的基本概念

“私募”和“基金”合为一体而出现的“私募基金”（Privately Offered Fund）一词，在国外并不存在法定的概念，由于历史和文化的差异，各国对“私募基金”的界定也存在着不同的见解，大体有以下两种界定方式：（1）私募基金以非公开方式发行。例如，美、日等国家的相关法律规定，私募基金的发行过程中不得通过报纸、杂志、电视等进行广告宣传，也不能通过研讨会或其他的会议形式进行宣传，只能通过非公开的方式（如电话、信函面谈）和投资者进行交流。（2）私募基金的发行对象须满足限制条件。欧美、日本和我国台湾地区的相关法律均对私募基金的投资人资格进行了明确限制，要求其投资金额达到一定标准，还要求私募基金投资人有必要的投资理财知识，对投资风险有较为清醒客观的认识且具有较强承担投资风险的能力，只有符合条件的投资者，才能成为私募基金的投资人。

事实上，私募基金是我国学术界中一种约定俗成的称呼。之所以这样称呼，是因为证券发行中存在私募和公募的区别，而这种区分方式被引入基金的界定。将“私募发行”与“基金”两个概念相加，便出现了相对于公募基金，私下里对非公募基金的一种模糊的称呼。而目前我国学术界对“私募基金”有着多种不同的理解。

（一）从发行方式看

厉以宁等学者认为：“按照募集发行方式的不同，投资基金可以分为公募和私募两种。”一般来说，证券投资基金是公募的，产业投资基金、创业投资基金，则大多数是私募的。公募就是向社会公开招募并定期向社会公众披露信息，而私募则不能通过公开方式招募，也不需要定期的信息披露。国际上私募基金不仅是很普遍的东西，而且是市场上的绝对主力。我国目前还没有关于私募基金的专门立法。

（二）从特定对象看

私募基金是指那些经有关主管部门批准或登记备案，具有特定募集对象和特定投资领域的基金，以及通过非公开的方式少数机构投资者和具有一定经济实力和投资需求的个人投资者募集资金而设立的基金。它的销售和赎回都是基金管理人私下与投资者协商进行的。目前，我国的私募基金仍有部分处于地下状态，他们以并不合法的身份进行基金运作，对外公开的身份是“投资咨询”“投资顾问”“投资管理”“财务管理”和“财务顾问”5种。

（三）从行为方式看

持“地下基金论”观点的学者认为其出现是市场的一种自发行为。

这类基金的存在包括两种情况：一种情况是无法可依形成的；另一种情况是执法不力造成的。它们往往建立在个人信誉之上，一般多以实业公司、投资公司、咨询公司、顾问公司甚至某个专用账户的形式存在，反映了一种潜在的市场需求。另外，类似兰州、武汉等地的“地下证券交易所”的存在也是导致“地下基金”滋生的温床。

（四）从经济发展和中国国情看

2001年进行的某项调查研究得出结论，认为私募基金“相对于受我国政府主管部门监管的、向不特定投资人公开发行受益凭证的证券投资而言，是一种非公开宣传的、私下向特定投资人募集资金的集合投资”。其方式基本有两种：一是基于签订委托投资合同的契约型集合投资基金，二是基于共同出资入股成立股份公司的公司型集合投资基金。私募基金的本质特征在于其募集方式，即非公开募集。

综合上述观点，可以认为私募基金是一种通过非公开方式来面向特定的社会投资者募集资金，进行证券投资活动而设立的基金。由于私募基金的销售和赎回都是通过基金管理人与投资者私下协商来进行的，因此它又被称为向特定对象募集而设立的基金。其主要投资方式是进行股权投资和证券投资，其组织形式包括契约型、公司型和合伙型，从本质上来说是一种信托服务。

二、私募基金的发展历程

（一）私募基金发展简史

现代意义上的私募基金起源于20世纪40年代的美国。当时，美国出现大量中小企业，但这些企业项目难以得到资金支持。在这种情况下，波士顿联邦储备银行行长拉尔夫·弗兰德斯和“创业投资基金之父”乔治·多里特共同创办了“美国研究与发展公司”（American Research and

Development Corporation，ARD），目的是设计一种“私营机构”来解决新兴企业和小企业资金短缺问题，同时希望这种“私营机构”在为小企业提供长期资本的同时还能为其提供专家管理服务，“创业投资基金”随之形成。但由于私人产权投资市场存在严重的信息不对称和道德风险，一般的投资主体缺乏对投资对象的全面了解，同时很难找到合适的激励机制来促使投资对象改善经营。因此，ARD在最初的资金募集和运作上并不顺利。从其设立到1958年，并无人效仿设立第二家同类机构。

20世纪70年代后，出现了有效解决信息不对称和道德风险的有限合伙制度，以此设立的私人股权基金投资得到了迅速发展。一些杰出的对冲基金经理，如麦克·斯帝芬哈特（Michael steinhard）朱利安·罗伯特森（Julian Robertson）和乔治·索罗斯（George Soros），逐渐通过媒体引起了公众的关注。

20世纪80年代以来，创业投资基金等私募基金开始进入亚洲，其投资重点转向基础设施项目。索罗斯和他的量子基金由于在20世纪90年代打破了维持英镑高汇率的政策，以及在亚洲金融风暴中的惊人表现，引起全球关注。同时，得益于高新技术的发展以及自身制度优势，以美国为主导的私募股权投资基金和证券投资基金进入高峰发展期。

2001年以后，全球经济逐步走弱，杠杆收购达到了空前的规模，从而使私募企业的制度化也得到了空前的发展。接下来的5年时间里，美国私募股权投资基金总额增长了近100%。2006年，全球由私募基金主导的并购额达到了7374亿美元，超过了2005年的两倍，占所有并购总额的18%。2006年，美国三大证交所（纽约证交所、纳斯达克和美国证交所）公开发行股票的筹资总额为1540亿美元，而私募发行股票的筹资总额高达1620亿美元。2007年仅上半年，全球私募股权基金共筹集2400亿美元资金。

2008年次贷危机引发的金融风暴席卷全球，也让全球私募股权投资基金步入有史以来最为艰难的时刻。全球私募股权投资基金交易量、投资收益及投资回报出现了大幅下降。金融危机之后，欧美国家政府普遍认识到私募基金包括私募股权投资基金缺乏监管所隐含的巨大风险，因此对私募基金包括私募股权投资基金及其管理人的监管呈现加强趋势。美国政府于2010年6月批准了自大萧条以来最具颠覆性的金融监管改革法案——《多德－弗兰克法案）》。这项法案包括限制银行从事互换交易业务、限制银行投资私募股权公司和对冲基金等严厉措施。法案的通过影响到私募股权投资基金资金来源的“多元化”，在一定程度上影响到私募股权投资基金的发展。欧洲议会则于2010年11月正式通过《欧盟对冲基金监管法案》，这是欧盟第一套直接监管对冲基金和私募股权投资行业的法规。

随着金融危机之后经济逐渐复苏以及市场逐渐好转，私募基金逐渐走出2008年的阴影，并且没有受到监管方面过多的负面影响。2011年，由私募股权行业管理的全球资产的价值持续攀升，已经达到了3万亿美元的水平。尽管目前金融市场持续遭遇动荡，且经济环境仍十分疲软，但这一资产规模依然创出了新高。

国际私募股权投资基金经过70年的发展，成为仅次于银行贷款和IPO的重要融资手段。国际私募股权投资基金规模庞大，投资领域广阔，资金来源广泛，参与机构多样。迄今为止，全球已有数千家私募股权投资公司，黑石、KKR、凯雷、贝恩、阿波罗、德州太平洋、高盛等机构是其中的佼佼者。

（二）我国私募基金的发展历史

我国的私募基金产生于20世纪90年代，随着我国证券市场的发展异军突起，虽然发展迅速并形成了一定的规模，但由于缺乏相应的法律地位和政策性支持，其运行和发展始终以地下或半地下的方式进行。从我国私募基金的发展历程来看，大致经历了4个阶段：

1993—1995年，是私募基金的萌芽阶段，其间，证券公司的主要经营方向从经纪业务走向承销业务。大客户的委托资金大多发展为隐秘的一级市场基金，在一级市场认购新股，实现低风险和较高的收益，逐渐形成了不规范的信托关系，私募基金初具雏形。

1996—1998年，是私募基金的形成阶段，一些上市公司将闲置资金委托给承销商进行投资，众多的咨询公司和投资顾问公司以委托理财的方式设立、运作私募基金，成为私募基金操盘手，私募基金逐渐成形，开始初步发展。然而，私募基金原有的操作手法和投资理念受到市场的挑战，也使大批私募基金倒下。这一阶段，私募基金行业经历了痛苦的调整和转型。受市场调整和证券投资基金发展的影响，券商委托理财等业务受到整顿，以及合法的私募基金开始出现，同时按传统方式运作的私募基金仍在悄然发展之中。此阶段出现的地下基金更接近于严格意义上的私募基金。

1999—2001年，是私募基金盲目发展的阶段。由于投资管理公司大热，大量证券业的精英跳槽，凭着熟稔的专业知识，过硬的市场营销，呼风唤雨。其间综合类券商经批准可以从事资产管理业务，但同时也出现了一批上市公司未能按计划完成投资或更改募集资金投向的情况，私募基金的数量和规模迅速增长，但更多的是以操纵股价等违规操作手法获利。

2001年以后进入私募基金逐步规范、调整的阶段。2000年私募证券基金的规模高达700亿元。此后A股市场迎来了长达5年的漫漫熊市，私募基金也在这轮熊市中销声匿迹。而这种委托理财的方式也出现了种种问题，促使其操作策略由保本业务向集中投资策略转变，操作手法由跟庄做股向资金推动和价值发现相结合转变。2004年，私募基金开始与信托公司合作，推出信托投资计划，标志着私募基金正式开始阳光化运作。自2006年始，A股又进入了新的一轮牛市，随着行情的好转，私募基金再次风生水起。同年中国证监会下发了有关专户理财试点办法征求意见稿，规定基金公司为单一客户办理特定数资产管理业务的，每笔业务的资产不得低于5000万元，基金公司最多可从所管理资产净收益中分成20%。由于专户理财只向特定客户开放，且有进入门槛，不能在媒体上具体推介，事实上就等同于基金公司的私募业务。

近几年来，政府出台了各种政策大力支持私募基金的发展。比如，《公司法》《证券法》《信托法》《合伙企业法》等法律的修订和出台，为我国私募股权投资基金的发展提供了良好的法律基础。其中，《合伙企业法》颁布后，私募基金开始建立合伙企业，标志着私募基金的国际化步伐明显加快。目前，我国私募股权投资基金的整体规模和发展速度都位居亚洲首位。从2003年至2010年，我国私募股权投资基金市场一直保持着40%的复合增长率，已经远远超过美国、日本等其他国家。

（三）我国私募基金的发展现状

对于我国私募基金的规模，由于其信息透明度不高，无法用具体的数字来统计和评估，但很多学者对此做过调查、估算，得出的结论是：私募基金无论是规模还是经营机构的数量，都在不断增长。

近年来，我国私募基金的规模随着证券市场的逐步发展不断扩大。2000年3月，中国人民银行非银行金融机构在一个研讨会上发表了《中国“私募基金”报告》，该报告中披露了其抽样调查结果，显示北京、上海和深圳3城市工商部门注册的企业的名称中含有“投资咨询”“投资顾问”“投资管理”“财务管理”和“财务顾问”字样的5类企业，北京有3626家，上海有2687家，深圳有640家。据推测，2001年三市代客理财的规模达543.5亿元、全国代客理财规模约在7000亿元左右，接近于沪、深两市市场流通市值的一半，远远超过此前业内人士的估计。

2002年以后，由于证券市场不景气，私募基金规模有所萎缩，但总规模仍在600亿—7000亿元。2003年再度缓慢恢复。

2005年后，随着我国证券市场的高速发展，私募基金规模也急剧扩大。经过2006—2007年一轮牛市行情的发展，我国的证券私募基金规模估计在8000亿—10000亿元。

2008年股市的大幅下滑，对私募基金造成了极大冲击。2009年，私募基金进入募资、投资的低迷期，但随后迎来反弹。据清科研究中心发布的数据显示，2010年中国私募股权投资基金市场募集、投资、退出案例数均创下历史新高。具体来看，募资方面，当年共有82只可投资于中国大陆地区的私募股权投资基金完成募集，募集金额276.21亿美元；投资方案例167笔，其中IPO方式退出160笔，股权转让退出5笔，并购退出2笔，一举打破了2007年创下的95笔的最高纪录。在阳光私募方面，Wind数据显示，截至2011年12月20日，2001年以来共发行成立了698只阳光私募产品，已经超过了2010年全年发行的数量。

近年来，私募基金公司的部分产品在类型上也进行了诸多创新。以策略创新为例，私募运用了量化、定增、套利等策略，以减少资本市场波动而带来的风险。此外，部分阳光私募更是另辟蹊径，把募集资金投向了债券市场。根据海通证券基金研究中心统计的数据显示，2011年总共成立了8只债券型私募基金，是此前全部债券型私募基金数量的2倍。

三、私募基金的组织和运作方式

（一）私募基金的组织形式

私募基金的组织形式主要有5种：公司型、契约型、有限合伙型、虚拟型和混合型。

1.公司型私募基金

公司型私募基金是按照《公司法》组建的投资基金，采用公司的组织形式注册登记，进行基金经营和重要决策。公司型私募基金有完整的公司架构，运作比较正式和规范。公司的投资者购买公司股份成为股东，拥有表决权，公司设有董事会，对股东大会负责。公司的每股净资产定期公布，出资人可以在此时申购，投资者的份额不能赎回但可以转让。

目前，公司型私募基金（如“某某投资公司”）在中国能够比较方便地成立。半开放式私募基金也能以某种变通的方式利用公司的名义，这样可以比较方便地进行运作，不必接受严格的审批和监管，投资策略也就可以做到比较灵活。比如：

（1）设立某“投资公司”，该“投资公司”的业务范围包括有价证券投资；

（2）“投资公司”的股东数目不要多，出资额都要比较大，既保证私筹性质，又要有较大的资金规模；

（3）“投资公司”的资金交由资金管理人管理，按国际惯例，管理人收取资金管理费与效益激励费，并算作“投资公司”的运营成本；

（4）“投资公司”的注册资本每年在某个特定的时点重新登记一次，进行名义上的增资扩股或减资缩股，如有需要，出资人每年可在某一特定的时点将其出资赎回一次，在其他时间投资者之间可以进行股权协议转让或上柜交易。该“投资公司”实质上就是一种随时扩募但每年只赎回一次的公司型私募基金。

不过，公司型私募基金有一个缺点，即存在双重征税——既要以公司名义缴纳各种经营税费，又要以个人名义缴纳股东分红带来的个人所得税。克服缺点的方法有：①将私募基金注册于避税的天堂，如开曼、百慕大等地；②将公司型私募基金注册为高科技企业（可享受诸多优惠》，并注册于税收政策比较优惠的地方；③借壳，即在基金的设立运作中联合或收购一家可以享受税收优惠的企业（最好是非上市公司），并把它作为载体。

在美国，公司型私募基金是早期私募基金的主要形式，直到如今，巴菲特的私募基金伯克希尔·哈撒韦公司仍保持着公司制形态。

综上所述，公司型私募基金的优点在于治理结构较为清晰。但是缺陷在于要面对双重征税的问题，即公司盈利要缴纳企业所得税，与此同时，投资者的资本利得也要缴纳个人所得税。同时，由于《公司法》规定企业大部分资产不得投资于股市，所以公司的资金进出也有困难。

2.契约型私募基金

契约型私募基金是当事人之间通过专门的基金契约明确各自的权利义务而形成的投资于市场的私募基金，从本质上来说是一种信托形式的基金。

在契约型私募基金中，基金财产虽然独立于当事人而存在，但基金财产并不因此而变为一个独立的法人。根据信托契约，管理者负责基金的具体操作，托管者保管信托财产并监督管理者的操作，投资者投入资金取得收益。从法律原理来看，契约型私募基金的法律关系有两种：基金持有者与基金管理者之间的信托关系和基金持有者与基金托管者之间的信托关系。契约型私募基金的投资者作为信托契约中的受益人，对资金的运营和重要投资决策等通常没有发言权，投资者组成的是持有人大会而非股东大会，对投资决策没有太大的影响力。基金的管理者除了获得管理费用之外，一般还有利润分成可得。

契约型私募基金的组织结构比较简单。具体的做法可以是：首先，由基金管理人选取一家银行作为其托管人。其次，募集到一定数额的金额开始运作。向基金持有人公布一次基金净值，办理一次基金赎回。最后，为了吸引基金投资者，应尽量降低手续费，基金管理人根据业绩表现收取一定数量的管理费。其优点是可以避免双重征税，而且基金的投资者、管理者和托管者各司其职，信息透明度较高，但是缺点在于牵涉主体较多，因而运作程序更复杂。

3. 有限合伙型私募基金

有限合伙型是全球私募基金采取的主流模式。在这种架构下管理者和投资者共同出资，基金管理公司一般作为普通合伙人承担无限责任，掌握管理和投资等各项决策权，同时也对其管理的基金进行一定比例的投资，通常占总认缴资本的1%—5%，一旦出现损失，这部分将首先被用来弥补损失缺口，其盈利来源主要是基金管理费和相应分红，其享受的平均收益率为20%以上；而基金投资者作为有限合伙人主要承担出资义务，不承担管理责任，只承担以其出资额为限的有限法律责任。

有限合伙型私募基金以特殊的规则促使投资者和基金管理者的价值取向同一，实现激励相容，能更好地激励基金管理人，从而在一定程度上避免了公司型和契约型私募基金可能存在的道德风险；同时，这种形式将利润或亏损直接与一般合伙人挂钩，获利时合伙组织不用缴纳公司所得税从而避免了双重征税，亏损时又可以将亏损用于抵扣其他收入来达到合法避税的目的。2007年6月1日，我国《合伙企业法》正式施行，一批有限合伙企业陆续组建，这些有限合伙企业主要集中在股权证券投资领域和证券投资领域，这对我国的私募基金而言是一个好消息。

4. 虚拟型私募基金

虚拟型私募基金表面看起来像委托理财，但它实际上是按基金方式进行运作的。比如，虚拟型私募基金在设立和扩募时，表面上是与每个客户签订委托理财协议，但这些委托理财账户是合在一起进行基金式运作，在买入和赎回基金单元时，按基金净值进行结算。具体的做法可以是：（1）每个基金持有人以其个人名义单独开立分账户；（2）基金持有人共同出资组建一个主账户；（3）证券公司作为基金的管理人，统一管理各账户，所有账户统一计算基金单位净值；（4）证券公司尽量使每个账户的实际市值与根据基金单位的净值计算的市值相等，如果两者不相等，在赎回时由主账户与分账户的资金差额划转平衡。

虚拟型私募基金的优点是，可以规避证券管理部门对基金设立与运作方面的审批与监管，设立比较灵活，并避免了双重征税。其缺点是依然没有摆脱委托理财的束缚，在资金筹集上需要法律上的进一步规范，在资金运作上依然受到证券管理部门对券商的监管，在资金规模扩张上缺乏基金的发展优势。

5. 混合私募基金

公司型、契约型、有限合伙型和虚拟型作为私募基金的4种基本组织形式，各自都有其既定的法律结构，为了发挥上述4种组织形式的优越性，如果以其中的一种作为法律上注册的组织形式，同时在具体的协议、章程及管理上对上述各种组织形式中的要素进行抽取，然后进行拼凑和嫁接，可以设立一个基金组合，将几种组织形式结合起来，进而组成一种混合型的私募基金。

综上所述，从设立方便、运作灵活、发展规范、免双重征税等方面综合考虑，在中国目前的政策约束环境下，为了充分发挥各类组织形式的优越性，可成立一个私募基金组合，这个私募基金组合中包含几种组织形式的基金。

（二）私募基金的运作方式

私募基金的主要运作方式有2种（见表3-1）。

表3-1　　私募基金的运作方式对比

运作方式	具体操作	发展情况
承诺保底	出资人将保底资金交给基金，相应地设定底线，如果跌破底线，自动终止操作，保底资金不退回	保底业务已经很少开展，从某种意义上讲，是私募基金的进步
接收账号	按照双方约定，如果跌破一定的亏损比例，客户可自动终止约定，而对于约定盈利部分或约定盈利达到百分比以上部分按照约定的比例进行分成	按照账户管理的模式，私募基金以工作室、委托理财中心、投资公司或咨询公司的名义设立，在收益达到一定比例后，管理人从利润中提取分成，这便于控制私募基金的风险

第一种是承诺保底，出资人将保底资金交给基金，相应地设定底线，如果跌破底线，自动终止操作，保底资金不退回。

第二种是接收账号（客户只要把账号给私募基金即可），如果跌破约定亏损比例（一般为10%—30%），客户可自动终止约定，对于约定盈利部分或约定盈利达到百分比（一般为10%）以上部分按照约定的比例进行分成，此种都是针对熟悉的客户，还有就是大型企业单位。

2001年以前，大部分私募基金一般采用承诺保底，基金管理者与基金利益捆绑方式，作为管理者要持有基金一定的份额（一般是10%—30%），一旦发生亏提，这部分资金将被首先用来支付。

四、私募基金与公募基金的比较

（一）私募基金与公募基金的区别

私募基金和公募基金虽然都是集合投资、专家理财，但两者在许多方面存在较大的差异。正是这些差异，使私募基金与公募基金及其他基金各司其职、互相补充、共同发展。通过与公募基金相对比，能更清楚地了解私募基金的特征，也有助于我们更深刻地了解真正意义上的私募基金（见表3-2）。

表3-2　公募基金与私募基金对比

差别	公募基金	私募基金
募集程序	符合法定条件并报有关政府部门审批	简便，不必经相关部门审批
募集方式	公开方式	非公开方式
募集对象	社会公众，以中小散户居多	理性投资能力的个人投资者以及少数资产规模庞大的机构投资者
信息披露要求	严格履行信息披露义务，按期公开详细的投资组合、投资目标与收益等事项	在信息披露上法律要求较低，根据投资者类型的不同，信息披露的具体要求也不同

续表

差别	公募基金	私募基金
投资限制	以谨慎的原则选择投资工具，法律对其投资项目的种类及其限额做出了相应的规定	可以投资于传统的投资工具，还可以使用杠杆原理进行卖空、衍生市场等风险交易
投资操作	根据预定的投资工具选择与投资组合比例来进行操作，在投资方向、投资组合方面都有较多的限制	对操作工具有极大的操作自由度，在投资组合与投资目标上限制较少
服务方式	“一视同仁”，主要取决于掌管此基金的基金管理公司的偏好与策略	投资方向有很强的针对性，以基金投资者的个人喜好为指向
基金投资人和发起人的关系	各项事项完全是由基金发起人单方决定，投资人只能接受	由基金投资人和发起人通过协商的形式确定

1.募集程序不同

这是私募基金与公募基金的本源性区别。公募基金的募集，首先必须符合法律规定的条件，并依法报政府有关部门核准或者审批。而私募基金成立时的程序就要简便得多，私募基金的成立一般遵循豁免或例外原则，或者根据法律的特别规定，而不必经过相关部门的审批。

2.募集方式不同

公募基金通过公开的方式募集资金，除按规定的时间、方式和程序公告发行募集文件外，会在媒体上做宣传广告，通过证券公司或投资银行来招募投资者募集资金。而私募基金以非公开的方式募集资金，不得利用任何媒体作广告宣传，也不得对投资者进行一般性要求引诱，因为法律以私募基金募集对象是成熟的购买者为假设前提，私募基金的投资者能估计或能够聘任保护其利益的代表人估量基金的风险和收益，他们也有财力承担经济风险，这些投资者主要依靠自身的人际关系和可靠的投资消息或间接介绍、投资银行的特别推荐以及对基金经理人和基金本身的信用程度的掌控等途径参与私募基金。

3. 募集对象不同

公募基金面向社会公众，并未要求投资者具有投资经验，在我国，公募基金的投资者以中小散户居多。而私募基金大多面向少数资产规模庞大的机构投资者，以及某些实力雄厚、有一定投资经验、具有理性投资能力的个人投资者。

4. 信息披露要求不同

公募基金面对的是社会公众中的不特定主体，为了保护众多中小投资者的利益，法律法规对公开募集行为都规定了较私募基金更为严格的监管措施，要求其严格履行信息披露义务，按期公开详细的投资组合、投资目标与收益等事项。私募基金由于较少涉及公众利益，对投资者又有着严格的标准，因此，私募基金的信息披露可以不如公募基金信息披露要求的那样严格详细。私募基金一般是豁免注册的，在信息披露上法律要求较低，但这并不意味着不披露信息，根据投资者类型的不同，信息披露的具体要求也不同。

5. 投资限制不同

公募基金由于面向不特定的公众投资者，牵涉面极广，尤其是关系到社会的基本保障方面的基金，对安全性的要求特别高。公募基金要以谨慎的原则选择投资工具。法律还对其投资项目的种类及其限额作出了相应的规定，这方面表现最为突出的是各国政府都规定养老保险基金的一定比例或全部都必须用于购买国债，而政府又承担着最后的承诺责任。就私募基金来说，它能满足投资者多样化的投资需求，私募基金的性质和特点要求其有很强的灵活性。私募基金是由投资者与基金发起人协商并共同确定基金的投资方向及目标，依法律的豁免，基金管理人可以自由进行投资组合，很少对外披露自己的投资信息，私募基金不但可以投资于传统的投资工具，还可以使用杠杆原理进行卖空、衍生市场等风险交易。

6. 投资操作不同

公募基金须依据预定的投资工具选择与投资组合比例来进行操作，在投资方向、投资组合方面都有较多的限制，而私募基金操作方式则灵活、自由，基金投资者与管理人对操作工具有极大的操作自由度，在投资组合与投资目标上限制较少。近年来越来越引人关注的各类复杂的金融衍生工具如期权、期货等，逐渐成为私募基金的主要操作工具。

7. 服务方式不同

公募基金“一视同仁”，它的投资决策是不会体现某个单一投资者的要求的，主要取决于掌管此基金的基金管理公司的偏好与策略。而私募基金则多以基金投资者的个人喜好为指向，其投资目标与资产组合方式多体现投资者的个人意志，投资方向有很强的针对性。

8. 基金投资人和发起人关系不同

公募基金各项事项完全是由基金发起人单方决定的，投资人只能接受。而私募基金的投资目标和方向是由基金投资人和发起人通过协商的形式确定的，是双方意志的产物，基金的操作也会体现投资人的意志。

9. 报酬激励机制和运作后果不同

公募基金的管理人根据其所管理的基金规模的大小，从中提取固定的比例（如5%）作为管理费，基金运作的盈亏与管理人的报酬并无太大关系。私募基金管理人的收益由两部分组成，除了按基金年净资产值的2%提取管理费，还要加上占年投资纯利润20%左右的激励费。

公募基金的投资者一般为不具有专业技术的社会公众，且以中小投资者居多，它的运作失败造成对中小投资者利益的损害，进而可能会导致投资者对整个证券市场投资信心的减弱。私募基金由于募集对象是资产规模庞大的机构投资者或是实力雄厚的个人投资者，因此抗风险能力较强，而且人数较少，所以其运作失败的后果没有公募基金那样严重与广泛，但对其所涉及的一些复杂的金融衍生工具影响较严重，从而会影响到整个金融体系的安全。

（二）我国私募基金的特点

与现存的公募基金和西方较规范的私募基金相比，我国私募基金主要有以下鲜明的特点：

1. 投资目标更有针对性

由于私募基金是向少数特定对象募集的，因此其投资目标更具针对性，能够根据客户的特殊需求提供度身定做的投资服务产品，组合的风险收益特性满足客户特殊的投资要求，实现了投资产品的多样化和差别化。如果说公募基金是面向大众的“大锅菜”，则私募基金就是针对少数富裕阶层和机构的“小炒”。

2. 募集成本相对较低

私募基金由基金经理人私下向大资金拥有者进行“一对一”募集，且监管层对私募基金的信息披露要求较少，私募基金往往不需要注册，也不需要严格的评估和审计，甚至不需要券商承销，因此募集成本相对较低。

3. 投资方式更容易风格化

由于私募基金依靠口碑和人脉募集资金，准入门槛比较高，主要面对的投资者更有理性，双方的关系类似于合伙关系，使得基金管理层较少受到开放式基金那样的随时赎回困扰。基金管理人能充分发挥自身理念的优势，从而获取长期稳定的超额利润。

4. 投资手法更灵活

由于私募基金的投资者与私募基金管理人的关系往往较为密切且能够有效影响管理人的投资策略选择，因此在监管相对宽松的背景下，私募基金的投资策略和投资手段更加丰富，变化也更多。

5. 与资本市场关系更密切

资本市场是其实现退出的主要通道。证券投资基金等公募基金的退出形式往往较为简单，基金到期后自动清算。而私募基金（主要是私募股权投资基金）则需要通过所投资企业上市或者通过资本市场股权转让等方式实现资本退出，在市场中拥有巨大的号召力。

此外，私募游资作为市场上嗅觉最灵敏的资金集团之一，在市场中拥有巨大的号召力，精准、暴利、神秘是私募的代名词。正因为有上述特点，私募基金在国际金融市场上占据了重要位置，同时也培育了像索罗斯、巴菲特这样的投资大师。

但是，私募基金也存在明显的缺陷：其受到政府监管相对较宽松，操作缺乏透明度，有可能出现内幕交易、操纵市场等违规行为，将不利于基金持有人利益的保护，在可能取得较高收益的同时，蕴藏着较大的投资风险如基金管理者的道德风险、代理风险等。此外，以这种方式发行的基金证券一般数量不大，而且投资者的认同性、流动性较差，不能上市交易。

（三）私募基金的优势

与公募基金相比，私募基金具有十分鲜明的特点，也正是这些特点使其具有公募基金无法比拟的天然优势：

1. 在募集对象上存在优势

私募基金的对象只是少数特定的投资者，因而也使得私募基金这一产品合同有协议的性质，即投资者可以与基金发起人协商并共同确定基金的投资方向和目标，而不是由基金发起人单方面认定，也就是说，私募基金更注重特定投资者的需求。因此，私募基金具有针对性较强的投资目标，它更像为符合条件的投资者量身定做的投资服务产品。此外，由于私募基金投资的门槛较高，与公募基金面向散户民众、一般以1000

元为起点的情况大不相同，可以大大加快募集速度。

2. 信息披露方面存有优势

相对于有严格信息披露要求的公募基金，私募基金这方面的要求低得多，加之政府监管也相应比较宽松，因此，私募基金的投资更具隐蔽性，运作也更为灵活，相应获得高收益回报的机会也更大，并且节省了相当可观的信息披露成本。

3. 投资顾虑少

私募基金的常态是不顾一切地追求利润最大化，少有顾忌，少有束缚。公募基金的常态是首先考虑资金的安全，还要受政府监管的束缚，要有发行公约中的投资比例规定的约束，要请示上级公司，要考虑基金的排位及作为基金经理的位置是否稳定等，在牛市中，常常会因顾忌过多而无奈地失去瞬间而逝的投资机会。

4. 基金管理人的利益约束机制合理

私募基金的管理人必须有相当比例的自有资金投入基金，基金运作的成功与否与他们的自身利益紧密相关。一旦基金发生亏损，管理者拥有的份额将被用于支付投资者，这在一定程度上较好地解决和避免了公募基金经理们与生俱来的利益约束弱化、激励机制不够的弊端。

第二节　投资型信托

在我国，尤其是在一般公众眼中，信托通常被视为一类机构，或一个行业，但事实上，“信托”一词之所以能在世界范围内被广泛传播，主要是作为一种“基于信任而托付”的制度安排而存在。这种制度安排之所以被大多数国家认可和接受，最根本的原因是它具有被反复验证了的、无可争辩的功能优势。

信托的应用范围非常广泛，在理财当中的应用也是如此。理财规划师不仅要掌握信托的相关知识，而且在为客户理财时，要能巧妙地应用信托处理理财中的相关问题，为客户争取更多的利益，避免不必要的纠纷。

一、信托的基本概念

信托是一种以财产为核心，以信任为基础，由他人受托管理的财产管理方式。依照我国《信托法》第二条，信托是指委托人基于对受托人的信任，将其财产权委托给受托人，由受托人按委托人的意愿以自己的名义，为受益人的利益或者特定目的，进行管理或者处分的行为。

信托可以按照如下的方式分类：

（一）按受托人从事的信托业务是否为商业行为划分，信托可分为民事信托和商事信托

1. 民事信托

又称为非营业信托，是指受托人不以营业为目的承办的信托。民事信托大多办理的是与个人财产有关的各种事物，如管理财产、执行遗嘱、代理保管、抵押、变卖贵重物品等。

2. 商事信托

又称为营业信托，是指以从事商业行为为目的承办的信托，其目的就是通过经营信托业务以获利。商事信托大多应用于公司、企业等经济组织的各种经营业务。

（二）按信托财产的类别划分，信托可分为资金信托和财产信托

1. 资金信托

资金信托是一种以货币资金为标的物的信托，如单独管理资金信托

公益资金信托、企业年金信托等。

2. 财产信托

财产信托是一种以非货币财产为标的物的信托，如不动产信托、股权信托、债权信托等。

（三）按信托成立的原因划分，信托分为自由信托和法定信托

1. 自由信托

凡信托依当事人自己的自由意思表示而设立，称为自由信托，也称为意定信托。

2. 法定信托

凡必须依法律规定或依法院鉴定和强制而成立的信托，称为法定信托。

（四）按信托服务对象划分，信托可分为个人信托和法人信托

1. 个人信托

即以个人身份委托受托人办理信托业务的信托。个人信托又分为生前信托和身后信托。生前信托是个人在世时就以委托人身份与受托人建立了信托关系，其信托合同限于委托人在世时有效；身后信托则根据个人遗嘱办理身后的有关信托事项，如执行遗嘱、管理财产等。

2. 法人信托

又称公司信托，即委托人不是自然人，而是单位或公司等具备法人资格的组织，由这些组织委托受托人办理信托业务的信托。

（五）按信托设立的目的划分，信托可以分为私益信托和公益信托

1. 私益信托

即完全为委托人自己或其指定的其他人的利益而设定的信托。私益信托的目的是实现私人利益。私益信托一般都可预先指定具体受益人。

2. 公益信托

即为救济贫困以及发展教育、文化、科技、医疗卫生、环保、慈善、宗教等社会公益事业而设立的信托。公益信托的受益人是社会公众中符合规定条件的人。设立公益信托的目的并非为委托人自己谋利益，也不是为特定利益人谋求一己利益，而是为发展社会公益事业，促进整个社会的文明发展与进步。

（六）按设立信托的不同行为方式划分，信托可以分为合同信托和遗嘱信托

1. 合同信托

以订立信托合同的法律行为方式而设立的信托，称为合同信托，又称契约信托。合同信托当事人之间依双方的意思表示一致而成立，在合同信托关系中，当事人发生信托行为必须严格按照信托合同的约定进行。合同信托一般也称为生前信托。

2. 遗嘱信托

以委托人订立遗嘱的法律行为方式为前提设立的信托，称为遗嘱信托。

遗嘱虽是立遗嘱人生前订立，但其法律效力却须等到立遗嘱人死亡后才能生效。因此，遗属信托也称为身后信托。设立遗嘱信托，必须遵守国家《继承法》中关于遗嘱的具体规定。

（七）按信托利益是否归委托人本人划分，信托可以分为自益信托和他益信托

1. 自益信托

享受信托利益的受益人是委托人本人的信托，称为自益信托。

2. 他益信托

他益信托是指由委托人以外的人来享受信托利益的信托。

（八）按信托是否跨国划分，信托可分为国内信托和国际信托

1. 国内信托

国内信托是指信托当事人在一国国内，信托行为也在一国国内进行的信托。

2. 国际信托

国际信托指信托当事人中有一方在国外，或信托行为跨国进行的信托。

（九）按信托设立时是否保留了委托人的撤销权划分，可将信托分为可撤销信托和不可撤销信托

1. 可撤销信托

是指委托人在信托契约中保留了随时可以终止信托合同并取回信托财产的权利的信托。该类信托对委托人的财产权无影响，不会对财产起到风险隔离的作用。

2. 不可撤销信托

是指除依照信托契约所记载的条款外，不得由委托人终止的信托。一般而言，成立可撤销信托或者不可撤销信托，由当事人自由决定。但是，除非委托人在信托合同中明确保留了撤销权，否则该信托为不可撤销信托。

二、集合资金信托计划

（一）集合资金信托计划的定义

资金信托是指委托人将资金作为信托财产委托给受托人，由受托人根据信托合同的规定对资金进行管理与处置的信托业务。在资金信托关系中，投资人为委托人，信托公司为受托人，由于自益信托是目前资金信托的主要形式，因而委托人本身一般就是受益人。根据委托人数量的

不同，资金信托可被分为单独管理资金信托与集合资金信托两种。

单独管理资金信托又可分为特定单独管理资金信托和指定单独管理资金信托。其中，特定单独管理资金信托是指委托人指定资金的运用方法及标的，包括投资标的类别、名称、数量、时期、交易价格等，信托机构并无量权。而指定单独管理运用资金信托业务是指结合信托机构自身信托投资及土地开发业务专长，引导信托资金投资于政府编列预算执行的开发项目。

集合资金信托计划是由信托公司担任受托人，按照委托人意愿，为受益人的利益，将两个以上（含两个）委托人交付的资金进行集中管理、运用或处分的资金信托业务活动。委托人既可以是自然人，也可以是机构法人。

根据2007年3月1日执行的《信托公司集合资金信托计划管理办法》的相关规定，集合资金信托计划具有以下3个特征：

1. 合格投资者

委托人必须是合格投资者，若以自然人身份参加须满足以下3个条件之一：（1）投资一个信托计划的最低金额不少于100万元人民币的自然人、法人或者依法成立的其他组织；（2）个人或家庭金融资产总计在其认购时超过100万元人民币，且能提供相关财产证明的自然人；（3）个人收入在最近3年内每年收入超过20万元人民币或者夫妻双方合计收入在最近3年内每年收入超过30万元人民币，且能提供相关收入证明的自然人。

而2018年4月经国务院同意，中国人民银行、中国银行保险监督管理委员会、中国证券监督管理委员会、国家外汇管理局联合印发的《关于规范金融机构资产管理业务的指导意见》（银发〔2018〕106号）对于合格投资者做了明确的规定：

合格投资者是指具备相应风险识别能力和风险承担能力，投资于单只资产管理产品不低于一定金额且符合下列条件的自然人和法人或者其他组织。（一）具有2年以上投资经历，且满足以下条件之一：家庭金融净资产不低于300万元，家庭金融资产不低于500万元，或者近3年本人年均收入不低于40万元。（二）最近1年末净资产不低于1000万元的法人单位。（三）金融管理部门视为合格投资者的其他情形。

合格投资者投资于单只固定收益类产品的金额不低于30万元，投资于单只混合类产品的金额不低于40万元，投资于单只权益类产品、单只商品及金融衍生品类产品的金额不低于100万元。

投资者不得使用贷款、发行债券等筹集的非自有资金投资资产管理产品。

2. 委托人数量

在合格投资者基础上，进一步规定单个信托计划中，自然人合格投资者的人数不能超过50人，合格的机构投资者人数不受限制。这意味着集合资金信托计划成为一种面向少数投资人的产品。

3. 发行方式

信托公司发行集合资金信托计划，将原规定中的信托产品“不得通过报纸、电视、广播和其他公共媒体进行营销宣传”修改为“不得进行公开营销宣传”，对公开的界定更加宽泛，事实上防止了信托公司利用变通方式公开营销的可能。换言之，私募发行成为信托产品唯一合法的发行方式。

集合资金信托计划的上述3个特点，决定了集合资金信托计划为标准的私募产品。

（二）集合资金信托计划的分类

按照资金运用方式的不同，集合资金信托可分成以下几种类型：

1. 证券投资集合资金信托计划

证券投资集合资金信托计划是指受托人接受委托人的委托，将信托资金按照双方的约定，投资于证券市场的信托品种。

2. 股权投资集合资金信托计划

股权投资集合资金信托计划的特征是委托人将资金交付信托公司，由信托公司将信托资金运用于股权投资。股权投资集合资金信托计划可满足愿意承担高投资风险的投资者需要，适于筹集回报率稳定的基础设施建设项目的中长期资金。

3. 贷款集合资金信托计划

贷款信托以贷款方式运用信托资金，以实际获利、分红为原则，不允许受托人承诺保证信托资金的本金和最低收益，是一种带有变动利息的金融产品。《信托公司集合资金信托计划管理办法》规定，信托公司向他人提供贷款不得超过其管理的所有信托计划实收余额的30%。

4. 权益投资集合资金信托计划

权益投资集合资金信托计划是指将信托资金投资于能够带来收益的各类权益的资金信托品种。这些权益包括基础设施收费权、公共交通营运权等。由于有政府的财政支持或政府给予的收益权，权益投资的回报一般有充分的保证。

5. 不动产投资集合资金信托计划

不动产投资集合资金信托计划（REITs）指通过制订信托投资计划，与投资者（委托人）签订信托投资合同，通过发行信托收益凭证等方式受托投资者的资金，然后进行不动产的投资，并委托专业机构实施具体的经营管理的一种集合资金信托投资方式。

（三）证券投资集合资金信托计划

1. 证券投资集合资金信托计划的关系人

（1）委托人。委托人即信托计划的投资人，根据相关规定，委托人必须是合格投资者，而且单个证券投资集合资金信托计划的自然人委托人数不超过50人。

（2）受托人。委托公司是证券投资集合资金信托计划的法定受托人，以其专业的投资为投资者提供投资服务。目前，信托公司为了增强其投资业绩，通常会另行聘请专业投资顾问参与管理。

（3）保管人。受信托业历史影响，信托公司的美誉度和信誉度稍有不足，为此新的证券投资集合资金信托计划引入了保管人。《信托公司集合资金信托计划管理办法》中明确规定，信托资金必须由有资格的商业银行进行保管。

（4）监管人。作为一种合法的投资工具，信托计划运行期间，监管部门将对其运行情况实施监督。

证券投资集合资金信托计划与目前国内的开放式基金一样，都是依据信托的精神设立的，信托资金均由具有资格的商业银行进行托管或保管，因此其资金安全模式与开放式基金基本相同。图3-1展示了证券投资集合资金信托计划的运行模式。

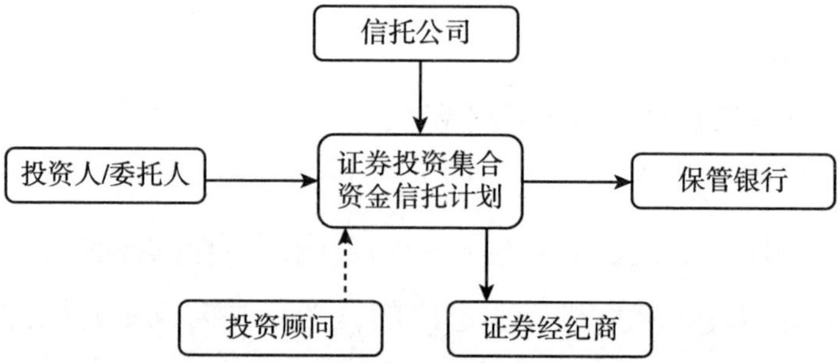

图3-1　证券投资集合资金信托计划的运行模式

资料来源：ChPBCLUB中国私人银行家俱乐部。

2. 证券投资集合资金信托计划的特点

（1）针对性强。由于证券投资集合资金信托计划是向少数特定对象募集的，投资目标会更有针对性，更能满足客户特定的投资要求。

（2）灵活运作。由于证券投资集合资金信托计划的运作方式由投资管理人与投资者协商确定，而且相对于证券投资基金而言，政府对证券投资集合资金信托计划的投资运作等规定相对宽松，因此，证券投资资金信托计划的投资会更加灵活。

（3）隐蔽性高。证券投资集合资金信托计划只需要定期向投资人和监管人披露产品的相关资料信息，而不必向证券投资基金那样将信息向公众披露，因此，其投资更具隐蔽性。

（4）投资能力强。证券投资集合资金信托计划具有条款自由拟订的特点，可以制订灵活有效的激励机制，有助于吸引高水平的基金管理人，从而具备较强的投资能力。

3.证券投资集合资金信托计划与对冲基金的关系

对冲基金是私募证券投资基金的主要形式之一。对冲基金通过非公开方式发行，面向少数机构投资者和富有的个人投资者募集资金，投资于证券市场，其投资目标更具有针对性，并能够根据客户的特殊需求提供量身定做的一种金融工具。其操作手法多样，经营机制灵活，没有短期的利润指标和确定的资金投向限制，在投资工具、财务杠杆、投资策略等各个方面也没有过多限制，在运作中广泛使用做空、套期保值、套利等手段对风险进行对冲。这样，基金经理就能在范围更广的投资领域选择投资战略，以获取长期的高额利润。随着我国卖空机制的逐步完善，一旦我国的证券投资集合资金信托计划引入做空机制，将意味着我国目前存在的证券投资集合资金信托计划也将在一定程度上转型为对冲基金。

第三节　外　汇

外汇交易市场是全球最大的金融产品市场。据国际清算银行2010年

12月份发布的报告可知，2007—2010年，全球外汇市场日均交易额高达4万亿美元，而2010年4月美国股市的成交量约为1340亿美元，相当于美国股市的30倍。

随着我国外汇体制的改革，个人购汇的放宽，越来越多的人投入外汇投资。而外汇投资形式非常多样，风险收益特征以及交易规则也各不相同。

一、外汇与外汇市场

（一）外汇

1.外汇的定义

外汇是以外币表示的用于国际结算的支付凭证。国际货币基金组织（IMF）对外汇的解释为：外汇是货币行政当局（中央银行、货币机构、外汇平准基金和财政部）以银行存款、财政部债券、长短期政府证券等形式所保有的在国际收支逆差时可以使用的债权。外汇包括外国货币、外币存款、外币有价证券（政府公债、国库券，公司债券股票等）、外币支付凭证（票据、银行存款凭证、邮政储蓄凭证等）。

我国于1997年修正颁布的《外汇管理条例》规定："外汇，是指下列以外币表示的可以用作国际清偿的支付手段和资产：（一）国外货币，包括铸币，钞票等；（二）外币支付凭证，包括票据、银行存款凭证、邮政储蓄凭证等；（三）外币有价证券，包括政府公债、国库券、公司债券、股票、息票等；（四）特别提款权、欧洲货币单位；（五）其他外汇资产。"

动态地看，外汇是指货币在各国间的流动，以及把一个国家的货币兑换成另一个国家的货币，借以清偿国际债权、债务关系的一种专门性的经营活动，因此可以把外汇看作是国际汇兑（Foreign Exchange）的简称。

2.外汇的分类

外汇可以按照不同标准进行分类。

（1）按照外汇进行兑换时的受限制程度，可分为自由兑换外汇、有限自由兑换外汇和记账外汇。

自由兑换外汇，就是在国际结算中用得最多、在国际金融市场上可以自由买卖、在国际金融中可以用于偿清债权债务，并可以自由兑换其他国家货币的外汇，例如美元、港币、加拿大元等。

有限自由兑换外汇，则是指未经货币发行国批准，不能自由兑换成其他货币或对第三国进行支付的外汇。国际货币基金组织规定，凡对国际性经常往来的付款和资金转移有一定限制的货币均属于有限自由兑换货币。世界上有一大半的国家货币属于有限自由兑换货币，包括人民币。

记账外汇，又称清算外汇或双边外汇，是指记账在双方指定银行账户上的外汇，不能兑换成其他货币，也不能对第三国进行支付。

（2）根据外汇的来源与用途不同，可以分为贸易外汇、非贸易外汇和金融外汇。

贸易外汇，也称实物贸易外汇，是指来源于或用于进出口贸易的外汇，即由于国际商品流通所形成的一种国际支付手段。

非贸易外汇是指贸易外汇以外的一切外汇，即一切来源于或用于进出口贸易的外汇，如劳务外汇、侨汇和捐赠外汇等。

金融外汇与贸易外汇、非贸易外汇不同，它属于一种金融资产外汇。例如银行同业间买卖的外汇，既非来源于有形贸易或无形贸易，也非用于有形贸易，而是为了各种货币头寸的管理和摆布。资本在国家之间的转移，也要以货币形态出现，或是间接投资，或是直接投资，都形成为在国家之间流动的金融资产，特别是国际游资数量之大、交易之频繁、影响之深刻，不能不引起有关方面的特别关注。

贸易外汇、非贸易外汇和金融外汇在本质上都是外汇，它们之间并不存在不可逾越的鸿沟，而是经常互相转化。

（3）根据外汇汇率的市场走势不同，外汇又可区分为硬外汇和软外汇。外汇就其特征意义来说，总是指某种具体的货币，如美元外汇是指以美元作为国际支付手段的外汇，英镑外汇是指以英镑作为国际支付手段的外汇，日元外汇是指以日元作为国际支付手段的外汇，等等。在国际外汇市场上，由于多方面的原因，各种货币的币值总是经常变化，汇率也总是经常变动，因此根据币值和汇率走势我们又可将各种货币归类为硬货币和软货币，或叫强势货币和弱势货币。硬货币是指币值坚挺、购买能力较强、汇价呈上涨趋势的自由兑换货币。由于各国国内外经济、政治情况千变万化，各种货币所处硬货币、软货币的状态也不是一成不变的，经常是昨天的硬货币变成今天的软货币，昨天的软货币变成了今天的硬货币。

3. 世界主要外汇

从外汇交易的角度来看，一种货币要成为外汇必须有持续性的买盘和卖盘，而这需要符合下列3种主要条件：（1）持有者必须相信这种货币具有储藏价值的功能。（2）这种货币在国际贸易中必须可以作为计价的手段。（3）这种货币必须可以作为交易的媒介。目前，全世界大约有30种货币属于交易活跃的货币。单就这30种货币来说，每一种货币对其他货币有29种汇率，就会有总共435种不同的汇率。目前，世界外汇市场上重要外汇之间的基本格局是，大多数货币之间的基本定价关系仍以美元为主，美元的国际地位是与美国强大的实力和国际汇率制度形成与发展的历史相联系的。日本经济的飞跃使日元地位得以稳固和扩张。欧元诞生后，迅速成为国际贸易、金融交易和官方外汇储备的一大主要货币，形成全球贸易结算货币和外汇储备结构新格局。

（二）外汇市场

外汇市场的产生，起初是为了满足国际贸易的大规模发展而产生的汇兑及避险需要，后来人们发现汇率的波动差价能够带来巨大的投机收益，于是外汇市场逐渐发展成以投机目的为主的市场。现在，在每天巨大的成交量中，满足贸易和避险需要的只占据了大约5%，95%的交易是为了投机而产生的。

作为一个国际性的资本投机市场，外汇市场的历史要比股票、黄金、期货、利息市场的短得多，然而，它却以惊人的速度迅速发展。在20世纪80年代，随着计算机及相关技术的问世，跨国资本流动加速，将亚、欧、美洲等地区市场连成一片，外汇市场交易量迅速增长。

（三）外汇交易的特点

1. 无形市场

外汇交易是交易双方通过电话或者电子交易网络而达成的，并不像股票和期货交易市场那样是集中在某一个交易所里进行的。

2. 24小时交易

外汇市场一周交易5天，且是24小时交易，而股票只能在白天特定的时间进行交易。

由于外汇市场的主要交易产品（即主要的国际货币，如美元、日元、欧元及英镑等）的交易规则都是一致的，但是由于全球各金融中心的位置不同，亚洲市场、欧洲市场、美洲市场由于时间差的关系，开市和闭市的时间相互交错，可称作一个全天24小时连续作业的全球性外汇市场。一天中，最早的外汇市场是澳大利亚的悉尼，接下来是东京、中国香港、新加坡、欧洲大陆的巴黎和法兰克福、伦敦，最后是纽约。由于外汇市场全天24小时开放，外汇交易者需要对白天还是晚上发生的全球经济、社会和政治事件导致的汇价波动随时做出反应（见表3-3）。

表3-3　　主要外汇交易市场的交易时间

外汇市场	交易时间（北京时间）
惠灵顿	04：00—13：00
悉尼	06：00—15：00
东京	08：00—15：30
中国香港	10：00—17：00
法兰克福	14：30—23：00
伦敦	15：30—00：30
纽约	21：00—04：00

3.品种少，便于操作

外汇市场主要的交易品种为美元/欧元、美元/英镑、美元/瑞士法郎、美元/日元、美元/澳元、美元/加元6个货币对，相对来说便于操作。而股票市场有成百上千只股票，选股难度可想而知。

4.成交量大，不易被操纵

汇市是全球最大的金融市场，参与者非常广泛，包括商业银行、基金公司、企业、个人，甚至中央银行。无论小户还是大户，都很难对外汇市场造成持续影响，不像股市中存在的庄家操纵股市、信息不对称、不透明等问题造成对普通投资人不利。

（四）外汇市场的分类

1.按外汇市场的外部形态进行分类，外汇市场可以分为无形外汇市场和有形外汇市场

无形外汇市场也称为抽象的外汇市场，是指没有固定、具体场所的外汇市场。这种市场最初流行于英国和美国，故其组织形式被称为英美方式。现在，这种组织形式不仅扩展到加拿大、东京等其他地区，而且也渗入欧洲大陆。无形外汇市场的主要特点是：第一，没有确定的开盘与收盘时间。第二，外汇买卖双方无须进行面对面的交易，外汇供给者和需求者凭借电传、电报和电话等通信设备与外汇机构联系。第三，各主体之间有较好的信任关系，否则，这种交易难以完成。目前，除了个别欧洲大陆国家的一部分银行与顾客之间的外汇交易还在外汇交易所进行外，世界各国的外汇交易均通过现代通信网络进行。无形外汇市场已成为今日外汇市场的主导形式。

有形外汇市场也称为具体的外汇市场，是指有具体的固定场所的外汇市场。这种市场最初流行于欧洲大陆，故其组织形式被称为大陆方式。有形外汇市场的主要特点是：第一，固定场所一般指外汇交易所，通常位于世界各国的金融中心。第二，从事外汇业务经营的双方都在每个交易日的规定时间内进行外汇交易。在自由竞争时期，西方各国的外汇买卖主在外汇交易所。但进入垄断阶段后，银行垄断了外汇交易，致使外汇交易所日渐衰落。

2. 按外汇所受管制程度进行分类，外汇市场可以分为自由外汇市场、外汇黑市和官方市场

自由外汇市场是指政府、机构和个人可以买卖任何币种、任何数量外汇的市场。自由外汇市场的主要特点是：第一，买卖的外汇不受管制。第二，交易过程公开。例如，美国、英国、法国的外汇市场属于自由外汇市场。

外汇黑市是指非法进行外汇买卖的市场。外汇黑市的主要特点是：第一，是在政府限制或法律禁止外交易的条件下产生的。第二，交易过程具有非公开性。由于发展中国家大多执行外汇管制政策，不允许自由外汇市场存在，所以这些国家的外汇黑市比较普遍。

官方市场是指按照政府的外汇管制法令来买卖外汇的市场。这种外汇市场对参与主体、汇价和交易过程都有具体的规定。在发展中国家，官方市场较为普遍。

3.按外汇买卖的范围进行分类，外汇市场可以分为外汇批发市场和外汇零售市场

外汇批发市场是指银行同业之间的外汇买卖行为及其场所，其主要特点是交易规模大。外汇零售市场是指银行与个人及公司客户之间进行外汇买卖行为的场所。

（五）全球主要的外汇市场

目前，世界上大约有30多个主要的外汇市场，它们遍布于世界各大洲的不同国家和地区。根据传统的地域划分，可分为亚洲、欧洲、北美洲3大部分，其中，最重要的有伦敦、纽约、东京、新加坡、法兰克福、苏黎世、中国香港、巴黎、洛杉矶、悉尼等。主要交易货币种类有美元、欧元、英镑、日元、澳元、加元、瑞士法郎等。

二、个人外汇储蓄存款

（一）外币储蓄存款

外币储蓄存款是指以外国货币进行存、取、计息的储蓄存款。目前，我国商业银行可开办的外币储蓄币种一般有：美元、欧元、港币、日元、英镑、加元、瑞士法郎、澳元等（具体银行视情况而定）。按存取方式不同，外币储蓄存款可分为外币定期储蓄存款和外币活期储蓄存款。

外币定期储蓄存款是一种由存款人预先约定期限、到期支取的存款。起存金额一般不低于50元人民币或其他等值外汇，存期分1个月、3个月、半年、1年和2年5个档次。

外币活期储蓄存款是一种可以由存款人随时支取、金额和存期不受限制的存款。起存金额一般不低于人民币20元的等值外汇。

（二）个人外汇结构性存款

个人外汇结构性存款是指在普通外汇存款的基础上嵌入某种金融衍生工具，通过与利率、汇率、指数等的波动挂钩或与某实体的信用情况挂钩，从而使存款人在承受一定风险的基础上获得较高收益的外汇储蓄存款产品。它通过选择权与固定收益产品间的结合，使其投资报酬与连接到标的关联资产价格波动产生联动效应，从而达到在一定程度上保障本金或获得较高投资收益率的目的。

结构性存款起源于20世纪90年代后期，它是西方商业银行为满足风险管理和提高客户投资收益的需要，通过一种或多种金融衍生工具和较为复杂的交换组合创造的与利率或汇率等相结合、在预定条件下获得较高回报并具有一定风险的存款产品。从2003年下半年开始，我国国内商业银行陆续开办了名称各异但都具有个人外汇结构性存款性质的业务，如中国银行的“汇聚宝”、工商银行的“江财宝”、建设银行的“汇得赢”等。从各行推出的此类产品看，它的存款期限短则1年，长则3—5年，投资者将资金以存款方式交于银行后，一般由银行向国外代理结构性存款业务，并给投资者大约高于同期利息1—2倍的固定收益。在当前外汇投资渠道狭窄、外汇投资风险较高、收益较低的情况下，个人外汇结构性存款一经推出，就深受投资者青睐。

1. 个人结构性外汇存款的种类与划分

结构性外汇存款的主要种类有与利率挂钩型与汇率挂钩型和与利率区间挂钩型等。目前，我国银行推出的外汇理财产品采用的是与外币的利率或者利率区间挂钩，具有100%的本金保证，化解了本金的风险，但是它的期限和收益具有一定的不确定性。大体可以将我国目前的结构性个人外汇存款分为以下两类：

（1）收益固定型。此类产品的收益固定，但是银行在每一期限内可行使提前终止权。一般而言，当市场利率下跌，银行可以用更低的利率吸收存款时，银行会行使提前终止权，而当市场利率上升时，银行就不会行使这种权利。

（2）收益与利率挂钩型。在整个投资期限内，收益不固定，根据该区间市场利率的变化情况来确定最终的收益。一般而言，此类产品的名义收益率比固定型产品高，整个投资期间的名义收益率也可能有所变动。目前，美元、港元、欧元等主要货币都有结构性理财产品出售。

2. 投资结构性存款的风险及应注意的问题

虽然结构性也被称为“存款”，银行在营销时也打出了“高收益，低风险”，甚至是“高收益，无风险”的宣传口号，但是实际上它还是有一定的投资风险。由于本金能够得到保证，结构性存款与一般存款相比，风险主要体现在收益的不确定性和机会成本方面，具体说来有以下3种风险：

（1）利率风险。假定在美联储加息的情况下，国内美元利率也会跟着“水涨船高”，但如果投资者现在购买了美元理财产品（如结构性存款）而放弃了提前支取的权利，利率一旦上升，投资者原有的高收益就会缩水，甚至可能会低于普通存款利率，这就是外汇结构性存款投资者面对的利率风险。另外，很多外汇结构性存款的收益与国际市场上的外汇利率指标（LIBOR）挂钩，投资者能否获得成为决定收益率的关键。

（2）汇率风险。如果在购买了外汇理财产品期间人民币升值，那么投资者以人民币表示的外汇资产就会缩水，蒙受巨大损失。考虑我国的整体经济走势和外部压力，从长期来看，人民币升值将是一种趋势，在这种情况下，投资者购买结构性存款尤其应该防范汇率风险。

（3）流动性风险和资金的机会成本。大多数产品提前终止权都握在银行手中，客户一般不能提前支取，即使急需资金也无法动用该结构性存款。

具体来说，客户在挑选外汇理财产品时主要应考虑以下几个因素：

（1）收益率。外汇结构性存款产品的收益率有名义收益率与实际收益率之分。通常固定收益率的外汇结构性存款的实际收益率与名义收益率相同（换算成年收益率之后）。与利率挂钩的外汇结构性存款实际收益率与名义收益率则有可能相差很大，客户在投资时一定需要分清。在很多情况下，银行给出的收益率都是名义收益率，只有在一切要求都满足条件时客户才可能得到银行宣称的收益。比如，某银行的外汇理财产品的名义收益率为5%，要求的条件是在投资期内3个月的美元LIBOR利率落在0—5%区间内，假如这一年实际的利率只有一半落在该区间，则该外汇理财产品的实际收益率只有2.5%。另外一个值得注意的问题是许多银行给出的收益率很高，甚至达到百分之几十。客户在实际投资时才知道这个收益率是指产品在整个投资期间的累积收益率（而且很可能是名义年收益率的累积），实际的年收益率要远远低于宣传的水平。银行通过这种方式吸引客户注意无可厚非，但是客户在投资时一定要弄清真相。

（2）期限。目前，各家银行推出的结构性存款的期限多为6个月至6年。外汇理财产品的投资期限越长，客户承受的风险越大。比如，市场的利率上升，客户突然急需使用这笔资金等。但同时投资期限越长，产品的收益率则越高。因此，客户在选择投资之前就一定要分析一下未来市场的利率、汇率走势，考虑一下自己的资金是否需要提前使用。在人民币升值预期非常强烈的情况下，选择长期的外汇结构性存款可能承受较大的汇率风险，因此建议客户选择一些期限比较短的外汇结构性存款品种。

（3）流动性。流动性即外汇结构性存款是否可以转让，银行与客户是否可以提前终止（包括违约金情况），是否可以办理质押贷款，等等。目前，各家银行的外汇结构性存款都还不能转让。在客户是否可以提前支取方面，部分产品规定在任何条件下客户都不得提前支取，其他的一些产品虽然可以提前支取，但也得缴纳数额很高的违约金。银行提前终止结构性存款有可能给客户带来损失，因此对银行提前终止有条件加以约束的话对客户比较有利，但目前大多数产品对银行提前终止都没有条件要求。在是否可以办理质押贷款方面，各家银行的外汇结构性存款也有所不同，客户在购买时也应注意比较。

（4）其他。挂钩的利率种类与利率水平以及利息税等因素也会对客户的收益产生影响。挂钩的标的对于客户非常重要，就与利率挂钩的外汇结构性存款而言，即便是同一种外币，不同期限、不同类型的利率水平一般也有所不同，目前美元产品采用的主要是与LIBOR（伦敦同业拆借利率）挂钩，港元采用的多为HBOR（香港同业拆借利率）。挂钩利率的变动范围也至关重要，如果是外汇理财产品的挂钩利率必须落入指定范围才可以获取收益，利率变动范围越大对客户越有利。

举例说明一下，若A产品的名义收益率为5%，协议规定的利率区间为0—4%；B产品的名义利率为6%，协议规定的利率区间为0—3%，其他条件相同。假设一年中有240天中挂钩利率为0—3%，60天的利率为3%—4%，其他时间利率则高于4%。计算以下两产品的实际收益率：

A产品：5%×300/360=4.17%

B产品：6%×240/360=4%

可以看出，在其他条件相同的情况下，由于协议规定的利率范围不同，名义收益率低的产品实际收益率反而有可能高一些。

所得税也是一个重要的考虑因素，不同的产品在这方面的规定有所不同。一般产品规定外汇结构性存款收益中属于定期存款利息的部分收取20%的利息税，但是也有部分产品按落入利率区间的天数收取活期存款的利息税，甚至还有些产品根本无须纳税，因此投资者实际获得的收益会更多一些。在名义收益率相同或者稍高的情况下，无须缴税和按活期存款利率缴税的产品收益往往实际收益会高一些。

第四节　券商集合资产管理计划

券商集合资产管理计划作为一种资产管理工具，有其独特的优势。

自2005年我国首个券商集合资产管理计划设立以来，大多数综合类券商都设立了券商集合资产管理计划。

一、券商集合资产管理计划的定义

集合资产管理业务也称为集合理财，指由证券公司发行的、集合客户的资产，由专业的投资者（券商）进行管理的一种理财产品。它是证券公司针对高端客户开发的理财服务创新产品。通俗地说，就是券商接受投资者委托，并将投资者的资金投资于股票、债券等金融产品的一种理财服务，其风险和收益介于储蓄和股票投资之间，证券公司是这类理财产品的发起人和管理人。按照规定，证券公司为多个客户办理集合资产管理业务，应当设立集合资产管理计划；同时，证券公司应当将客户资产交由具有客户交易结算资金法人存管业务资格的商业银行或者中国证监会认可的其他机构进行托管，通过专门账户为客户提供资产管理服务。

券商集合资产管理计划组织架构如图3-2所示。

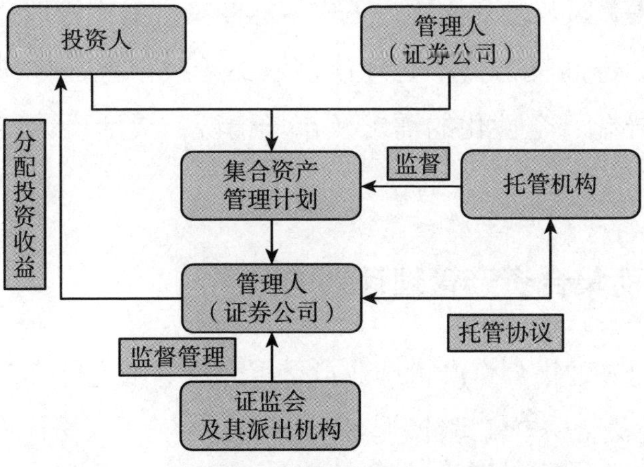

图3-2　券商集合资产管理计划组织架构

资料来源：ChPBCLUB中国私人银行家俱乐部。

二、券商集合资产管理计划的发展历程

2001年11月，中国证监会发布了《关于规范证券公司受托投资管理业务的通知》；2003年5月，针对部分证券公司与银行合作开展集合理财的实际情况，为防范风险，中国证监会发布了《关于证券公司从事集合性受托投资管理业务有关问题的通知》，要求已经开展此类业务的证券公司对其业务行为进行规范，其他证券公司暂停开展此类业务。

2005年3月，中国证监会批准了“光大阳光集合资产管理计划”的设立申请，这是经证监会审核批准的第一个集合资产管理计划。此后，经历5年多的时间，券商集合理财计划不仅发行数量、发行规模屡创新高，而且参与的券商逐年增加。截至2012年10月15日，已经有95只券商集合理财产品发行，而2010年和2011年券商分别发行了97只和108只集合理财产品，券商集合理财产品发行数量不断上升，成为中国资本市场不可忽视的投资力量。

在券商集合理财计划迅速发展的同时，政策监管方面也不断放松。2012年10月，中国证监会发布修订后的《证券公司客户资产管理业务管理办法》以及配套措施，正式将券商集合资产管理计划由审批制改为备案制。券商集合资产管理计划取消行政审批，有利于证券公司根据客户多样化、个性化的需求及市场情况，灵活设计产品，并及时推出。

三、券商集合资产管理计划的分类

证券公司办理集合资产管理业务，可以设立限定性集合资产管理计划和非限定性集合资产管理计划。

限定性集合资产管理计划资产应当主要用于投资国债、债券型证券投资基金、在证券交易所上市的企业债券、其他信用度高且流动性强的

固定收益类金融产品；投资于股票等权益类证券以及股票型证券投资基金的资产，不得超过该计划资产净值的20%，并应当遵循分散投资风险的原则。尽管从产品设计上看，限定性券商集合资产管理计划类似于债券型基金，但从实际效果看，限定性计划却具有很多债券型基金不可比拟的优势。债券型基金的投资对象限制严格，使得很多基金难以适应市场的新环境和新变化。而限定性集合资产管理计划虽然在投资对象上也有一定的限制，但相对来说要灵活一些。

非限定性集合资产管理计划的投资范围由集合资产管理合同约定，不受前款规定的限制。由于非限定性计划对投资对象的比例没有要求，相比基金产品灵活得多。券商集合资产管理计划的这两种分类，一方面保障了限定性计划的稳健和净值的平稳增长，另一方面给非限定性计划留出了较大的运作空间。限定性计划对一些风险承受能力偏弱，同时又希望收益比银行存款高的投资者来说较合适，非限定性计划则满足了那些有一定风险承受能力、希望获得较高收益投资者的需求。

四、券商集合理财产品的特点

（一）起点高

证券公司设立限定性集合资产管理计划的，接受单个客户的资金数额不得低于人民币5万元；设立非限定性集合资产管理计划的，接受单个客户的资金数额不得低于人民币10万元。而且，客户在参与集合资产管理计划之前，应当已经是证券公司自身或者其他推广机构的客户。

（二）私募性质

按照证监会《关于证券公司开展集合资产管理业务有关问题的通知》，证券公司可以自行推广集合资产管理计划，也可以委托其他具有证券投资基金代销业务资格的商业银行或证券公司代为推广集合资产管理计划，并签订书面代理推广协议。严禁通过广播电视、报刊及其他公共媒体推广集合资产管理计划，这就决定了券商集合资产管理计划具有私募性质。

（三）流动性较强

证券公司应当根据集合资产管理计划的情况，保持必要的现金或到期日在一年以内的政府债券，以备支付客户的分红或退出款项；集合资产管理合同可以约定，当客户在单个开放日申请退出的金额超过集合资产管理计划资产一定比例时，证券公司可以按比例办理退出申请，并暂停接受超过部分退出申请或暂缓支付，但暂停或暂缓期限不得超过20个工作日。

券商集合资产管理计划可以自行设定封闭期和开放期，其流动性低于开放式基金。集合资产管理计划有完全封闭和可以中途退出两种形式，在参与和退出的程序、费用上，并没有明确规定，证券公司完全可以根据市场情况在产品设计过程中灵活掌握。

（四）规模较小

中国证监会规定，非限定性集合理财计划首次募集资金额不能超过35亿元，打开申购后计划规模不能超过50亿元。相较于证券投资基金动辄上百亿元的规模，券商集合理财产品的规模较小。

（五）投资范围广

非限定性集合资产管理计划对投资对象没有严格的要求，可根据情况在合同中约定投资范围，因此投资范围广。集合理财不仅被允许参与新股申购，还可以投资于基金，而我国的《证券投资基金法》规定，禁止基金投资于其他基金。

（六）信息披露

证券公司应当至少每季度向客户提供一次准确、完整的资产管理报告，对报告期内客户资产的配置状况、价值变动等情况做出详细说明。证券公司应当保证客户能够按照资产管理合同约定的时间和方式查询客户资产配置状况等信息。发生资产管理合同约定的、可能影响客户利益的重大事项时，证券公司应当及时告知客户。

（七）自有资金参与，有限赔付

《证券公司客户资产管理业务管理办法》规定，证券公司可以用自有资金参与本公司设立的集合资产管理计划。募集推广期投入且按照合同约定承担责任的自有资金，在约定责任解除前不得退出；存续期间自有资金参与、退出的，应当符合相关规定的要求。

证券公司、资产托管机构和客户应当在资产管理合同中明确约定自有资金参与、退出的条件、程序、风险揭示和信息披露等事项，合同约定承担责任的自有资金，还应当对金额做出约定。证券公司应当采取措施，有效防范利益冲突，保护客户利益。证券公司投入的资金，根据其所承担的责任，在计算公司的净资本额时予以相应扣减。

证券公司自有资金的参与，使得部分券商集合资产管理计划可以设计有限赔付的产品弥补了市场上此类保本产品缺失的问题，同时，证券公司自有资金的参与，将资金的利益和投资者的利益绑在一起，在一定程度上能避免管理人出现道德风险，丰富了产品的类型。这也是投资者在选取券商集合资产管理计划产品时的一个考虑因素。

为了进一步增强产品信用、吸引客户，部分集合资产管理计划还设置了本金和最低收益率保障措施，如果出现亏损或者达不到预定的收益率，管理人将用自有资金参与的份额、投资收益和管理费等进行有限补偿。

第五节　QDII

QDII产品本可以按照受托人的不同归属到前面所讲的证券投资基金、集合资金信托计划、券商集合资产管理计划中，但是由于不同机构发行的QDII产品具有共性，而且随着经济的发展、金融市场的逐渐开放，将资产进行全球配置是发展的必然趋势，而QDII产品作为全球资产配置的工具，无疑是理财规划师需要掌握的。因此，有必要将QDII产品单独提出来作为一个单元进行介绍。

一、QDII的基本概念

QDII（合格的境内机构投资者）是在一国境内设立，经该国有关部门批准，从事境外证券市场的股票、债券等有价证券业务的证券投资基金。它是在货币没有实现完全可自由兑换、资本项目尚未开放的情况下，有限度地允许境内投资者投资境外证券市场的一种过渡性的手段。所谓代客境外理财，就是由具有合格的境内机构投资者（QDII）资格的各金融机构聚集国内投资者的资金，投资于境外市场，从而博取比境内更高的收益。外币理财产品与QDII的不同之处见表3-4。

表3-4　　外币理财产品与QDII的比较

名称	交易关系人	产品投资范围	风险	投资币种
外币理财产品	投资者、银行	约定期限内直接挂钩国际金融市场相关指标	市场风险、银行信用风险、汇率风险、人民币升值风险、流动性风险	自有外币
QDII	投资者、银行、境内托管行、境外托管行、境外发行人	不同产品投资范围不一样	市场风险、信用风险、汇率风险、流动性风险	人民币或以人民币兑换的外币

二、QDII的发展历程

2006年，QDII产品在中国首次发行，当时主要发行QDII产品的机构为银行。由于投资范围所限和追求安全的需要，此类产品主要投资于国外固定收益类产品，这在严格控制产品风险的同时，也使其收益率严重偏低，难以与国内的股票基金，甚至是债券型基金竞争。扣除托管费甚至销售服务费，投资者能拿到手的收益更显微薄。在收益偏低的背景下，人民币相对于美元和港币持续升值，汇兑风险更使得早期主要以固定收益产品为投资对象的银行QDII产品雪上加霜。

2007年，原中国银监会调整了商业银行开办代客境外理财业务境外投资范围的相关规定。但第二代银行QDII产品允许直接投资海外股市的比例也仅为50%。而在2007年7月5日实施的《合格境内机构投资者境外证券投资管理试行办法》中，基金公司证券公司QDII产品股票的投资比例理论上可达到100%，为国内投资者直接投资全球市场拓宽了渠道。

然而第一批QDII出海后，由于次贷危机引发了全球股市的普遍性下跌，以及缺乏海外投资经验，投资过分集中、不能有效分散风险，准备不足等原因，第一批QDII损失惨重。2008年发行的QDII基金遭到冷遇，募集份额锐减。2009年，全球股市大反弹，但是鉴于之前的惨痛经历，QDII基金暂停发行。再到2010年之后QDII基金重新出海，却又遭遇欧债危机，全球经济复苏乏力。不过，虽然发展历经坎坷，但不断的创新给QDII基金带来新的希望。产品投资标的多元化、产品形式多元化，将获取某些市场、概念、板块等收益作为目标的特色产品大量推出，例如富国全球奢侈品、诺安黄金、诺安收益不动产，等等。数据显示，截至2012年第二季度末，我国基金公司QDII基金数量为59只，基金总份额达到893亿份，基金规模为575.2亿元。

经过几年的运行，QDII分散风险的功能逐渐被投资者认可，QDII正在成为投资者资产组合中重要的一部分。由于QDII投资标的的多样性，投资者可以借助QDII实现很多A股市场实现不了的投资，比如大宗商品投资、不动产投资等，拓宽了因内投资者的投资视野。

三、QDII的优点

QDII产品作为一种理财产品，能够使投资者的资产去海外进行投资，使投资者能够真正实现自己的资产在全球范围内进行配置，在分散风险的同时充分享受全球资本市场的成果。具体来说，其具有如下优点：

（一）投资范围更广，机会更多

QDII产品可投资于国际资本市场（包括美国、欧洲、日本、我国香港地区以及其他新兴市场等），使得投资范围不再局限于国内。全球的投资热点在不断变换，海外新兴市场以及欧美等成熟市场在很多时候也极具投资吸引力。对海外市场做投资配置，可以在较低的投资风险下获得全球经济成长的收益。

（二）分散风险优化资产配置

把投资集中在国内具有很高的单一市场风险，通过QDII产品进行全球化投资不仅可以有效地分散单个市场的投资风险，还有助于提高经风险调整后的投资回报水平。而且，全球投资可以在一定程度上降低投资单一市场（如美国或我国香港）所面临的汇率风险。因此，在目前的市场环境下，引入全球化投资工具，不仅有助于国内投资者分散国内理财风险，而且有助于推动国内投资者参与国际市场投资，分享全球经济增长的成果，实现财富增值。

（三）投资品种更丰富

与处于初级发展阶段的国内资本市场相比，QDII产品投资范围更广泛、品种更多，更具灵活性和多样性，QDII产品可投资的品种除海外资本市场挂牌交易的股票、债券外，还可投资存托凭证（包括GDRs、ADRs、EDRs）、资产抵押证券、公募基金（包括股票基金、债券基金、房地产信托基金、交易所交易基金等）、结构性投资产品、金融衍生品（包括远期合约、互换、期货、期权、权证等）等。投资品种的扩充为获取更好投资收益奠定了基础。

四、QDII的投资风险

（一）市场风险

各国证券市场价格因受各种因素的影响而引起的波动，将使QDII产品的资产面临潜在的风险。这种风险与其他投资国内市场的产品面临的市场风险相类似，但由于QDII产品可能投资新兴市场，而新兴市场往往具有市场规模较小、发展还不完善、制度还不健全、市场流动性较差、市场被动性较高等特点，投资新兴国家市场的潜在风险往往要高于投资发达国家市场。此外，新兴国家的经济环境、政治环境往往更不稳定，从而加大了新兴市场投资的潜在风险。

（二）流动性风险

在市场或者个股流动性不足的情况下，QDII产品的管理人可能无法迅速、低成本地调整QDII产品的投资组合，从而对QDII产品的收益造成不利影响。同时，QDII可以根据市场需要将产品设计成封闭式、开放式等类型，如果是开放式产品，则必须保持一定的现金比例以应付赎回要求。在管理现金头寸时，有可能存在现金不足的风险或现金过多所导致的收益下降风险。

（三）信用风险

在债券发行主体或交易对手发生违约或者由于财务状况恶化不能按

时足额还本付息时，QDII产品的资产将会面临损失风险。此外，债券或者交易对手信用等级的变化或市场对某一特定信用等级的收益率要求的变化都会对相应资产的价格产生影响，从而使QDII产品的资产面临潜在风险。

（四）汇率风险

QDII产品以人民币为记账本位币，以外币进行投资。因此，当美元等外币汇率发生变动时，将影响QDII产品以人民币计价的资产价值。此外，QDII产品投资的国家和地区中涵盖发达国家市场以及新兴国际市场，而新兴市场所在的国家和地区一般对外汇的管制较严格，可能会加大货币汇兑风险。

（五）海外市场投资风险

海外市场投资受到各国汇率、税法、政府政策、对外贸易、结算、托管以及其他运作风险等多种因素的影响，上述因素的变化可能会使基金资产面临潜在的风险。此外，海外投资的成本、海外市场的波动性可能会高于本国市场，也存在一定的风险。

五、QDII的分类

按照合格的境内机构投资者的不同，将QDII产品主要分为商业银行QDII产品、基金公司QDII产品、证券公司QDII产品。

（一）商业银行QDII产品

1. 商业银行QDII业务的相关规定

2006年4月18日，中国人民银行、原中国银监会和国家外汇管理局共同发布《商业银行开办代客境外理财业务管理暂行办法》，允许境内机构和居民个人委托境内商业银行在境外进行金融产品投资。2006年6月30

日以后，原中国银监会先后批准中国工商银行、中国建设银行、中国银行、交通银行、招商银行开办代客境外理财业务，汇丰银行、东亚银行、花旗银行的内地分行也获准开办代客境外理财业务。

2. 商业银行QDII产品的投资对象

2007年5月11日，中国银监会发布《关于调整商业银行代客境外理财业务境外投资范围的通知》，对商业银行开办代客境外理财业务境外投资范围的相关规定进行如下调整：将“不得直接投资于股票及其结构性产品、商品类衍生产品，以及BBB级以下证券”的规定，调整为“不得投资于商品类衍生产品、对冲基金以及国际公认评级机构评级BBB级以下的证券”。商业银行发行投资于境外股票的代客境外理财产品时，需满足以下6个条件：（1）所投资的股票应是在境外证券交易所上市的股票；（2）投资于股票的资金不得超过单个理财产品总资产净值的50%，投资于单只股票的资金不得超过单个理财产品总资产净值的5%；（3）单一客户起点销售金额不得低于30万元人民币或等值外币；（4）客户应具备相应的股票投资经验；（5）境外投资管理人应为与中国银监会已签订代客境外理财业务监管合作谅解备忘录的境外监管机构批准或认可的机构；（6）商业银行应选择在与中国银监会已签订代客境外理财业务监管合作谅解备忘录的境外监管机构监管的股票市场进行股票投资。

商业银行发行投资于境外基金类产品的代客境外理财产品时，应选择与中国银监会已签订代客境外理财业务监管合作谅解备忘录的境外监管机构所批准、登记或认可的公募基金，而商业银行发行投资于境外结构性产品的代客境外理财产品时，应选择获国际公认评级机构A级或以上评级的金融机构发行的结构性产品。

商业银行开办代客境外理财业务时，运用掉期、远期等金融市场上流通的衍生金融工具应仅限于规避风险目的，严禁用于投机或放大交易。此外，商业银行应按照“了解你的客户的风险承受度”原则进行评估，向客户提供与其风险等级适当的产品，避免理财业务人员误销售和不当销售。

银行系QDII理财产品曾在2007年前后火热一时，但随着全球金融危机的暴发和欧洲债务危机的发酵，产品不断亏损，银行系QDII产品呈现日渐萎缩的趋势。根据普益财富统计，截至2012年第一季度，尚存的银行发行的QDII理财产品有226只，包括所有中资银行和外资银行发行的此类产品。这些产品大都发行于2007—2008年。

（二）基金公司QDII产品

1. 基金公司QDII业务的相关规定

2007年4月30日，中国证券监督管理委员会通过《合格境内机构投资者境外证券投资管理试行办法》（以下简称《办法》），并于2007年7月5日起施行。

《办法》中规定：申请QDII业务的基金公司的净资产不少于2亿元人民币，经营基金管理业务达2年以上，在最近一个季度末资产管理规模不少于200亿元人民币或等值外汇资产。

2. 基金公司QDII产品的投资对象

基金公司QDII产品可投资货币市场工具，公募基金，结构性投资产品，权证、期权、期货等金融衍生产品或工具，具体包括：

（1）银行存款、可转让存单、银行承兑汇票、银行票据、商业票据、回购协议、短期政府债券等货币市场工具；

（2）政府债券、公司债券、可转换债券、住房按揭支持证券、资产支持证券及经中国证监会认可的国际金融组织发行的证券；

（3）已与中国证监会签署双边监管合作谅解备忘录的国家或地区证券市场挂牌交易的普通股、优先股、全球存托凭证和美国存托凭证、房地产信托凭证；

（4）在已与中国证监会签署双边监管合作谅解备忘录的国家或地区证券监管机构登记注册的公募基金；

（5）与固定收益、股权、信用、商品指数、基金等标的物挂钩的结构性投资产品；

（6）远期合约、互换及中国证监会认可的境外交易所上市交易的权证、期权、期货等金融衍生产品。

《办法》同时明确，基金、集合计划不得有以下投资行为：购买不动产；购买房地产抵押按揭；购买贵重金属或代表重金属的凭证；购买实物商品；除应付赎回、交易清算等临时用途以外，借入现金。基金、集合计划不得利用融资购买证券，不得参与未持有基础资产的卖空交易，不得从事证券承销业务。

3. 基金公司QDII产品特点

首先，投资起点低，相对于商业银行的QDII产品和证券公司的QDII产品，基金公司的QDII产品起点低，适合普通投资者。其次，基金公司具有专业的投资团队以及丰富的投资经验，在对外投资过程中，可以掌握一定的主动权。最后，QDII产品的投资范围较广，可以根据市场需要设置不同风险收益类别的产品以适合不同类型的投资者。

（三）证券公司QDII产品

1. 证券公司QDII业务的相关规定

《办法》规定，证券公司进行境外证券投资，要先申请境内机构投资者资格，需满足“净资本不低于8亿元人民币；净资本与净资产比例不低于70%；经营集合资产管理计划业务达1年以上；在最近一个季度末资产管理规模不少于20亿元人民币或等值外汇资产”的硬性指标。在取得资格后，可以通过设立集合计划等方式募集资金，运用所募集的资金投资于境外证券市场。据不完全统计，符合上述硬性指标的证券公司约8家，包括中信证券、光大证券、国信证券、招商证券、中金公司、华泰证券、东方证券和广发证券，这使得境外证券投资的范围基本上只限于少数创新类券商。

2. 证券公司QDII产品的投资对象与基金公司QDII投资对象相同

各金融机构QDII产品比较见表3–5：

表3–5　各金融机构QDII产品比较

名称	投资起点	规模	投资管理	资金来源
商业银行	股票型起点为30万元人民币	不少于2亿元人民币或等值货币	通常将投资外包	集合境内机构和个人的人民币资金
基金公司	1000元人民币	不少于2亿元人民币或等值货币	借助境外投资顾问的力量外，其投资团队将参与境外投资的整个过程，享有完全的主动决策权	集合境内机构和个人的自有外汇在一定额度内购汇进行境外投资
证券公司	至少50000元人民币或等值货币	不少于1亿元人民币或等值货币	借助境外投资顾问的力量外，其投资团队将参与境外投资的整个过程，享有完全的主动决策权	集合境内机构和个人的自有外汇在一定额度内购汇进行境外投资

第六节　金融衍生品

金融衍生品通常是指从原生资产派生出来的金融工具。由于许多金融衍生产品交易在资产负债表上没有相应科目，因而也被称为资产负债表外交易（简称“表外交易”）。

金融衍生品市场作为一个新兴的金融市场，产生于20世纪70年代，在80年代进入了迅猛发展时期。随着金融衍生工具的不断推陈出新，金融衍生工具交易量屡创新高，市场规模不断扩大，金融衍生工具成为重要的证券投资品种，所以，学习和掌握金融衍生工具具有非常重要的意义。

一、金融衍生品概述

（一）金融衍生品概述

衍生金融工具是与基础金融产品相对应的概念，指建立在基础产品或基础变量之上，其价格随基础产品的价格（或数值）变动的派生金融产品。这里的基础产品不仅包括现货金融产品（如债券、股票等），也包括金融衍生工具。而作为衍生工具基础的变量则包括利率、汇率、各类价格指数甚至气温指数等。

近30年来，衍生工具市场的快速崛起成为全球金融市场最引人注目的事实之一。为了更好地确认衍生工具，各国及各类国际权威机构针对衍生工具提出了不同的概念。1998年美国财务会计准则委员会（FASB）所发布的133号会计准则——《衍生工具与避险业务会计准则》将金融衍生工具划分为独立衍生工具和嵌入式衍生工具，并给出了明确的识别标准和计量依据，尤其是所谓"公允价值"的应用，对后来各种机构制定衍生工具计量标准具有重大影响。2001年，国际会计准则委员会发布的第39号会计准则——《金融工具：确认和计量》和我国财政部2006年颁布的《企业会计准则第22号——金融工具确认和计量》，均基本沿用了FASB133的定义。

1.衍生工具

根据我国《企业会计准则第22号——金融工具确认和计量》，衍生工具包括远期合同、期货合同、互换和期权，以及具有远期合同、期货合同、互换和期权中一种或一种以上特征的工具，衍生工具具有下列特征：（1）其价值随特定利率、金融工具价格、商品价格、汇率、价格指数、费率指数、信用等级、信用指数或其他类似变量的变动而变动，变量为非金融变量的，该变量与合同的任何一方不存在特定关系；（2）不要求初始净投资，或与对市场情况变化有类似反应的其他类型合同相比，要求很少的初始净投资；（3）在未来某一日期结算。

2. 嵌入式衍生工具

嵌入式衍生工具是指嵌入非衍生工具（主合同）中，使混合工具的全部或部分现金流量随特定利率、金融工具价格、商品价格、汇率、价格指数、费率指数、信用等级、信用指数或其他类似变量的变动而变动的衍生工具。嵌入式衍生工具与主合同构成混合工具，如可转换公司债券等。

（二）衍生工具的基本特征

衍生金融工具具有以下4个显著特性：

1. 跨期性

衍生金融工具是交易双方通过对利率、汇率、股价等因素变动趋势的预测，约定在未来某一时间按照一定条件进行交易或选择是否交易的合约。无论是哪一种衍生工具，都会影响交易者在未来一段时间内或未来某时点上的现金流，跨期交易的特征十分突出。

2. 杠杆性

衍生工具交易一般只需要支付少量的保证金或权利金就可以签订远期大额合约或互换不同的金融工具，从而可以起到以小博大的效果。但是，在收益可能成倍放大的同时，投资者所承担的风险与损失也会成倍放大。此类产品的杠杆效应在一定程度上决定了它的投机性和高风险性。

3. 联动性

衍生金融工具的价值与基础产品或基础变量紧密相关、规则地变动。这种联动关系可以是简单的线性关系，也可以是更复杂的非线性关系。

4. 不确定性或高风险性

衍生金融工具的交易后果取决于交易者对基础工具或基础变量预测和判断的准确程度。基础工具价格的波动性决定了衍生工具交易的不稳定性，这是金融衍生工具高风险的主要诱因。基础金融工具价格的不确定性仅仅是衍生工具风险性的一个方面，在衍生工具交易中还存在信用风险、市场风险、流动性风险、结算风险、操作风险和法律风险。

（三）金融衍生品的分类

国际上金融衍生产品种类繁多，活跃的金融创新活动接连不断地推出新的衍生产品。金融衍生产品主要有以下几种分类方法：

1.根据产品形态的不同可以分为远期、期货、期权和互换4大类

远期合约和期货合约都是交易双方约定在未来某一特定时间，以某一特定价格买卖某特定数量和质量资产的交易形式。

期货合约是期货交易所制定的标准化合约，对合约到期日及其买卖的资产的种类、数量、质量做出了统一规定。远期合约是根据买卖双方的特殊需求由买卖双方自行签订的合约。因此，期货交易流动性较高，远期交易流动性较低。

期权交易是买卖权利的交易。期权合约规定了在某一特定时间、以某一特定价格买卖某一特定种类、数量、质量原生资产的权利。期权合同有在交易所上市的标准化合同，也有在柜台交易的非标准化合同。

互换合约是一种为交易双方签订的在未来某一时期相互交换某种资产的合约。更为准确地说，互换合约是当事人之间签订的在未来某一时期相互交换他们认为具有相等经济价值的现金流的合约。较为常见的是利率互换合约和货币互换合约。互换合约中规定的交换货币如是同种货币，则为利率互换；如是异种货币，则为货币互换。

2.根据原生资产不同大致可以分为4类，即股票、利率、货币和商品类金融衍生产品

如果再加以细分，股票类又包括具体的股票和由股票组合形成的股票指数；利率类又可分为以短期存款利率为代表的短期利率和以长期债券利率为代表的长期利率；货币类包括各种不同币种之间的比值；商品类包括各类大宗实物商品。

3. 根据交易地点不同，可分为场内交易和场外交易

场内交易，又称为交易所交易，指所有的供求方集中在交易所进行竞价交易的交易方式。这种交易方式具有交易所向交易参与者收取保证金，同时负责进行清算和承担履约担保责任的特点。此外，由于每个投资者都有不同的需求，交易所事先设计出标准化的金融合同，由投资者选择与自身需求最接近的合同和数量进行交易。所有的交易者集中在一个场所进行交易，这就增加了交易的密度，一般可以形成流动性较高的市场。期货交易和部分标准化期权合同交易都属于这种交易方式。

场外交易，又称柜台交易，指交易双方直接成为交易对手的交易方式。这种交易方式有许多形态，可以根据每个使用者的不同需求设计出不同内容的产品。同时，为了满足客户的具体要求，出售衍生产品的金融机构需要有高超的金融技术和风险管理能力。场外交易不断推动金融创新。但是，由于每个交易的清算是由交易双方相互负责进行的，交易参与者仅限于信用程度高的客户。互换交易和远期交易是具有代表性的柜台交易的衍生产品。

据统计，在金融衍生产品的持仓量中，按产品形态分类，远期交易的持仓量最大，占整体持仓量的42%，以下依次是互换（27%）、期货（18%）和期权（13%）。按交易对象分类，以利率掉期、利率远期交易等为代表的有关利率的金融衍生产品交易占市场份额最大为62%，以下依次是货币衍生产品（37%）和股票、商品衍生产品（1%）。1989年到1995年的6年间，金融衍生产品市场规模扩大了5.7倍。各种交易形态和各种交易对象之间的差距并不大，整体上呈高速扩大的趋势。

二、远期

远期合约是最基本、最简单的衍生工具，在远期合约的基础上进行标准化、衍生和组合，产生了其他的金融衍生工具，所以在介绍其他金融衍生品之前我们先对远期合约的相关概念等进行了解。

（一）远期合约的产生

远期合约是为了规避现货交易风险的需要而产生的。对于原始社会自给自足的状态而言，现货交易是人类的一大进步。通过交易，双方均可获得好处，但是现货交易的最大缺点是无法规避价格风险。一个农场主的命运完全掌握在他的农作物收割时农作物的价格中。如果在播种时就能确定农作物收割时候的价格，农场主就可安心致力于农作物的生产了。远期合约正是为满足这种需要而产生的。

（二）远期合约的概念及特征

远期合约是指交易双方约定在未来某一确定时间，按确定的价格买卖一定数量的某种资产的合约。这种资产可以是商品，如大米和石油等；也可以是金融工具，如外汇和利率等。

在合约中规定在将来买入标的物的一方称为多方，而在未来卖出标的物的一方称为空方，合约中规定的未来买卖标的物的价格称为交割价格。如果信息对称，而且合约双方对未来的预期相同，那么合约双方所选择的交割价格应使合约的价值在合约签署时等于零，即交割价格对双方是同等有利的。这意味着双方无需成本就可以签署合约，从而进入远期合约的多头或空头状态。

远期合约是非标准化的合约，即它不在交易所交易，而是在金融机构之间或金融机构与客户之间经过谈判之后签署的。在签署远期合约之前，双方可以就交割地点、交期时间、交割价格、合约规模和标的物的品质等细节进行洽谈，以便尽量满足双方的需要。因此，远期合约与下文将要介绍的期货合约相比，灵活性较大，这正是远期合约的主要优点。

但是，远期合约的缺点同样明显：首先，由于远期合约没有固定的、集中的交易场所，不利于信息的交流和传播，不利于形成统一的市场价格，市场效率较低。其次，由于每份远期合约的履行没有保证，当价格变动对一方有利时，另一方有可能无力或无诚意履行合约，因此，远期合约的违约风险较高。

（三）远期利率协议

根据基础资产划分，常见的金融远期合约分为股权类资产的远期合约、债权类资产的远期合约、远期利率协议和远期汇率协议。下面主要以远期利率协议为例进行介绍。

远期利率协议（FRA）是指按约定的名义本金，交易双方在约定的未来日期交换支付浮动利率和固定利率的远期协议。从本质上讲，远期利率协议所反映的是以固定利率提供的一笔远期对远期贷款，但没有实际贷款义务，不存在实际借贷资金的流动，所以FRA业务不列入资产负债表，亦不需要满足严格的资本充足要求。FRA是银行提供的场外交易产品，是由希望对未来利率走势进行保值或投机的双方所签订的一份协议，买方名义上同意未来获得特定金额的贷款，卖方名义上同意授予买方一笔特定金额的贷款。在远期利率协议中，双方都只是名义上的借贷者，协议规定双方从未来某个特定日期开始在某个特定期限内借贷一笔利率固定、数额确定的名义本金。如果市场利率上升，买方受到保护，因为根据协议，买方仍然是以事先商定的利率支付利息，借此可防止高利率造成的借款成本增加；市场利率的下降对买方而言则意味着一种“机会成本”，受协议的制约，买方亦不可能享受低利率的好处。卖方的境遇恰好相反，无论市场利率如何波动，卖方总是按照既定的利率收取利息。

这里所谓的“名义”，就是指FRA交易中并没有实际借贷行为的发生。尽管有时协议的一方或双方确有借款或贷款的实际要求，但实际借贷款活动需要另行安排，FRA所能提供的只是对未来利率风险的一种防范措施。这种风险防范作用是以现金补偿的方式来体现的，当远期利率协议到期时，如果协议利率与通行的市场利率存在差异，那么交易的一方要向另一方支付现金。

例如，A公司计划在1个月后借入一笔为期3个月的100万美元的款项，目前的利率水平为6%，公司担心未来1个月内利率上升，出于回避风险的目的，A公司现在就可以买入一份对应期限的FRA，对其未来的借款进行保值。在市场上该笔交易称为“1月对4月远期利率协议”，通常以“1×4FRA”来表示。设银行提供的这样一份FRA的价格为6.25%，则公司的借款利率即被确定在6.25%的水平。假设1个月后，A公司当初的担心变成现实，市场利率上涨至7%，于是，A公司将被迫以市场利率借款，结果使其不得不多偿付利息。但令其欣慰的是，由于A已持有一份FRA头寸，所以银行会根据协议向公司支付一笔差额补偿资金（称为结算金）。这笔结算金可以有效地弥补利率上涨引起的借款成本上升，从而保证其融资按6.25%的固定利率进行。

在FRA交易中，需要理解的重要术语包括：合同金额、合同货币、交易日、结算日、确定日、到期日、合同期、合同利率、参考利率等。在上面的例子中，假设交易日是4月10日，双方同意成交一份金额为100万美元、利率为6.25%的1×4FRA。在此，合同货币是美元，合同金额是100万美元，合同利率是6.25%；“1×4”是指起算日至结算日的时间为1个月，起算日至到期日的时间为4个月，起算日一般是交易日后两个营业日，这里的起算日是4月12日，结算日是5月12日，到期日是8月12日，合同期为90天；参考利率是指用来计算结算金的以市场为基础的利率，在确定日里予以确定，确定日一般提前结算日两个营业日（5月10日）；根据合同利率与参考利率的差额计算出来的结算金应当在结算日以现金方式进行收付。

三、期货

期货（Futures）与现货相对。期货是现在进行买卖，但是在将来进行交收或交割的标的物。这个标的物可以是某种商品（例如黄金、原油、农产品），也可以是金融工具，还可以是金融指标。买卖期货的合同或者协议叫作期货合约。按照交易标的期货可以划分为商品期货和金融期货。前者是期货交易的起源品种，主要包括农产品期货、金属期货和能源期货等；后者是指以金融工具作为标的物的期货合约，主要包括外汇、利率和股票指数期货等。

期货交易在期货交易所进行。目前，我国期货交易所包括进行商品期货交易的上海期货交易所、郑州商品交易所、大连交易所和专门从事金融期货交易的中国金融期货交易所。

（一）期货合约的产生

尽管远期合约交易简单且实用，但远期合约在交易过程中可能会遇到一系列困难，如商品性质、等级、价格、交货时间、交货地点等都是根据双方的具体情况达成的，当双方情况或市场价格发生变化，需要转让已签订的合同时，交易则变得非常困难。另外，远期合约最终能否履行主要依赖对方的信用，而对对方信用状况作全面细致的调查，费时费力，成本较高，难以进行，使交易的风险增大。这个问题促使1848年美国芝加哥期货交易所诞生，但是交易所却遇到了一项重大挑战：将交割日期、交割商品的数量和质量、交割地点进行标准化是比较简单的事情，但是将远期价格进行标准化是不可能的，因为合约在当天已经订立，交割价格也随之确定，而第二天的远期价格可能发生变化，则第二天订立的远期合约可能和前一天订立的远期合约的交割价格不相同。

而期货合约正好可以解决这个问题，它是远期合约的替代物。随着价格变化而修改合约，以此消除价格变动的多样性，按照这种思路，芝加哥期货交易所于1865年推出了标准化合约，同时实行了保证金交易制度，向签约双方各收取不超过合约价值10%的保证金作为履约保证。这是具有历史意义的制度创新，促成了真正意义上的期货交易的诞生。

（二）期货的主要功能

1.规避价格风险

商品生产者和经营者在生产和经营过程中会遇到各种各样的风险，其中最为直接的是价格波动的风险。价格无论朝哪个方向变动，都会给一部分商品生产者或经营者造成损失，因此，产品能否以预期价格出售，原材料能否以预期价格购进，经常困扰着生产者、经营者。而通过在期货市场上进行套期保值就可以按预期的价格出售商品，也可以以预期的价格购进原材料，这就是期货市场规避价格风险的功能。

2.发现价格

自期货交易产生以来，发现价格功能逐渐成为期货市场的重要经济功能。

所谓发现价格功能，指在一个公开、公平、高效、竞争的期货市场中，通过期货交易形成的期货价格，具有真实性、预期性、连续性和权威性的特点，能够比较真实地反映未来商品价格变动的趋势。世界上很多生产经营者虽未涉足期货交易，也没有和期货市场发生直接关系，但他们都在利用期货交易所发现的价格和所传播的市场信息来制定各自的生产经营策略。例如，生产商根据期货价格的变化来决定商品的生产规模；在贸易谈判中，大宗商品的成交价格往往是以期货价格为依据来确定的。

3. 进行风险投资

期货交易除了规避价格风险、发现价格这两个最基本的功能之外，还有进行风险投资、获取风险收益的功能。这种功能主要是针对期货投机者来说的，在期货交易规避价格风险功能实现的同时，也为投机者提供了风险投资的功能。投机是期货交易中不可缺少的经济行为，是构成期货交易的基础条件之一。投机者承担了期货市场上的价格风险，也可获得风险投资收益。

（三）主要期货种类

期货可以分为两大类：商品期货与金融期货。

1. 商品期货

商品期货是指标的物为实物商品的期货合约。商品期货主要品种可以分为农产品期货、金属期货（包括基础金属与贵金属期货）、能源期货3大类。农产品期货包括小麦、大豆、豆粕、棉花等；金属期货包括铜、铝、锌等基础金属期货，以及黄金、白银等贵金属期货；能源期货包括原油、燃油等期货。

2. 金融期货

金融期货是指标的物为某种金融工具的期货合约。金融期货的主要品种包括外汇期货、利率期货和股指期货。

（1）股指期货。股指期货是一种以股票指数作为买卖对象的期货。股指期货交易的实质是将对股票市场价格指数的预期风险转移到期货市场的过程，其风险是通过对股市走势持不同判断的投资者的买卖操作相互抵消的。其主要动能是价格发现、套期保值和投机，可用于规避股票市场的系统性风险。

（2）外汇期货。所谓外汇期货，是指以汇率为标的物的期货合约，用来回避汇率风险。目前，外汇期货交易的主要品种有美元、英镑、欧元、日元、瑞士法郎、加元、澳元等。

（3）利率期货。利率期货是指以债券类证券为标的物的期货合约，它可以回避银行利率波动所引起的证券价格变动的风险。利率期货的标的物是货币市场和资本市场的各种债务凭证。利率期货种类繁多，按照合约标的物的期限，可分为短期利率期货和长期利率期货两大类。短期利率期货是指期货合约的期限在1年以内的各种利率期货，即以货币市场的各类债务凭证为标的物的利率期货均属短期利率期货，包括各种期限的商业票据期货、国债期货及欧洲美元定期存款期货等。长期利率期货则是指期货合约标的物期限在1年以上的各种利率期货，即以资本市场的各类债务凭证为标的物的利率期货均属长期利率期货，包括各种期限的中长期国债期货等。

（四）期货投资的风险

1.代理风险

代理风险是指投资者在选择期货公司确立代理过程中所产生的风险。投资者在选择期货公司时应对期货公司的规模、资信、经营状况等进行了解，确定最佳选择后与该公司签订《期货经纪合同》，如果选择不具备合法代理资格或运作不规范的公司，就会给投资者带来风险。在进入期货市场前，投资者可登录中国证监会、中国期货业协会网站，查询期货公司资质情况，谨防一些社会机构进行的变相或非法的期货交易。

2.交易风险

交易风险是指投资者在交易过程中遇到的风险。它包括由于市场流动性差，期货交易难以迅速、及时、方便地成交所产生的风险，以及当期货价格波动较大，保证金不能在规定时间内补足，投资者可能面临被强行平仓的风险。投资者要随时关注自己的交易情况，及时查询交易结算账单，发现市场走势不利时，应尽早平仓或追加保证金。

3. 交割风险

交割风险是投资者在准备或进行期货交割时产生的风险。期货合约到期后，所有未平仓合约都必须进行实物交割或现金交割。不准备进行交割的投资者应在合约到期之前将持有的未平仓合约及时平仓，可免于承担交割责任。

4. 技术风险

目前投资者普遍采取网络交易的方式，技术风险主要表现为电脑硬件、软件及网络系统故障而产生的风险。

除了一般风险外，有些期货种类由于标的物自身的特点和合约设计过程中的特殊性，还具有一些特定的风险。

四、期权

期权（Option），也称选择权，是指某一标的物的买权或者卖权，是在某一限定时间内按某一指定的价格买进或卖出某一特定商品或合约的权利。与期货不同，期权的买方只有权利而没有义务。期权费即期权的价格，是期权的买方要向卖方支付的费用，也就是获得权利而必须支付的费用。对卖方而言，它是卖出期权的报酬。期权费的高低取决于期权到期时间及所选择的履约价格等，是由买卖双方竞价产生的。在期权交易中，期权费是很重要的。期权的买方可以把可能会遭受到的损失控制在期权费额度之内。而期权的卖方，卖出了一份期权立即可以获得一笔期权费的收入，而不需要马上进行标的物的交割。但同时卖方有必须履行期权合约的义务，无论这个时候标的资产的价格变动对自己是否有利。与期货一样，期权通常也是一种标准化的合约。我们可以用表3-6来表示期货与期权的区别。

表3–6　　　　期货与期权的对比

项目	期货	期权
投资者的权利义务	双方都有履约的义务	买方只有权利而没有义务
		卖方只有义务而没有权利
保证金	双方都要缴纳保证金	期权的卖方要缴纳保证金
盈亏特点	相同点：一方盈利就是另一方的亏损	相同点：一方盈利就是另一方的亏损
	不同点：盈亏是对称的，双方盈亏理论上可以是无限的	不同点：盈亏有不对称性，期权买方获利无限，损失有限；期权卖方获利有限，亏损可能无限

（一）期权的分类

根据买方的权利性质，期权可分为买权和卖权。买权，又称看涨期权（Cal），是指期权的买方拥有在期权合约有效期内按执行价格买进一定数量标的物的权利。卖权，又称看跌期权（Put），是指期权的买方拥有在期权合约有效期内按执行价格卖出一定数量标的物的权利。

按执行时间，期权可以分为欧式期权和美式期权。欧式期权是指期权合约买方在合约到期日才能决定是否执行权利的一种期权。美式期权是指期权合约的买方，在期权合约的有效期内的任何一个交易日，均可决定是否执行权利的一种期权。美式期权比欧式期权更灵活，提供给买方更多的选择，而卖方则时刻面临着履约的风险，因此，美式期权的期权费相对较高。期权按标的物的性质不同可以分为金融期权与商品期权。金融期权的标的物为利率、货币、股票、指数等金融产品，商品期权的标的物包括农产品、能源等。

依照执行价格，期权的状态可分为价内（实值）期权、价外（虚值）期权和平价（平值）期权3种。对于看涨期权，如果标的资产市价高于执行价格，可以称期权处于价内状态；如果标的资产市价低于执行价格，可以称期权处于价外状态；如果标的资产市价等于执行价格，可以称期权处于平价状态。看跌期权的分类见表3-7。

表3-7　　期权类型

类型	看涨期权	看跌期权
实值期权	市场价格 > 执行价格	市场价格 < 执行价格
平值期权	市场价格 = 执行价格	市场价格 = 执行价格
虚值期权	市场价格 < 执行价格	市场价格 > 执行价格

（二）期权合约的要素

从以上关于期权的定义中，我们可以看出，期权合约的要素主要有如下几个方面：

1. 期权的买方

购买期权的一方称为买方，买方支付期权费从而获得权利，也称期权。

2. 期权的卖方

出售期权的一方称为卖方，卖方因为收取了买方支付的期权费而承担在规定的时间内履行该期权合约的义务，也称期权的空头。

3. 行权价格

行权价格亦称执行价格，是指期权合约所规定的、期权买卖双方在行使权利时所实际执行的价格。这一价格一旦确定，则在期权有效期内，无论期权标的物的市场价格上升到什么程度或下降到什么程度，只要期权购买者要求执行期权，期权的卖方就必须以执行价格履行相应的义务。在金融期权交易中，交易所内交易的合约执行价格是由交易所根据标的物的价格变化趋势确定的，场外交易的执行交割则由交易双方商定。

4. 期权费

期权费就是购买或售出期权合约的价格。对于期权买方来说，为了换取期权赋予买方一定的权利，他必须支付一笔费用给期权卖方；对于期权的卖方来说，他卖出期权而承担了必须履行期权合约的义务，为此他收取一笔费用作为报酬。由于权利金是由买方负担的，是买方在出现最不利的变动时所须承担的最高损失金额，因此期权费也称作“保险金”。这一费用一旦支付，则不管期权购买者是否执行期权均不予退回。期权费用的大小取决于期权合约的性质、到期月份和执行价格等。

5. 通知日

当期权买方要求履行实物交割时，他必须在预先确定的交货和提运日之前的某一天通知卖方，以便让卖方做好准备，这一天就是通知日。

6. 到期日

到期日是指期权合约必须履行的时间，亦是期权的终点。

（三）期权的收益

1. 看涨期权的收益

对于看涨期权的买方来说，其购买期权合约时，支付了一定的期权费用，这笔费用无论以后市场价格走向如何，都不可以收回，是投资者的一笔固定费用。

如果在行权日期内现货市场价格如投资者的预期一样上涨，投资者则可以以低于市场价格的行权价格购买产品。因此，投资者的收益将是市场价格减去行权价格的差。由于在购买合约时还付了期权费用，因此上述收益还要再减去期权费。

如果在行权日期内现货市场价格并没有像投资者预期的那样上涨，市场价格反而比行权价格低，对于投资者来说，行权只会导致自己的损失更大，因此，投资者可以选择不行权。不行权投资者的损失将是期权费。

从上面的分析我们可以看到，对于看涨期权的买方来讲，其最大的损失是期权费，但是收益不封顶。

对于看涨期权的卖方来说，其出售期权合约，获得了对方支付的期权费，因此，需要承担相应的义务，在之后的过程中，看涨期权的卖方将不再会有其他的收益来源。当市场价格低于行权价格时，因为买方将放弃行权，因此，投资者将获得期权费。而当市场价格高于行权价格时，买方将会行权，这时，看涨期权的卖方将要承担相应的损失，其损失的额度为市场价格减去行权价格再加上期权费。图3–3是关于看涨期权买方和卖方的收益图。

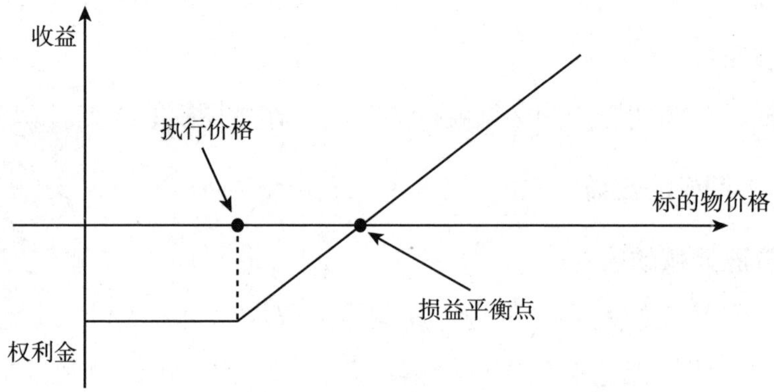

图3–3　看涨期权买方和卖方的收益图

资料来源：ChPBCLUB中国私人银行家俱乐部。

2. 看跌期权的收益

对于看跌期权的买方来说，其购买期权合约时，支付了一定的期权费用，这笔费用不论以后市场价格走向如何，都不可以收回，是投资者的一笔固定费用。如果在行权日期内现货市场价格如投资者的预期一样下跌，投资者则可以以高于市场价格的行权价格出售。因此，投资者的收益将是行权价格减去市场价格的差。由于在购买合约时还付了期权费用，因此上述收益还要再减去期权费。

如果在行权日期内现货市场价格并没有像投资者预期的那样下跌，行权价格反而比市场价格低，对于投资者来说，行权只会导致自己的损失更大，因此，投资者可以选择不行权。不行权投资者的损失将是期权费。

从上面的分析我们可以看到，对于看跌期权的买方来讲，其最大的损失是期权费，但是收益不封顶。

对于看跌期权的卖方来说，其出售期权合约，获得了对方支付的期权费，因此，需要承担相应的义务，在之后的过程中，看跌期权的卖方将不再会有其他的收益来源。当行权价格低于市场价格时，因为买方将放弃行权，因此，卖方获得期权费。当行权价格高于市场价格时，买方将会行权，这时，看跌期权的卖方将要承担相应的损失，其损失的额度为行权价格减去市场价格再加上期权费。图3-4是看跌期权买方和卖方的收益图。

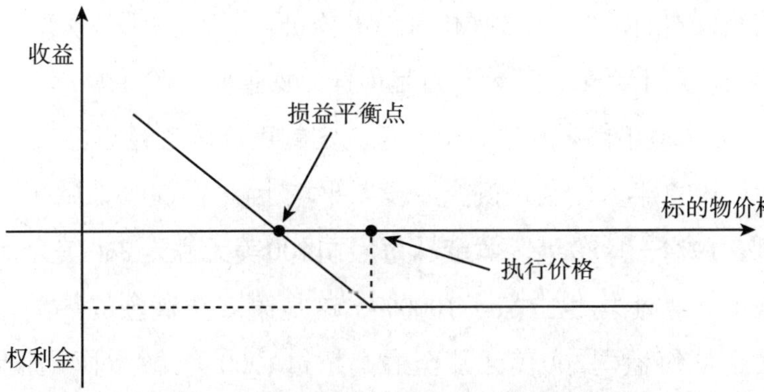

图3-4　看跌期权买方和卖方的收益图

资料来源：ChPBCLUB中国私人银行家俱乐部。

第七节　黄　金

黄金投资是人们积累和保护财富最古老的方式之一。作为一种全球性的资产，黄金能较好地抵御通货膨胀，具有较好的保值能力，同时也是一种重要的投资工具，因此成为构建投资组合时的一种重要选择。根据世界黄金协会的研究报告，在经济增长率为2.25%、年通胀率为2%的“基本经济状况”下，最优投资组合中黄金所占比重约为5%。在通胀更为严重的长期情况下，黄金投资的最优比重会有所上升。作为一名理财规划师，有必要掌握黄金投资的相关知识，并能指导客户进行黄金投资。

一、黄金投资的发展历程

由于黄金具有美丽的光泽、资源稀少且具有优良的物理和化学性质，为各时期人们所宠爱。在可考的人类5000年文明史中，没有任何一种物质像黄金一样，与社会演化和社会经济缔结成如此密切的关系，成为历史悠久的货币载体，以及财富和身份的象征。并且由于可以对抗长期性的通货膨胀，几千年来，黄金一直是最佳的保值和避险工具。

从20世纪20年代末开始，全球范围内的黄金投资经历过3次热潮。

1929—1932年，黄金采掘企业股票平均上涨了650%，掀起了第一次黄金热潮；1974—1980年，黄金从每盎司100美元涨至850美元，采掘黄金的企业的股票平均也上涨了1000%，这是第二次黄金的热潮；2002年至今，黄金从每盎司300美元涨至最高超过1900美元，对于国际经济前景的担忧和区域安全局势的担忧，让黄金又重新回到了各路投资豪杰的眼中。

中华人民共和国成立后，黄金的自由买卖一直被禁止。2002年10月，上海黄金交易所成立，个人开展黄金交易就成了公众关注的焦点。2003年4月，中国人民银行取消了黄金市场向社会开放的限制，黄金作为投资工具进入市场的羁绊被取消了。各大商业银行纷纷开办了个人的黄金买卖业务。

2006年12月31日，上海黄金交易所公布了《个人实物黄金交易试行办法》(以下称《试行办法》)，规定国内个人投资者可通过上海黄金交易所的金融类会员及中国人民银行核准的其他会员代理，参与该所的实物黄金投资。这标志着我国实物黄金投资的大门全面向个人投资者敞开。

随着我国黄金、白银的一系列市场化改革，以及黄金价格近年的持续上涨，各大商业银行以及金商积极参与，黄金投资市场不断升温，投资者参与市场的热情不断高涨，黄金投资品种也不断丰富。

二、黄金投资的优点

(一)税收优势

黄金投资是世界上税负最轻的投资项目。相比之下，其他很多投资品种都存在一些让投资者容易忽略的税收项目。特别是继承税，当你想将财产转移给你的下一代时，最好的办法就是将财产变成黄金，然后由你的下一代再将黄金变成其他财产，这样将彻底免去高昂的遗产税。

(二)产权转移的便利

黄金转让，没有任何登记制度的阻碍，而诸如住宅、股票的转让，都要办理过户手续。假如你打算将一栋住宅和一块黄金送给自己的子女时，您会发现，将黄金转移很方便，让子女搬走就可以了，但是住宅就要费劲得多。由此看来，这些资产的流动性都没有黄金这么优越。

(三)世界上最好的抵押品种

由于黄金是一种国际公认的物品，根本不愁买家承接，所以一般的银行、典当行都会给予黄金90%以上的短期贷款，而住房抵押贷款额，最高不超过房产评估价值的70%。

（四）黄金市场没有庄家

任何地区性的股票市场，都有可能被人操纵；但是黄金市场却不会出现这种情况，因为黄金市场是全球性的投资市场，现实中还没有哪一个财团或国家具有操控金市的实力。正因为黄金市场是一个透明的有效市场，所以黄金投资者也就获得了很大的投资保障。

（五）黄金是对抗通胀的理想武器

通货膨胀导致各国货币缩水的情况十分严重，等缩水到了一定程度时钞票就会如同废纸一样。而黄金则会随着通胀而相应地上涨，因此，进行黄金投资可以避免资产在通胀中被蚕食。

（六）黄金能保持久远的价值

商品在时间的摧残下都会出现物理性质不断产生破坏和老化的现象。不管是房产还是汽车，除非被某个名人使用过，不然经过岁月的磨砺会出现不同程度的贬值。而黄金由于其本身的特性，虽然会失去其本身的光泽，但是其质地不会发生根本变化。正是由于黄金是一种恒久的物质，其价值又得到了国际的公认，所以从古到今都扮演着重要的经济角色。

（七）没有时间限制，可随时交易

黄金市场是全球性的，没有地域和时间限制，国际黄金市场随着时差的推移而陆续开放，几乎24小时都可以进行交易。投资者可以随时获利平仓，还可以在价位适合时随时建仓。

三、黄金投资的主要方式

要投资黄金，遇到的首要问题就是黄金投资品种的选择，这就需要了解我国现有哪几种黄金投资方式。目前国际黄金市场主要的黄金投资品种有美国Comex期金、本地伦敦金、日本Tocom期金、港金等。我国的黄金投资方式包括实物金、纸黄金、Au（T+D）、黄金期货等。

（一）实物黄金投资

实物黄金投资包括金条、金币以及黄金首饰，以持有黄金实物作为投资方式。像建设银行的“建行金”、农行的“高赛尔金”、工行的“如意金”等都属实物黄金。

1. 实物黄金投资的特点

实物黄金投资的特点是适合长期投资，主要适于投资者信用货币转换为硬通货，以抵御通货膨胀所带来的资产贬值。作为一种财富储藏和资本保值的传统手段，银行的实物黄金产品具有品种丰富、实物交割、便于收藏等特点，但回购相对困难，因为银行或其他机构回收实物黄金时要经过非常复杂的检验程序。

2. 实物黄金的种类

目前国内的实物黄金包括金条、金币和金饰品3个类别。

（1）金条。一般金条都有编号、纯度标记、公司名称和标记等。从长期看，金条具有保值功能，对抵御通货膨胀有一定作用，但占用一部分现金，而且在保证黄金实物安全方面有一定风险。

（2）金币。金币有两种，即纯金币和纪念性金币。纯金币的价值基本与黄金含量一致，价格也基本随金价波动。纯金币主要供集币爱好者收藏。由于纯金币与黄金价格基本保持一致，其出售时溢价（即所含黄金价值与出售金币间价格差异）幅度不高，投资增值功能不大。但其具有美观，鉴赏、流通变现能力强和保值功能，所以仍对一些收藏者有吸引力。

纪念性金币由于较大的溢价幅度，具有比较大的增值潜力，其收藏投资价值要远大于纯金币。纪念性金币的价格主要由三方面因素决定：一是数量越少，价格越高；二是制造年代越久远，价值越高；三是目前的品相越完整越值钱。纪念性金币一般都是流通性货币，都标有面值，比纯金币流通性更强，不需要按黄金含量换算兑现。由于纪念性金币发行数量比较少，具有鉴赏和历史意义，其职能已经大大超越流通职能，投资者多为投资和收藏、鉴赏。投资纪念性金币虽有较大的增值潜力，但投资这类金币有一定的难度，首先要有一定的专业知识，对品相鉴定和发行数量、纪念意义、市场走势都要了解，而且还要选择良好的机构进行交易。

（3）金饰品。金饰品的投资意义要比金条和金币小得多，原因是金饰品的价值和黄金的价格有一定的差距，市场上常有黄金价格和饰金价格，两者价格有一定差距。且饰金的金含量也为0.99或为0.99，但其加工工艺要比金条、金币复杂，因此买卖的单位价格往往高于金条和金币，而且在单位饰金价格（元/克）外，还要加一些加工费，这就使饰金价格不断攀高，回收时折扣损失也大。其主要功能是美观和装饰用。

（二）纸黄金

纸黄金是指投资者按银行报价在账面上买卖“虚拟”的黄金。如中行的“黄金宝”、建行的“账户金”即属纸黄金。

“纸黄金”的特点是只能在账户中记录黄金，不能用来提取实物黄金，优势在于交易起点低、交易方便，可以根据国际/国内黄金的价格进行T+0（即日交易）黄金买卖，极大限度地令黄金投资变得更加灵活。由于不需要提取或持有实物，所以也不存在保管上的风险，也省却了实物黄金的加工、运输及仓储保险等相关费用。

各家银行的纸黄金业务入市门槛较低，适合一些初入市场或资金不足的散户，同时由于银行推出的纸黄金业务没有做空机制，只有金价上涨才能赚钱，所以比较适合在单边上涨行情时候介入。也是因为不具备做空机制，且交易成本过高，因此纸黄金不适合投机群体。

（三）An（T+D）

An（T+D）是上海黄金交易所在黄金期货之前推出的一个交易品种，是一种现货延期交易，具备T+0、双向交易、保证金交易等特点。交易者可以选择合约交易日当天交割，也可以延期交割，同时引入延期补偿费机制来平抑供求矛盾。这种交易模式能够为产金与用金企业提供套期保值功能，还能够满足投资者的投资需求，并且投资成本小，市场流动性高；同时，还为投资者提供了卖空机制，为投资者提供了一个交易平台。

（四）黄金期货

一般而言，黄金期货的购买、销售者，都在合同到期日前出售和购回与先前合同相同数量的合约，也就是平仓，无须真正交割实金。每笔交易所得利润或亏损，等于两笔相反方向合约买卖差额。这种买卖方式，就是人们通常所称的“炒金”。黄金期货合约交易一般只需10%左右交易额的保证金作为投资成本，具有较大的杠杆性，可以少量资金推动大额交易。我国的黄金期货于2008年1月9日在上海期货交易所上市后发展迅速，据美国期货业协会（FLA）统计，2011年在全球各种黄金期货中，按成交量排名，我国黄金期货位居第四名。

（五）黄金股票

黄金股票是股票市场中的板块分类，是黄金投资的延伸产品。黄金股票就是黄金公司向社会公开发行的上市或不上市的股票，所以又可称为金矿公司股票。由于买卖黄金股票不仅是投资金矿公司，而且还间接地投资黄金，因此这种投资行为比单纯的黄金买卖或股票买卖更为复杂。投资者不仅要关注金矿公司的经营状况，还要对黄金市场的价格走势进行分析。

（六）黄金基金

黄金基金是黄金投资的衍生工具，是黄金投资共同基金的简称。黄金投资共同基金是由基金发起人组织成立，由投资人出资认购，基金管理公司负责具体的投资操作，专门以黄金或黄金类衍生交易品种作为投资目标的一种共同基金。我国的黄金基金有诺安全球黄金基金、嘉实黄金基金等。

除了正规的投资渠道外，目前国内还有很多的非法地下炒金。地下炒金是指通过没有获取从事境外期货或经纪业务资格的公司进行伦敦金、纽约金等交易，声称直接参与国际黄金市场，这是典型的非法黄金期货交易行为，不受法律保护。有些非法公司甚至利用虚假平台、人为控制价格等手段欺骗投资者。投资者如果参与其中，其合法权益将得不到法律的保障，因此风险和社会危害性极大，比如曾经轰动全国的浙江世纪黄金和上海联泰黄金等。

四、影响黄金价格的主要因素

要投资黄金，很自然就要预测黄金价格的走势，而要预测黄金价格，就必须先了解影响黄金价格波动的因素。影响黄金价格的因素很多，诸如国际政治、经济、汇市、欧美主要国家的利率和货币政策，各国央行对黄金储备的增减，黄金开采成本的升降，工业和饰品用金的增减等都对其走势有影响。投资者可以根据这些因素，对金价走势进行相对比较简单的判断和把握。

（一）黄金的供求关系

黄金价格与国际黄金现货市场的供求关系是密切相关的。地球上的黄金存量，年供求量，新的金矿开采成本，黄金生产国的政治、军事和经济的变动状况和央行的黄金抛售等供给因素的变化，以及黄金实际需求量（首饰业、工业等）的变化，保值需要和投机性需求等因素对于黄金价格的变动起着非常关键的作用。

1.供给因素。影响黄金供给方面因素主要有：

（1）地球上的黄金存量及年供应量。全球目前大约存有13.4万吨黄金，而地上黄金的存量每年还在大约以2%的速度增长。也就是说，每年新产出的黄金是现有黄金总量的2%，现在黄金的年供应量大约为4200吨，占每年新产出的黄金年供应量的62%。也就是说，国际黄金市场上供应的黄金有62%是新产出的。

（2）黄金开采成本。新产出的黄金的成本是由新的金矿开采成本定的。黄金开采平均总成本大约略低于260美元/盎司。黄金开发成本的下降，必然是影响黄金产量下降的重要因素。

（3）黄金生产国的政治、军事和经济的变动状况。这些国家的任何政治、军事的动荡无疑会直接影响该国生产的黄金数量，进而影响世界黄金供给。

（4）各国央行的黄金销售。各个国家的中央银行是世界上黄金的最大持有者。1969年，各国官方黄金储备为36458吨，占当时全部地表黄金存量的42.6%，而到了1998年，官方黄金储备大约为34000吨，占已开采的全部黄金存量的24.1%。按目前的生产能力计算，这相当于13年的世界黄金矿产量。由于黄金的主要用途由重要的储备资产逐渐转变为生产珠宝的金属原料，或者为改善本国国际收支，或为抑制国际金价，因此，30年间各国中央银行的黄金储备无论在绝对数量上和相对数量上都有很大的下降，数量的下降主要靠在黄金市场上抛售库存储备黄金。不过近年来，由于欧美债务危机的影响导致对美元和欧元信心的下降，世界各国央行已开始逐渐提高黄金储备，减轻对美元和其他货币的依赖，全球各大央行买入黄金已成为趋势。2010年，各国央行累计买入了73吨黄金，2011年又升至439.7吨。各国在过去多年大力抛售黄金后成为黄金净买入方，为的就是实现外汇储备的多元化，减轻对美元的过分依赖。

1949年我国黄金产量仅为4.07吨，从20世纪70年代开始，国家对黄金生产采取一系列扶持政策，加大了对黄金行业的投入，改善技术装备，黄金工业进入发展快车道。1995年我国黄金产量突破100吨，2003年达到200吨，2009年起又超过300吨。2007年，中国黄金产量首次超过南非，至2011年，黄金产量达到360.957吨，已连续5年保持全球第一产金大国的地位。

2. 需求因素。黄金的需求与黄金的用途有直接的关系。

（1）黄金实际需求量（首饰业、工业等）的变化。一般来说，世界经济的发展速度决定了黄金的总需求，例如：在微电子领域，越来越多地采用黄金作为保护层；在医学以及建筑装饰等领域，尽管科技的进步使得黄金替代品不断出现，但黄金以其特殊的金属性质使其需求量仍呈上升趋势。

（2）保值的需要。黄金储备一向被央行用作防范国内通胀、调节市场的重要手段。而对于普通投资者，投资黄金主要是在通货膨胀的情况下，达到保值的目的。在经济不景气的态势下，由于黄金相对于货币资产更为保险，导致对黄金的需求上升，金价随之上涨。例如，在第二次世界大战后的三次美元危机中，由于美国的国际收支逆差趋势严重，各国持有的美元大量增加，市场对美元币值的信心动摇，投资者大量抢购黄金，直接导致布雷顿森林体系破产。1987年，美元贬值、美国赤字增加、中东形势不稳等也都促使国际金价大幅上升。

（3）投机性需求。投机者根据国际国内形势，利用黄金市场上的金价波动，加上期货市场的交易体制，大量“沽空”或“补进”黄金，人为地制造黄金需求假象。在黄金市场上，几乎每次大的下跌都与对冲基金公司借入短期黄金在即期黄金市场抛售和在COMEX黄金期货交易所构筑大量的空仓有关。在1999年7月黄金价格跌至20年低点的时候，美国商品期货交易委员会（CFTC）公布的数据显示COMEX投机性空头接近900万盎司（近300吨）。当触发大量的止损卖盘后，黄金价格下降，基金公司乘机回补获利。当黄金价格有反弹时，来自生产商的套期保值远期卖盘压制黄金价格进一步上升；同时，给基金公司新的机会重新建立沽空头寸，形成了当时黄金价格一浪低于一浪的下跌格局。

根据世界黄金协会的数据，2011年全球黄金需求升至4067.1吨，为1997年以来的最大，价值大约为2055亿美元，这是全球黄金需求价值首次超过2000亿美元。2011年黄金需求的增长主要是受到投资黄金的推动。印度、中国以及欧洲是2011年投资黄金需求最为旺盛的地区。其中，印度仍然是黄金需求最大的地区，为933.4吨，总需求占了全球需求的25%。印度、中国等国黄金需求量的变动，会对世界黄金需求产生重大影响。

（二）美元汇率

一般在黄金市场上有“美元涨则金价跌、美元降则金价扬”的规律，美元汇率也是影响金价波动的重要因素之一。但在某些特殊时段，尤其是黄金走势非常强或非常弱的时期，黄金价格也会摆脱美元的走势影响。

美元坚挺一般代表美国国内经济形势良好，美国国内股票和债券将得到投资人竞相追捧，黄金作为价值贮藏手段的功能受到削弱；而美元汇率下降则往往与通货膨胀、股市等有关，黄金的保值功能又再次体现。这是因为，美元贬值往往与通货膨胀有关，而黄金价值含量较高，在美元贬值和通货膨胀加剧时往往会刺激对黄金保值和投机性需求的上升。2008年金融海啸时，美国政府实行第一轮量化宽松政策，向市场投放大量的货币；2010年11月，又实行第二轮量化宽松。在美元汇价大幅度下跌以及通货膨胀等因素的作用下，黄金价格也大幅上涨，在2011年升至创纪录的1900美元。回顾历史在一般情况下，美元对其他货币坚挺，则国际市场上金价下跌，美元贬值，则金价就会回升。

（三）原油价格

黄金可以抵御通胀，而原油价格上涨通常意味着通胀会随之而来，经济发展的不确定性增加，这时候黄金保值避险的作用就会受到人们的青睐。因此，在一般情况下，黄金与原油之间存在着正相关的关系，原油价格的上升预示着黄金价格也要上升，原油价格下跌预示着黄金价格也要下跌。

（四）政治、经济大事

国际上重大的政治、战争事件都将影响金价。政府为战争或为维持国内经济平稳而支付费用、大量投资者转向黄金保值投资，这些都会扩大对黄金的需求，刺激金价上扬。因此，投资者要预测金价，不能不关心国际重大的政治、经济大事。

第二次世界大战、美越战争、1976年泰国政变、1986年“伊朗门”事件等，都使金价有不同程度的上升。2001年9月的恐怖组织袭击美国世贸大厦事件曾使黄金价格升至当年最高的近300美元/盎司。

（五）其他因素

当某国采取宽松的货币政策时，由于利率下降，该国的货币供给增加，加大了通货膨胀的可能，会造成黄金价格的上升。如20世纪60年代美国的低利率政策促使国内资金外流，大量美元流入欧洲和日本，各国由于持有的美元净头寸增加，出现对美元币值的担心，于是开始在国际市场上抛售美元，抢购黄金，并最终导致了布雷顿森林体系的瓦解。但在1979年以后，利率因素对黄金价格的影响日益减弱。比如，2001年美联储11次降息，并没有对金市产生非常大的影响。

债务，这一世界性问题已不仅是发展中国家特有的现象。在债务链中，不但债务国本身就连债权国也会因发生无法偿债而出现经济停滞，而经济停滞又进一步恶化债务的恶性循环，就连债权国也会因与债务国之关系破裂，面临金融崩溃的危险。这时，各国会为维持本国经济不受伤害而大量储备黄金，引起市场黄金价格上涨。

股市行情对金价也会产生影响。一般来说股市下跌，金价上升，这主要体现了投资者对经济发展前景的预期，如果大家普遍对经济前景看好，则资金大量流向股市，股市投资火爆，金价下降。

除了上述影响金价的因素外，国际金融组织的干预活动、本国的中央金融机构的政策法规，也将对世界黄金价格的变动产生重大的影响。

第八节　房地产

所谓房地产投资，是指资本所有者将其资本投入房地产业，以期在将来获取预期收益的一种经济活动。

一、房地产投资的分类

按照投资的形式，房地产投资分为直接投资和间接投资两类。

直接投资是指投资者直接参与房地产开发或购买房地产的过程，参与有关管理工作，包括从购地开始的开发投资和面向建成物业后的置业投资两种形式。间接投资主要是指将资金投入与房地产相关的证券市场的行为，包括购买房地产开发、投资企业的债券、股票，购买房地产投资信托公司的股份或房地产抵押支持证券等。

直接投资中的房地产置业投资，是指面向现有运行中的房地产资产，以获取物业所有权或使用权为目的的投资。其对象可以是开发商新竣工的商品房（市场上的增量房地产），也可以是旧有物业（市场上的存量房地产）。房地产置业投资的目的一般有两个：一是满足自身生活居住或生产经营的需要，即自用；二是作为投资将购入的物业出租给最终使用者，获取较为稳定的收入，或者将其转售给另外的置业投资者，并获取转售收益。

以下所介绍的房地产投资，主要是指房地产置业投资，包括住宅房地产投资和商业房地产投资，商业房地产投资的对象包括写字楼、商铺、商场、旅馆、酒店，等等。

二、房地产投资的优缺点

（一）房地产投资的优点

1. 保值性能好

由于土地资源有限，对于土地的需求却在不断扩大，因此在一般情况下房地产总的趋势是稳健上扬。投资房地产具有很好的使资产保值增值的作用。

2. 以资产增值抵御通货膨胀

当处于通货膨胀时，其他的许多资产都要发生不同程度的贬值，但房地产资产受通胀影响比较小，而且通常会随着通胀的出现而升值，因此可以有效抵御通货膨胀。

3. 既可作为投资品，也可作为消费品

从资产持有者的角度来说，房地产既可以作为投资品，也可以作为消费品供自己和家人居住和使用，这是股票、基金等其他投资所达不到的。

4. 是一种耐用消费品

房地产是人们生活的必需消费品，但又不同于一般的消费品。在一般情况下，房子的寿命都在上百年以上，最少也可达几十年（我国产权期限一般是70年）。这种长期耐用性，为投资盈利提供了广阔的时间机会。

5. 使用财务杠杆

房地产投资的优点还在于高财务杠杆率的使用。财务杠杆意味着可

以通过借入资金来使收入最大化。由于房地产是一种实物资产，因此投资者通常被准许以所购买的房地产为抵押，借入其购买成本的70%—90%的款项。所以，如果投资的总收入高于借款的成本，则这种杠杆投资的资产净收益将会高于没有使用杠杆的同类投资。

6. 安全性强

房地产是不动产，它一般不会像股票那样大起大落，也不像收藏品那样担心被人偷盗、搬走。如果买保险，火灾，倒塌等损失也可以避免。

7. 可用作抵押

随着金融体制改革的深入，抵押货款变得越来越容易，越来越盛行。以房地产为抵押，通常比较容易取得金融机构的贷款，这可以在一定程度上弥补房地产变现能力差的不足。

（二）房地产投资的缺点

任何投资都不是十全十美的，房地产投资也有其自身的缺点。这些缺点突出表现在：

1. 流动性较差

房地产作为不动产，最大的缺点是流动性较差。它不像其他金融产品，可以随时变现或比较容易变现。一般要出售或出租都需有一定的时间，而且不可知、不可控。有时，为了达到快速变现，可能要损失收益甚至亏损才行。为了减少这种风险，一般考虑房地产投资作为投资组合的一部分，而非全部；另外就是在急需资金时，可抵押房地产来进行贷款。

2. 投资金额较大

虽然可以利用财务杠杆，但房地产投资额的起点还是比较高，一般动辄数十万元，甚至上百万元，超出了许多投资者的能力。对有些家庭来说，一辈子的储蓄就是为了购一套房。由于涉及金额较大，很多投资者难以进行房地产投资。

3. 政策风险

房地产投资是一项政策性很强的经济活动。土地政策、城市规划、房地产税收、租金管制等变化都可能给房地产投资带来一定的风险。例如，针对房地产价格的过快上涨，国家在2010年以后出台了一系列政策来进行遏制。

4. 道德风险

国内房地产市场的不成熟，也给少数开发商提供了违规的机会。如房屋的质量问题、合同的不公正、产权的不完善等，都可能给房地产投资带来损失。所以，投资者需比较全面地掌握各种信息。

三、房地产投资的注意事项

（一）房地产投资品种的选择

目前，供个人投资者选择的投资种类主要有住宅、商铺、写字楼等。购买住宅需要考虑的因素包括位置、环境、配套、开发商的实力和信誉、小区规划、朝向、楼层、住房档次、售价、户型设计等；商铺投资需要了解城市以及道路规划、考察商铺具体位置的特性、计算投资回报率、坚持长期投资等；写字楼投资则要考虑地段，最好是市中心黄金区域，此外还要计算投资回报率、准客户群、调查入户率、检查配套等。

（二）个人投资房产承担的风险问题

如果投资者完全用自有资金买房，若房屋不能及时变现，所投入的资金就会被套牢；如果是通过贷款，就背上了长期支付利息的包袱。因此在选择房产作为投资工具的同时，要具备对风险的承受力和规避风险的能力。尤其是对于部分以借贷形式投入房产的投资者，更应本着稳健的原则，用于房屋住房还贷的比例不宜过高。

（三）把握房地产投资的周期性

房地产的发展存在周期性，加强对市场的调查研究，正确判断楼市的周期，就能正确找到楼市投资的准确商机，在合适的时机，以相对较低的价格介入有升值潜力的房产。

（四）合理选择区域

要回避楼市过热区域，远离房价升速过快、升幅过大、投资者比例过高的地区，要把投资引导到楼市潜力尚待挖掘、城市化进程快的区域。

我国的房地产业是随着我国住房制度的改革而发展起来的。1998年7月发布的《国务院关于进一步深化城镇住房制度改革加快住房建设的通知》宣告了福利分房制度的终结和新的住房制度的开始，随后住房市场化进入全面推行阶段，房地产业迅速发展。但随着房地产业的高速发展，房价也过快上涨，尤其是在2009年以后，房价的过快上涨引发了一系列社会问题，百姓住房难题越来越突出，政府开始出台一系列严厉的政策如限价限购等来加强宏观调控，抑制楼市的投机性需求，遏制房价的过快上涨。总体来讲，虽然受政策影响较大，但在目前众多个人投资项目中，房地产已成为一种日益受到重视的投资工具，逐渐被更多的家庭纳入理财计划中。

Chapter 4

第四章 资产配置与组合管理

第一节 资产配置策略

一、资产配置概述

资产配置是投资规划的核心内容。无论对于机构投资者，还是个人家庭理财来说，实现科学、合理的资产配置对于达到预期收益、管理投资风险都是极为重要的手段。

（一）资产配置的定义

通常，资产配置就是指根据投资者的投资目标、风险属性和流动性要求，利用资产组合收益/风险最优化方法，确定资产组合的主要资产类型、投资区域等各项配比。

对于资产配置，我们可以从不同的角度加以划分。通常根据配置层面的不同，可以将资产配置划分为战略资产配置和战术资产配置。战略资产配置主要是关于大的资产类别和长期的资产配置；而战术资产配置主要是针对大类资产内部的具体投资标的和短期的资产配置。根据进行资产配置采取的方法不同，资产配置有两种分类方法：一是根据是否考虑不同投资期限投资环境变化，可以将资产配置方法分投资标的和短期的资产配置。根据进行资产配置采取的方法不同，资产配置有两种分类方法：一是根据是否考虑不同投资期限投资环境变化，可以将资产配置方法分为静态资产配置方法和动态资产配置方法；二是根据是否考虑债务偿付，可以将资产配置方法分为资产分配法（asset-only approach）和资产负债分配法（ALM approach）。

（二）资产配置的重要性

首先，科学的资产配置可以提高投资组合收益，降低投资组合的波动性。有关研究表明，在资产配置中，85%—95%的全部投资收益来自第一步中对长期资产分配的决策，而第二步的证券选择和第三步的投资时机决策的贡献非常小。据美国著名的景顺投资管理公司（Invesco Ltd.）研究显示，90%或以上的投资组合收益来自资产配置战略，只有不足10%的比例是归于诸如证券选择、市场时机等其他因素。有的研究甚至得出结论：选择具体证券实际上减少了平均收益，同时增加了收益的波动性。

其次，资产配置反映了投资者的风险偏好。不同的投资者由于风险偏好不同，往往具有不同的资产配置。因此，不同的投资者应当根据自身的实际情况，确定合理的资产配置方案。

（三）资产配置的分类

1. 根据资产配置层面的不同

根据资产配置层面的不同，可以将资产配置分为战略资产配置和战术资产配置。战略资产配置主要是指根据投资者的风险偏好和业绩基准，运用投资组合理论对于市场上可操作产品进行优化处理，得到各主要大类资产的配置比例。其目标是追求长期、稳定收益。

战术资产配置是指在既定的战略资产配置策略下，一旦某些资产出现套利机会，通过改变这些资产的分配以提高投资组合收益。目标是通过短期调整，提高短期回报。

2. 根据是否考虑不同投资期限投资环境变化

根据是否考虑不同投资期限投资环境变化，可以将资产配置方法分为静态资产配置方法和动态资产配置方法。静态资产配置方法的主要思路是基于对不同产品（或类别）的历史统计数据（如收益率、标准差、相关系数等），对资产组合进行优化配置，隐含假设是这些统计数据在未来还是正确的。

动态资产配置方法通常认为在不同的经济背景下，不同产品（或类别）的历史统计数据（如收益率、标准差、相关系数等）是不稳定的。因此，在进行资产配置时，应当结合当时的经济状况对资产组合进行优化配置。隐含假设是这些统计数据在不同情况下是不稳定的。

3. 根据是否考虑债务偿付

根据是否考虑债务偿付，可以将资产配置方法分为资产分配法和资产负债分配法。

（1）资产分配法：不考虑债务因素，仅按照给定的风险水平，使收益水平最大化。因为这种方法没有特别地针对债务进行投资，所以债务风险没有被完全控制。个人投资者比较适合这种方法。

（2）资产负债分配法：在进行资产分配时，首先考虑投资收益要能够按时偿还负债。分配资产的目的是按照给定的风险水平，在满足负债支付的前提下最大化额外（surplus）利润。通常，这种方法会较多使用于投资固定收益证券。比较典型的采用这种配置方法的投资者为机构投资者，主要有养老金计划、捐赠基金、保险公司和银行等。机构投资者主要考虑满足负债偿付能力，其次是资产的升值。比如，保险公司必须首先通过固定收益证券组合对其负债进行免疫，在此基础上再尽可能地通过主动管理的组合使资产增值。

（四）资产配置的步骤

资产配置是一个科学的决策过程，具体而言，包括以下步骤：

1. 测定投资者需要的收益率和风险偏好

通过一些科学设定的问题测试，确定投资者的风险偏好，并通过一些指标加以量化。

2. 明确资产组合中包括哪几类资产

例如：货币市场工具、债券、股票、不动产贵金属和其他资产。由于投资者风险偏好不同，因此选择的资产类别就会有所差别。利用历史数据分析各类资产的期望值、标准差以及相关系数。

3. 确定资产组合的有效边界

利用投资组合理论和相关的计算软件确定资产组合的有效边界。

4. 寻找最佳的资产组合

在满足限制因素的条件下，选择最能满足风险/收益目标的资产组合。

5. 建立投资业绩评定基准

通常评价一个投资组合的绩效时，都是针对一定的基准而言的，这个基准可能是股价指数，也可能是股价指数与债券指数的加权值。这要根据资产配置的结构而定。

6. 定期监测

当市场短期波动时，可以考虑对资产投资进行战术调整。

二、常见的战略资产配置执行方式

根据资产配置方案建立了一个投资组合之后，由于构成资产组合的各个资产价格不断变化，并将会经常性地偏离最初的配置方案，即所谓的“配置漂移”。

对于“配置漂移”应当适时、适当地加以调整，常见的调整方法有3种：购买并持有法、恒定混合法和恒定比例投资组合保险法。

（一）购买并持有法

根据战略资产配置方案，构建了目标资产组合之后，就在一定时间内（如3—5年）保持整个资产组合中各类资产的配比不变。换言之，这一方法就是采取“不作为的策略”。无论资产组合中各类资产的价格发生什么样的相对变化，也不进行调整。

【案例4–1】如果投资者将100万元按照“60：40”的比例投资于股票和债券，即股票初始价值是60万元，债券初始价值是40万元，那么，随着股票价格的上升，整个资产组合的市值也将上升。当股票价格上升1倍时，股票的价值上升到120万元，债券的价值依旧是40万元，因此整个资产组合的总价值为160万元。

（二）恒定混合法

由于目标资产组合中各类资产价格的变化发生“配置漂移”达到一定程度之后，根据战略资产配置方案确定的各类资产配比进行调整，保持资产组合中各类资产的目标配置比例。

为维持这种组合，要求在资产价格发生相对变化时，进行定期调整。通常认定的偏离幅度为5%，即当不同资产之间的市值比例偏离目标配置比例超过5%时，应进行调整。

【案例4–2】如果投资者将100万元按照“60：40”的比例投资于股票和债券。随后，股票价格由每股100元跌至80元，那么整个资产组合的市值也将出现下降。

解析：

变化前：债券市值=100×0.4=40（万元）

股票市值=100×0.6=60（万元）

变化后：债券市值=100×0.4=40（万元）

股票市值=80×0.6=48（万元）

调整后：债券市值=（40+48）×0.4=35.2（万元）

股票市值=（40+48）×0.6=52.8（万元）

（三）恒定比例投资组合保险法

首先，投资者要确定一个资产组合最低值。当资产组合的市值下降到这一底线，即下限值时，清空所有风险资产，只保留无风险资产。

恒定比例投资组合保险法的具体操作方案是：

风险资产投资额=m×（资产组合市值－下限值）

m值代表了整个组合市值的波动性。m越大，资产组合市值波动越大，m越小，资产组合市值波动越小。

【案例4–3】假设投资者只投资于股票和债券，目前资产组合市值为100万元，投资者选择的下限值为75万元，m选定为2。

解析：

价格变化前的资产配置：

股票投资额=2×（100−75）=50（万元）

债券投资额=100−50=50（万元）

目前的资产配置比例是50/50。

如果股票价格下跌10%，价格变化后资产配置为：

股票投资额=2×（50+45−75）=40（万元）

债券投资额=100−40=60（万元）

变化后的资产配置比例是40/60

（四）3种调整方法比较

以上3种方法的比较见表4-1。

表4-1　　3种调整方法的比较

策略	市场下降 / 上升	适合的市场环境	要求的流动程度
购买并持有法	不行动	牛市	小
恒定混合法	买入下跌的资产类别，卖出上涨的资产类别	易变，无趋势	适度
恒定比例投资组合保险法	卖出下跌的资产类别，买入上涨的资产类别	强趋势	高

三、战术性资产配置

战术性资产配置是在一定的战略资产配置方案之下，聚焦于资产配置的时间选择、具体投资标的选择等细节。例如，在战略资产配置方案确定了股票的投资比例之后，具体选择哪些行业的股票、不同行业股票之间应当保持一个什么样的比例、在什么时点上买入或卖出，都属于战术资产配置的范畴。

有时，一些短期因素（如宏观经济周期变化、财政政策和货币政策变化、市场情绪变化）可能导致市场出现对于长期趋势的偏离，因此，可以通过战术资产配置的变化取得超额收益或者降低组合风险。

例如：通常将对战略资产配置的偏离限定在5%以内，如表4-2所示。

表4-2　　战术性资产配置示例

类别	战略资产配置	战术资产配置
股票	55%	50%—60%
债券	35%	30%—40%
现金	10%	5%—15%

四、动态资产配置

（一）动态资产配置的概念

各种资产的预期收益率和风险，可能受到宏观经济或者市场因素的影响而发生较大的变化。动态资产配置希望可以充分把握这些变化趋势，及时调整资产配置结构，增加高预期收益资产或降低高风险资产，从而取得更好的投资绩效。例如，美林时钟就是一种动态资产配置方法。

（二）动态资产配置的方法

根据动态调整的依据不同，可以将动态资产配置方法分为：宏观动态资产配置，根据宏观经济形势进行调整；市场因素动态资产配置调整，根据利率、波动率等市场因素变化，进行调整。

例如，2008年美国发生了严重的金融危机，这次危机对于中国金融市场也产生了很大的冲击。张先生敏锐地感觉到了宏观经济和市场的变化，及时调整了自己的资产配置结构：大幅减少股票等高风险资产投资，适当增加黄金、国债等避险资产投资。事实证明，这样的一种调整是十分及时的。

第二节　资产配置的相关理论

个人或家庭的资产配置主要涉及3个问题：（1）不同资产的配置比例；（2）各类资产的投资时点；（3）个人投资的时间分布。

我们应用资产配置的相关理论来解决这3个问题。首先，用最优投资组合理论来确定不同资产的配置比例；其次，根据经济周期理论找出各类资产的投资时点；最后，通过生命周期理论规划个人投资的时间分布。

如表4-3所示。

表4-3　　个人或家庭的资产配置主要涉及的3个问题

资产配置的3个问题	资产配置
不同资产的配置比例	最优投资组合理论
各类资产的投资时点	经济周期理论
个人投资的时间分布	生命周期理论

资料来源：ChPBCLUB中国私人银行家俱乐部。

一、最优投资组合理论

所谓最优投资组合是指通过调整组合中各种资产的权重，形成无穷个组合，所有这些资产组合构成一个可行域。在可行域中，对任意给定的风险水平，理性投资人会选择具有最大的预期收益的投资组合。由理性投资人选择出来的资产组合的集合叫有效边界，通过引入无风险资产可以构造出资本配置线，资本配置线与有效边界的切点即是最优风险资产组合0。最后，通过对无风险资产的“借”与“贷”，可以选择在资本配置线上的不同点进行投资，而具体投资在哪一点则最终取决于投资者的风险属性及其效用曲线。风险喜好型的投资者会投资在资本配置线的右上方，保守型的投资者会投资在线的左下方。

例如，对两个风险资产股票（S）和债券（B）和一个无风险资产进行最优投资组合的过程，我们可以用图4-1表示。

首先，根据S和B的相关性与风险的关系，确定有效边界；其次，通过引入无风险资产构造出资本配置线（CAL），找出资本配置线（CAL）与有效边界的切点P，即是最优风险资产组合；最后，根据投资者的效用曲线确定在CAL的具体位置进行投资。

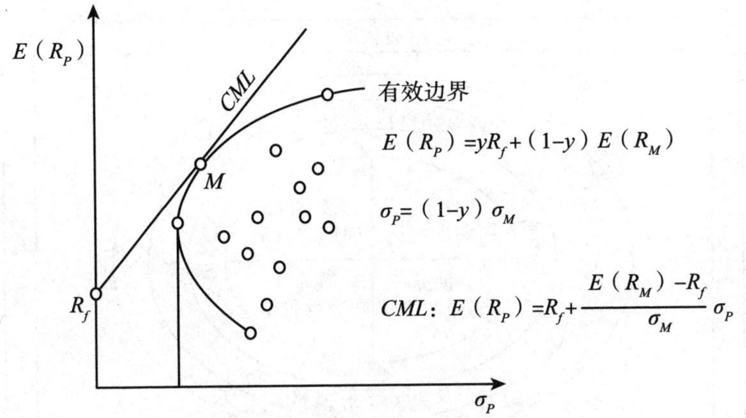

图4–1　最优投资组合

资料来源：ChPBCLUB中国私人银行家俱乐部。

二、经济周期理论

现代经济学关于经济周期的定义建立在经济增长率变化的基础上，指的是增长率上升和下降的交替过程。经济周期的特点是国民总产出、总收入、总就业量的波动，它以大多数经济部门的扩张与收缩为标志。不同的行业在不同的经济周期会有不同的表现，在不同的经济周期可以通过选择不同的资产配置来趋利避害，在经济上升阶段，周期性行业会随着经济周期一起上升，这时候选择此类行业进行投资可以获取经济扩展带来的收益；在经济下降的阶段，应该选择非周期性的行业投资，这些行业不会随着经济周期的下降而下降。除了要根据不同的经济周期选择不同行业进行投资，投资的资产种类也要根据不同经济周期进行调整。最著名的经济周期资产配置模型是“美林投资时钟（the investment clock）”，如图4–2所示。

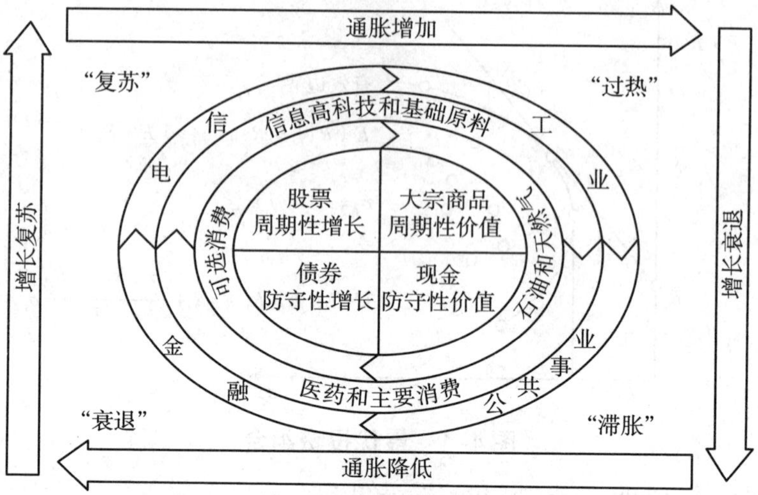

图4–2 "美林投资时钟"模型

资料来源：ChPBCLUB中国私人银行家俱乐部。

美林投资时钟按照经济增长与通胀的不同搭配，将经济周期划分为4个阶段，如图4–3所示。

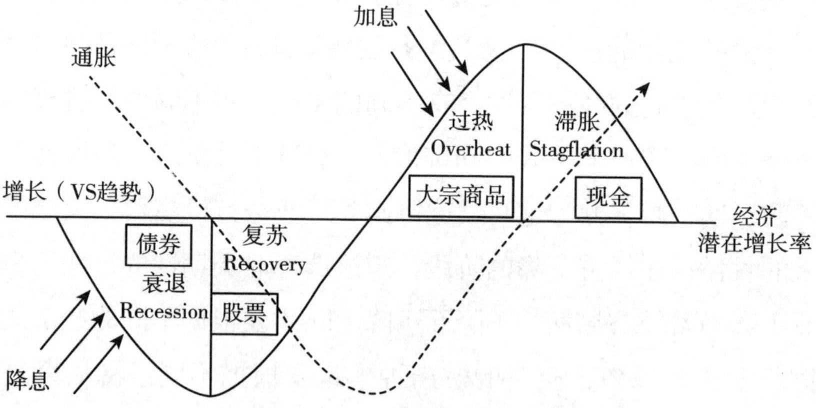

图4–3 经济周期的4个阶段

资料来源：ChPBCLUB中国私人银行家俱乐部。

"经济上行、通胀下行"构成复苏阶段，在此阶段，由于股票对经济的弹性更大，其相对债券和现金具备明显超额收益。

“经济上行、通胀上行”构成过热阶段，在此阶段，通胀上升增加了持有现金的机会成本，可能出台的加息政策降低了债券的吸引力，股票的配置价值相对较强，而商品则将明显走牛。

“经济下行、通胀上行”构成滞胀阶段，在此阶段，现金收益率提高，持有现金最明智，经济下行对企业盈利的冲击将对股票构成负面影响，债券相对股票的收益率提高。

“经济下行、通胀下行”构成衰退阶段，在此阶段，通胀压力下降，货币政策趋松，债券表现最突出，随着经济即将见底的预期逐步形成，股票的吸引力逐步增强。

三、生命周期理论

除了要根据宏观的经济周期选择资产配置，同时还要根据每个投资者所处的不同生命周期进行资产配置。

人的生命周期大致可以划分成3个阶段：

从0—20岁为教育期，这一阶段主要是在上学，没有收入，依靠父母的抚养，只有支出，支出随着年龄的增大而增加。

从20—60岁为奋斗期，从学校毕业后进入社会工作，开始有收入，而且收入逐渐提高，一般到40岁左右达到顶点，然后收入开始逐渐下降，直到60岁退休。在这个阶段，支出也经历一个从逐渐增加到逐渐减少的过程，但是整个波动的幅度没有收入的变化那么大。在这个阶段的前半期，也就是从20岁到40岁，是财富的积累阶段，买车、买房、子女教育等重大财务目标都需要实现。同时，此阶段的风险承受能力较强，因此，投资目标以增加当前收益、为重大支出积累资金为主，资产配置应该以相对高风险、高收益的资产为主，如股权类的证券、基金或者高收益的理财产品等。在这个阶段的后半期，也就是40岁到60岁，是人生财富的巩固阶段，满足子女教育、老人赡养、退休准备等需求是主要的财务目标，投资目标以增加当前收益、积累退休金为主，投资工具应该分散化以适当降低风险，进行资产配置时应适当降低股权类高风险资产的比重，适当增加固定收益类资产的比重。

60岁退休后是养老期，收入就只有退休金和投资所得，收入较低，支出也相对较低，风险承受能力也较低，投资目标以补贴当前收入为主，应选择低风险投资工具，资产配置以固定收益类的资产为主。

整个人生财务曲线如图4–4所示，从图中我们可以看出，收入和支出在人的一生中并不是完全匹配的，我们要通过生命周期理论规划个人投资的时间分布来实现整个人生的收支平衡。

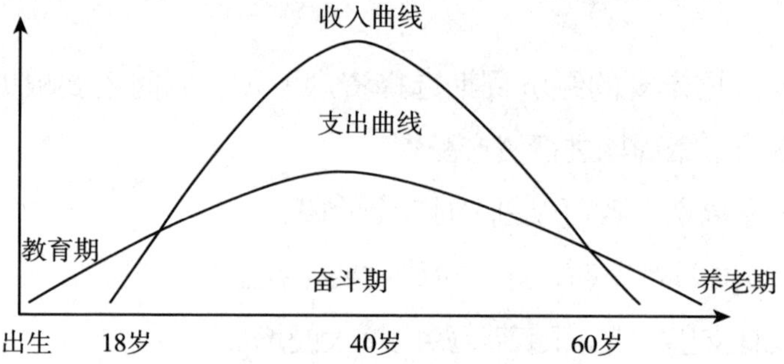

图4–4　人生财务曲线

资料来源：ChPBCLUB中国私人银行家俱乐部。

通过分析人生各阶段的净现金流量，可以更清楚地看出不同生命周期收支的不平衡。图4–5描绘了人生不同阶段现金流量的增减情况。我们可以看到，在正常情况下，一个人从出生到上学，到参加工作、结婚，子女出生，再到子女上学，最后到自己退休，现金流量表曲线从负数然后升高，到最高点后再下降，实际上这张图只是想说明一个问题，那就是理财是伴随我们一生的旅行。

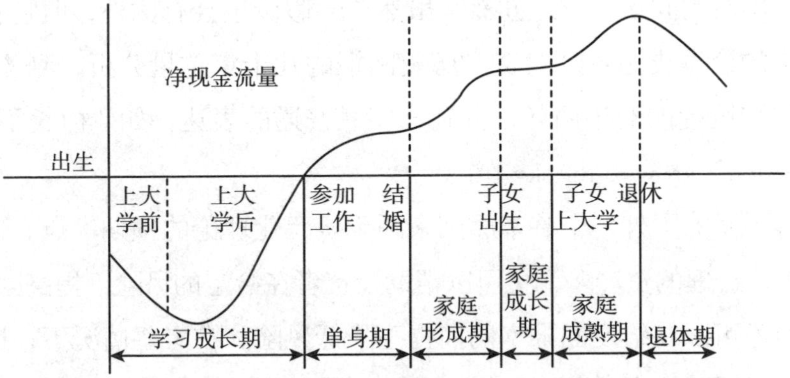

图4-5　人生不同阶段现金流量的增减情况

资料来源：ChPBCLUB中国私人银行家俱乐部。

第三节　资产配置再平衡

一、再平衡的原则

资产配置再平衡也被称作投资组合再平衡，它指的是卖出一部分资产，用获得的收益购买其他资产的过程，通常会按照特定的资产配置方针和目标资产配置比重对整体的投资组合搭配进行调整。有的投资者根据明确界定的绩效、时间或其他准则来对他们的投资组合进行再平衡；也有人完全是在事先未计划的情况下来进行再平衡，没有特定的安排；还有的投资者几乎不对资产再平衡活动有任何关注。

再平衡的理论和实务是建立在几个关于资产种类和投资者行为的基本假设基础上的。首先，一般来说，投资者预计投资回报会在长时间内遵从"均值回归"的模式。这一假设认为，资产的投资回报不会无限期地保持在一个较高水平，也不会一直保持在一个很低的水平。如果资产产生了高出长期平均值的回报，那么在某一时刻，它们也会产生低于其长期平均值的回报，反之亦然。虽然这一假设也会有例外，但它有着许多坚实的论据支撑：从对资产历史回报的几十年定量分析，到《圣经》中盛宴和饥荒的七年循环，再到一些最普通的表达，如“树长不到天”（trees don't grow to the sky）。

再平衡的另外一个基本原则来源于多元化理论的预期优点。在这一理论下，合理的资产多元化可以帮助投资者在给定的风险下提高回报率。投资者还可以在给定回报率的前提下降低风险。在有些情况下，投资者甚至可以同时实现这两个目标。要使多元化产生预期的效果，投资组合中的资产应该具备合理的回报、风险和相关性模式及特征。简单来说，通过以较低价格买入合理数量的某些资产并以较高价格卖出，以及以较高价格卖出合理数量的某些资产再以较低价格买入。

再平衡寻求改善一个投资组合的整体风险—回报情况。

再平衡还假定投资者能够建立合理的投资规则和比例，这些规则和比例满足以下两点：（1）它们要很好地适用于投资者的个人情况和市场前景；（2）投资者在遵循它们时要有足够的原则、判断力和愿景。在投资组合中，具体的资产或头寸会出现显著和（或）长期的收益或损失，这使得投资组合中各部分的比重与最初的情况出现了差异，并带来有意或者无意的资产集中。再平衡试图辨别并预判这种资产集中的风险和回报。

二、再平衡的优点和缺点

再平衡的主要优点在于，它可以使得投资者提高资产回报（可能是具体的资产，也可能是一项给定的资产配置）的概率。再平衡的另外一个优点是风险控制通过将资产重新配置，使得投资组合的各部分回到一个目标比率。再平衡的原则常常可以降低投资者将财富过度集中于一小部分资产所带来的财务风险。再平衡还可以改进投资者对投资组合的关注、监督和整体的参与。

再平衡的主要缺点在于，一项资产配置的调整方式可能达不到预期目标。以下是几种可能的情况：

（1）太过频繁地进行再平衡，过分地利用“逢低买入”的策略或“投资时机心态”，从而带来很高的交易、税务、时间、机会甚至心理成本；

（2）将注意力放在了错误的对象上（例如，过分地看重对权益类资产采取价值型还是成长型策略，而没有思考在权益类资产、固定收益资产和另类资产之间找到一个恰当的平衡）；

（3）有的资产种类可能在很长的时间框架内都不遵循“均值回归”的模式（买入的资产受到了半永久或者长期的损失，或卖出的资产经历长期的增值）；

（4）当需要卖出绩效优异、价格增长的资产而买入绩效欠佳、价格下跌的资产时，普通人总是面对一种难以逾越的障碍。

有的投资者可能只按照一个大致的方向重新调整投资组合，也有的会在某些资产的价值衡量超过或低于历史基准时进行再平衡，还有的投资者按照具体的目标比例进行再平衡。

每一种方法都有一个假定，那便是投资者已经制订并实施了一个最理想的资产搭配方案，该搭配适合投资者个人的环境和金融市场的前景。实际上，当我们按照一个比例对资产配置中的资产进行再平衡时，这个比例可能根本就是不合理的。

三、资产配置再平衡中的决策点

投资者在再平衡过程中面对着许多重要决策。

（一）对什么进行再平衡

在对所有的五个主要资产范畴——集中头寸（conventional）、流动性资产（liquidity holdings）、传统证券（concentrated positions security）、另类投资（alternative investments）以及个人资产（personal holdings）进行再平衡和思考时，有的投资者会把他们全部的净值头寸（net worth position）考虑在内。而出于感情因素，有的投资者不愿变动或舍弃第一类和第五类资产，于是他们可能会将集中头寸和个人资产排除在再平衡过程之外。

其他的资产种类如另类投资，可能会包含流动性相对较差的资产，如私募股权投资，风险投资，特定类型的房地产、农场、林地，以及石油和天然气开采权。由于周转率较低且无法分割，许多另类投资、集中头寸和（或）个人资产可能会在再平衡时被考虑在内，但也不会被频繁地调整。

投资者的更平衡可能会强调：（1）宏观层面（在广泛的资产范畴和种类之间的调整）；（2）微观层面（在资产子范畴、资产子类、资产经理人甚至具体的证券或其他投资之间的调整）；（3）宏观层面和微观层面的某种结合。

（二）何时进行再平衡

再平衡的频率可以有着很广的范围，从“不进行再平衡”，到“偶尔”，到“每几年”，再到“每年”或“每半年”，而对于一些战术导向的投资者来说，这个频率还可能是“每季度”“每月”甚至“每周”。有的投资者根据历史价值标准或一个具体的最低价格变化比例（如正负5或10）进行再平衡，而不是以时间作为标准。

可能会影响到再平衡的价格或时间的特征包括（但不限于）：（1）投资者对再平衡感兴趣的程度、可花费的时间以及进行再平衡的能力；（2）投资组合的绝对规模、税收考虑和交易成本；（3）投资者的资产相对配比和组成；（4）每种资产的回报率、风险、流动性和资产之间的相关性在短期、中期和长期内的前景；（5）在一个合理的时间框架内，和（或）在一个完整或部分的市场周期里，再平衡是否改善了投资组合的风险—回报结果。

（三）再平衡中的弹性程度

进行再平衡时，有的投资者严格地遵守预先设定的资产配置比重、时间和（或）比例变化原则，也有的投资者在决定是否对投资组合进行再平衡、何时进行再平衡、在多大程度上再平衡时，会允许有不同程度的回旋余地。投资者可以根据以下几个因素来决定这其中的弹性有多大：（1）他们对特定资产种类表现的程度和持续时间的理解和判断，以及在投资者看来，这些资产处在其短期和长期回报周期中的哪个阶段；（2）投资者在内部和外部受到的限制因素；（3）互相冲突的时间要求；（4）投资者在之前未按照计划或者在特殊的再平衡操作中积累的积极或消极的经验。

（四）如何进行再平衡

再平衡可能会发生在投资者正常的买卖交易中，和（或）他们指定的投资建议来源为他们提供建议时。对于某些大规模的资产来说，根据时间、效率和成本方面的要求，投资者可以利用期货或其他类型的衍生品、事先的合同安排以及各种形式的借贷资本或证券来实现他们理想的再平衡活动。

四、再平衡的范围

许多投资者可能不把集中头寸或个人资产纳入他们的资产配置思考，

甚至会刻意将这两者排除出去。这样一来，这些投资者就限制了再平衡分析的范围，同时也限制了流动性资产、传统证券和另类投资的活动范围。

在传统资产种类和另类资产种类（通常可以分为4个主要的类别，包括权益、固定收益证券、另类投资以及现金或流动资产）之间进行再平衡时，首要的驱动因素包括：（1）投资者的个人环境，包括他们总的财富水平、风险承受能力、时间跨度、纳税状态以及流动性和收入需求；（2）金融市场总体的风险和回报前景；（3）具体投资和每种资产内部投资结构的风险和回报前景，以及它们的价格价值关系。有的投资者还会把他们的集中头寸和个人资产纳入资产配置和再平衡的思考。

在这些扩大的资产范畴（包括集中头寸、流动性资产、传统证券、另类投资以及个人资产）之间，再平衡的首要驱动因素包括：（1）投资者的个人环境；（2）金融市场的前景；（3）具体的投资和结构的前景；（4）买卖集中头寸和（或）重大个人资产的流动性和价格效应；（5）家庭和其他定性的、感情的以及心理的考虑。一般来说，当投资者将集中头寸和个人资产（在很多情况下还包括另类投资）纳入再平衡的考虑范围时，他们应该考虑到这些资产范畴在流动性上相对缺乏，以及它们的定价和估值的非传统的频率、方法和透明度。

特别是在合并、收购、首次公开发行和再融资活动期间，许多拥有集中头寸的投资者都会遇到一种资产范畴之间惯常的、特别的资本流模式。图4-6是幅概括的、较为简单的图，它给出了这些资本流通的方向和相对的重要性。

在卖出或处理集中头寸时，所得的资本中会有很大的比例首先流入流动性资产，可能会接着再流入直接持有的传统证券。资本出现以下两种流动方式的频率会更低，量级会更小：

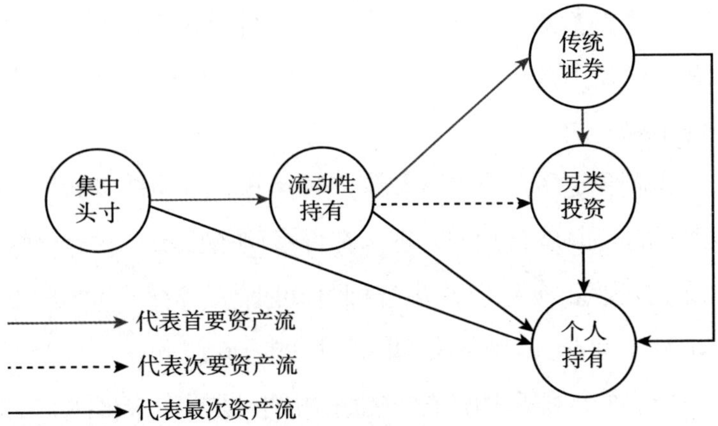

图4–6 资本流

资料来源：ChPBCLUB中国私人银行家俱乐部。

（1）从投资者的集中头寸流入流动资产，再流入另类投资；

（2）从投资者的集中头寸流入流动资产，到传统证券，再到另类投资。有时，资本流向个人资产的程度也会低于其他资产范畴。于是，资本在任何时候由其他主要资产范畴（集中头寸、流动性资产、传统证券或另类投资）流向个人资产的量都会更低。

五、再平衡的方法

不管投资者是否决定将集中头寸和个人资产纳入资产配置的思考，思考再平衡中可能用到的方法都是值得的。投资者常常考虑的3种资产配置再平衡的方法（在这些基本的原则之外还会有许多变体）是：（1）卖出绩效优异的资产，买入绩效欠佳的资产；（2）卖出绩效欠佳的资产，买入绩效优异的资产；（3）不遵循正常的再平衡方针，而是允许资产配置随着时间的推移在绩效有益的资产上表现出更高的比重。

要用图表和定量的方法检查这3种方法所带来的结果，我们必须做一些简化假设。

第一，资产的数量要限制到2个，资产种类A和资产种类B。在实践中，投资者的投资组合可能包含2个以上的资产种类和资产子类，这可能使分析变得非常复杂。

第二，我们假定资产种类A和资产种类B的波动是彼此相反的——如果资产种类A的回报是有利的，那么在许多例子里资产种类B的回报就是不利的，反之亦然。实际上，在各种时间段内，资产种类的回报很可能会朝着相同的方向波动，而不是朝着相反的方向波动。

第三，与这3个例子中所统一应用的简化回报模式相比，实际的相对和绝对量级、每年的波动性和多年间的波动性、方向、回报的顺序可能都会有很大的差别。每一种考虑范围内的资产都会产生一种绝对和相对的回报水平，在一个更深的层面上，再平衡的各种方法所产生的长期回报通常会受到这种回报水平的影响。

第四，这里再平衡周期是1年，而实际的再平衡的时间间隔可能会更短（如半年、1个季度、1个月）或更长（如2年或3年）。

第五，这里使用的评估时间间隔为8年，而投资者实际的时间间隔可能会有较大差别，而且不同的资产配置再平衡的方法产生的结果也可能会不同，当评估时间间隔结束时，各种资产可能会处在其回报周期的某一个特定阶段，这会给结果带来很大的影响。

第六，我们没有把以下成本考虑在内：交易费用、年度管理费用、绩效费用、监管费用、报告费用、咨询费用（如果有的话），以及收入和资本利得税。这些成本可能会给再平衡的绝对和相对结果带来消极的影响。

六、成功再平衡的关键因素

有几个重要的步骤是投资者需要考虑的，它们可以帮助投资者决定是否、何时以及采取何种方法进行再平衡。

第一，投资者需要决定要进行再平衡的资产范围。通常，这一决定会涉及再平衡活动是否要将集中头寸、个人资产以及其他资产范畴也包括进来。

第二，投资者应该建立一个战略性和战术性的资产配置计划，甚至可以发布一份考虑周全的书面投资方针声明。在很多情况下，投资者最初的战术、战略资产配置会反映出他们的个人环境、时间跨度、风险情况、收入需求、市场预期以及目标。随着时间的推移以及投资者产生的心理变化，这其中的一些因素可能会改变他们的战略性和战术性资产配置，从而使它们更符合投资者的要求。

第三，投资者应该根据以下3点评估各种再平衡的方法和情景：（1）金融历史的过往时期；（2）一系列预期的金融市场情况，其中要重点考虑各种资产与其长期平均值的相对估值；（3）投资者可能采取的任何不寻常的再平衡活动的可能效用。

再平衡活动的最终成功或失败并不仅仅是由各资产的风险—回报因素决定的，一些人为的因素也在其中扮演了重要的角色。

下面是对再平衡活动中一些重要的成功因素的简要概述。

1.纪律

投资者精心制订了一个再平衡计划，它符合金融市场的环境，也符合投资者的个人情况、需求和目标，那么接下来，投资者需要内在的毅力来坚持该计划。

2.勤奋

在监督当前和未来的投资环境以及整个的投资组合、每一种资产和特定的投资时，投资者必须投入巨大的努力。

3.眼光

在理解以下两点时，投资者需要具备灵敏的感触能力：（1）在一项投资的回报中，有多少可以归因于市场环境，有多少可以归结于某位资产经理人的技能；（2）一项资产较好或较差的表现是暂时的，很可能持续下去。另外一个重要的但常常被忽视的因素是：投资者意识到自身内部变化的能力。

4. 发现

在现有的和新出现的资产、投资工具、策略、技巧以及拥有的信息源方面，投资者需要不断寻找新的想法和见解，并以开放的心态对待它们。

5. 辨别

投资者要能够辨别会提高或降低风险—回报比的活动。此外，投资者需要坚决对应该避免的行为和策略说“不”。

6. 谨慎

在各种各样的环境下，投资者需要聆听各种各样的信息源、事实和想法，而不让任何观点在评估过程中一家独大。在评估过程结束之后，投资者要将自己置身事外，以第三者的角度来审视错误的信息。

7. 果断

在对某一行动的正面和负面的论据做合理的权衡之后，投资者需要得出自己的结论，并以合适的方式将其实施。

8. 决心

投资者应该在灵活性和坚定性之间找到一个平衡点，既不能在事实发生变化或被错误解读时固执地坚持自己的观点，也不能在面对看似可行、实则谬误的推理时轻易放弃合理的观点。

第四节　FoF组合管理

一、FoF是什么

FoF（Fund of Funds）即基金中的基金。作为共同基金的一种，它和一般基金最大的区别在于投资方向不同。普通的基金以股票、债券等有价证券为投资标的，而FoF不直接投资于股票、债券或其他证券，而是以“基金”为投资标的，通过在一个委托账户下持有多个不同基金，以此分散投资，技术性降低集中投资的风险，获取较高收益。

FoF是“多管理人投资”（Multi-Manager Investment）的一种。类似的多管理人投资在国外还有MoM（Manager of Managers），而在国内，因为很多FoF所投资的对象并不完全以基金的形式出现，所以还有“信托的信托”（Trust of Trusts，ToT）、“基金的信托”（Trust of Funds，ToF）等。

FoF首先应该是个宏观策略基金。FoF基金经理是最需要重视并从对大的资产配置环境变动入手去做投资的基金。可以说，没有对宏观资产配置环境的良好把握，就没有好的FoF管理。如果把投资过程比作准备一桌宴席，那么FoF基金经理就是宴席的“总理”，而其所投资基金的基金经理，则不过是“厨师”。只有“总理”才纵览宏观，而“厨师”则只重锅中方寸。

FoF应该这样寻求投资标的：它应该寻找那些市场适应能力非常鲜明的基金，并且在合适的时候去配置它。FoF基金经理首先要发觉某只基金或某个基金经理的市场适应度，而不是去探究他在做什么行业或者什么股票。

当然在实际运作中，FoF因管理人的性质不同而有不同的目标或者策略。

如果按照管理人性质来划分，FoF可以分成内部FoF和外部FoF两类。内部FoF主要是资产管理机构，比如基金公司以自己的产品为标的发行的FoF。它的主要目的是满足客户在不同阶段的需求，留住客户，推销产品。同一家基金公司，即便是非常大的公司，一般不会出现太多重复产品，同一个产品类型不会有很多选择余地。所以，内部FoF的主要任务不是选择产品，而是资产配置。比如，根据不同的市场环境来调整同一客户的资产配置，或者针对客户的投资目标变化来调整其资产配置。前者以配置类FoF为代表，而后者以目标日期FoF（如生命周期FoF）为代表。

近些年来，由独立第三方管理的外部FoF规模日渐增加。外部FoF的目标要更复杂一些，一方面当然是要弥补单一产品的缺陷，但由于外部FoF选择产品或基金经理上不受限制，可选范围广，所以，寻求同类基金中的佼佼者、提高组合收益水平是此类FoF的主要目标。很多跨市场产品、另类投资产品均属此类，如全球配置FoF、对冲基金FoF等。

用一句简单的话来总结什么是FoF：FoF是一组基金的动态组合，它的目标不仅是降低单一基金的风险，更通过弥补单一基金的市场适应能力不足，提高收益。FoF是一种“超级基金”。

二、FoF管理流程

FoF的收益究竟应该从哪儿来？

FoF挣的最主要的是资产配置的钱。在投资中，资产配置的重要性要远大于具体投资品种选择的重要性。所谓资产配置，就是投什么领域，以及用什么方式投。这个道理其实大家都明白。过去这10年中，如果你在持续投资房子，无论你买在哪儿，这个投资都是十分挣钱的，如果你低首付、高按揭，这个投资就更是十分划算。如果你在2005年的时候进入了股市，经历了那两年疯狂的牛市，那么具体买什么股票其实不重要。当然了，如果你能在2007年年末的时候把资金及时转移到固定收益信托上去，那么这几年收益虽然赶不上2006—2007年的牛市，但也会相当可观，尤其是与同期的股市相比。

你可能会说，谁能那么神奇，能那么准确地踏对市场节奏呢？

没错，神仙是不存在的，要准确地实现在每个投资市场中抄底逃顶肯定不现实。但是，如果方法适当，至少你应该能比较大概率地抓住这些机会。比如，虽然不能让你在2005年年底进入股市，但起码能在2006年中后期让你进入；虽然不能让你在2007年底逃顶，但起码能让你在2008年早期退出市场。

FoF就是这样一种方法。在FoF里，大类资产配置的概念主要指对应于一个大资产类别的基金类别。比如，对应于股票市场的股票基金，对应于债券市场的债券基金，对应于商品市场的期货基金，对应于房地产市场的REITS（不动产基金）等。

FoF的业务核心之一是专业化分工。FoF基金经理的主要任务是做大类资产配置，他并不负责具体的股票该怎么投、债券该怎么投，这些是FoF所买的那些基金的基金经理该干的事儿。

人的精力总是有限的。如果一个人把主要精力投在具体的投资品种选择上，他在大资产配置所需要的宏观环境分析与判断上所花费的精力就要少。此外，投资上有一种“例外”心理，就是一个专注于具体品种选择的人，如果找到了“好”的品种，他会倾向于忽略或弱化外部环境的影响，会认为自己的投资品种是例外于市场环境的。

FoF的专业分工解决了这两个问题。FoF基金经理的任务是“配宴席”，而基金经理的任务是“炒菜”。两者的分工保证了各自最大精力投入其擅长的领域，也确保了不会因过度关注宏观或过度关注细节而妨碍了投资判断。

FoF的业务核心之二是策略指导投资。FoF不是简单地一组基金的组合。一个完整的FoF产品，首先是有一套合理的投资策略指导的。而这套合理的投资策略，是由产品投资目标决定的。投资是由谁决定的呢？当然是产品的目标客户特征。

策略是什么呢？一套完整的策略，应该包括3部分：中性市场环境下的资产配置、具体的品种选择方法、不同市场环境下的资产调整方式。看得出来，策略不光告诉我们该怎么配资产，也告诉了我们在不同市场环境中该如何临时调整资产。

专业化分工与策略优先2个特征，使得FoF成为最有利于把握大类资产配置节奏的投资模式之一。

FoF赚的第二大收益来源是类别资产配置的钱。

所谓类别资产，是介于大类资产（房子、股票、债券、银行存款）与具体品种之间的一个资产分类，如房子里的住宅、商铺，股票里的蓝筹股、成长股，债券里的企业债、政府债，等等。当然，在FoF里，这个类别资产主要指的是某大类基金下的细类基金，一般是按照风格划分的细类基金，如股票基金下的大盘蓝筹基金、小盘成长基金等。

在类别资产里，有一个有趣的现象。如果按照某些分类方式，同类的基金长期业绩会趋同，而不同类的基金业绩会分化。这种现象叫基金的业绩收敛与分层。这种现象也是FoF的第二大收益来源是类别基金的配置而不是具体品种选择的根源。简单地说就是，如果你选择对了细类基金，那么这个细类基金下的大部分品种，业绩都差不多。而细类基金之间的业绩差距则会拉大。比如，你选择了大盘蓝筹股票基金，在十几个月之后，这个类别里的大部分基金收益差距会逐渐收窄。但是，大盘蓝筹基金和策略统领FoF投资小盘成长基金之间的收益差距则会拉大。

FoF管理的核心之三就是选类别重于选具体品种。类别资产的选择同样依FoF基金经理对未来中观市场环境的判断来定。大类资产配置中，FoF基金经理这个“宴席总理”做的是定方向，是卤菜、粤菜，还是淮扬菜，定配置，几荤几素，几冷几热。而在类别资产配置阶段，他要管的是冷菜是哪几种，热菜是哪几种。你知道，同样是“四菜一汤”，名堂可大不一样。这名堂，就是在这个阶段定下来的。

FOF赚的第三大收益来源才是具体品种的钱。

FOF最终的收益确实来自所买的基金，所以，说FOF赚的最小一块钱是买基金的钱，似乎与常识不符。但事实上，如果第一步的大类资产配置和第二步的细类资产配置做好了，具体选择基金，无非就是确保第一步和第二步的策略能完美兑现。因此，FoF投资中应该选择什么样的基金？首先得能赚钱，其次要可把握。

常规的FoF投资流程包括这样4个步骤：

步骤一：产品设计；

步骤二：策略设置；

步骤三：基金筛选与组合构建；

步骤四：检讨、重构与风险控制。

但是，很多FoF投资非常忽视第一个环节。产品设计的定位不明确，则相应的资产配置管理就经常错位，因此，策略设置也常常是不靠谱的。所以，很多FOF基金的投资是从第三个环节直接开始投资的。

投资要想做好其实也不难：尽量提高每一级决策的成功率（或者降低失败的风险）。那么，从挑选基金开始的投资之路是不是这样呢?

这个“逆向”流程显然不符合简单的投资原则。我们假设这个过程中每一级决策的成功概率有10%（实际操作中这个概率要低得多），几番折腾下来，你走到正确路上的概率也只有1/1000（10%×10%×10%）。

很多人在几番折腾之后感叹投资就是赌博。唉，您这种投资模式本身就是在赌博，“求仁得仁”，结局在开始时就已经注定了。

同时，这个流程和FoF的主要收益来源完全不匹配。事实上，在这个流程里，FoF最主要的收益来源被直接忽略了，而在最次的收益来源上却花费了大量精力。显然，这个流程是本末倒置了。

那么，合理的流程是什么呢？具体可见图4-7。

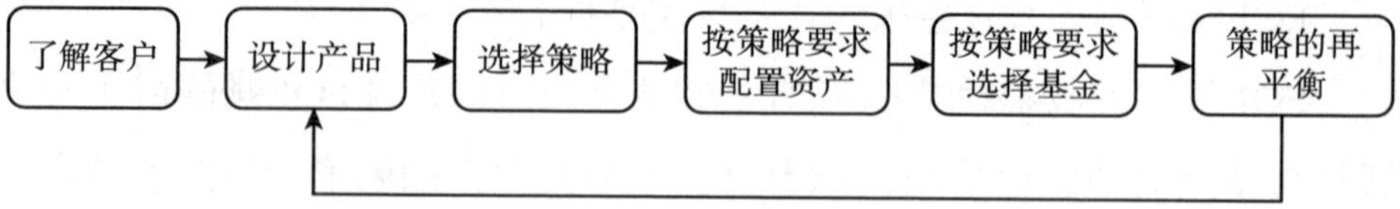

图4–7　FoF管理流程

资料来源：ChPBCLUB中国私人银行家俱乐部。

这个流程的核心，是策略：建立在对投资者了解基础上的策略贯穿于我们的投资的全过程，从资产配置，到具体的基金挑选，再到对市场的判断以及相应的配置调整，无不包含在内。

这个流程的优势在哪里呢？

首先，它摒弃了盲目地寻找“好”基金的过程，而是把精力优先放在了解投资者上。这个过程最大限度地降低了资产配置和具体基金挑选上出错的可能性。

其次，这个流程的核心在于策略。如前所述，策略的核心是资产配置，而资产配置对收益的影响力远大于具体品种的挑选，这个结论前面我们已经讨论过了。

再次，这个流程中基金的具体选择是受制于策略的。一个完整的策略，对于每一类资产下需要什么样的具体品种有非常清晰的要求，这极大地降低了基金选择失误的可能性。

最后，但凡是个完整的策略，都包含了不同市场环境下资产配置与具体品种的调整措施。所以，策略指导下的投资行为是有计划的，而不是头痛医头脚痛医脚的。

一句话，策略引领FoF投资！

三、策略统领FoF投资

传统观点认为，策略中影响到最终投资者收益的主要有3个要素：一是资产配置；二是产品选择（或基金经理选择）；三是市场时机选择。

可以看到，策略不只是告诉投资者应该买什么，它的第一要务是告诉投资者如何分配钱，第二要务才是具体的品种选择，还有更重要的，是告诉投资者如何根据市场环境来调整投资。

可以说，策略统管并贯穿了投资行为的始终，它才是投资者赚钱的关键。不夸张地说，策略就是投资的一切，而其他都是为策略服务的。

四、可选的FoF投资策略

投资策略是种高度个性化的东西。严格地说，针对每个产品、每种市场环境都应该对应有不同的资产配置策略、调整策略、品种选择策略。格式化的通用的投资策略会降低策略本身的有效性。但本书不是一本理论书籍，是用来指导具体的投资实践的，所以我们暂且抛弃对基金投资策略中3类具体策略的原则性的描述，而把已经有的一些被证明较为实用的投资策略罗列出来，以备读者参考。

投资策略一：美林投资时钟策略。

美林投资时钟投资策略相信大家都有所耳闻，作为资产配置最为著名的模型，它主要指以经济周期为框架，把“资产”“行业轮动”“经济周期四个阶段”以及“债券收益率曲线”4个因素联动起来，作为投资周期综合参照工具。

（一）投资周期

美林投资时钟策略把经济周期分为衰退、复苏、过热和滞胀4个阶段，并且，每一个阶段都对应资产配置的特定资产类别：债券、股票、大宗商品和现金。

市场以4个阶段作为一个周期，不断轮回。每个阶段都有其最为适合的资产配置品种，如果在特定的市场阶段，资产配置于相对立的品种，收益则会低于市场的平均值。

1. 经济衰退阶段

GDP增长乏力—产能过剩—通货膨胀走低—央行降低利率—债券收益相对保值。

2. 经济复苏阶段

央行宽松政策发挥效力—经济增长—股票市场进入黄金期。

3. 经济过热阶段

通货膨胀上升—央行提高利率—股票估值重估—大宗商品表现出众。

4. 经济滞胀阶段

生产要素价格上升—供给失衡—通货膨胀加剧—央行货币紧缩—股市进入空头—现金为王。

（二）基本规则

在具体操作方面，美林投资时钟策略的FoF运用基本规则是：

1. 大类资产的中性原则

如果以均衡配置为基准，债券基金、股票基金、商品基金、货币市场基金各占25%，当市场处于投资时钟周期内的某个品种时，则加大对该品种的配置，比如，当市场处于衰退期，则提高债券基金的配置比例，大约为70%，其他3类各占10%。配置的比例并非千篇一律，而是需要根据市场、宏观经济等具体情况，动态地调整投资策略。

2. 大类资产的调整原则

可根据投资时钟在4类资产之间做较大幅度的配置调整。

FoF核心竞争力就是资产配置，特别是大类资产配置，美林投资时钟对行业资产配置以及种类配置具有很高的借鉴意义。从整体来看，美林投资时钟对于中长期资产配置，具有较好的指导意义。

要想把美林投资时钟投资策略运用得好，要求基金管理人对经济的每个周期拐点都有一个准确的判断。从美国市场来看，相对应的指标则更加容易判断，主要以经济发展周期作为主要的衡量标准，但在A股市场，由于影响市场的因素并不是以经济的基本面为主导，因此，在对FoF进行大类资产配置时，要综合考虑市场估值、经济基本面、市场风格等常规指标外，还要关注监管政策的走向。

投资策略二：Alpha/Beta投资策略（简称“α/β收益”）。

投资者都明白，投资除了选择好的标的外，择时也很重要。

在投资策略中，对择时没有要求，基金收益将会受到影响，而对择时有要求，虽然能提高收益，但这对一般投资者而言，不仅难以把握入场时间，也难以把握出场时机。

在这种情况下，充分利用α/β收益率的转换，辅助投资者进行择时，是在选择良好标的的同时，更好地选择入场时机借鉴的工具。

基金投资组合收益可以分为两大类：一类是无风险收益；另一类是风险收益。风险收益往下还可以分为两种：一种是市场给投资组合系统性风险“补偿”，即所谓的beta收益，也就是偏离价值波动的收益，这种收益属于高风险、高回报收益；另外一种投资组合收益来自价值被市场低估的品种，以此获取“额外”收益，也就是Alpha收益。

风险收益中的α/β收益，随着市场变动，呈现周期性波动，而其中Alpha收益波动要大于Beta波动的幅度。

在FoF投资策略中，我们可以通过α/β的辅助，捕捉市场阶段性的热点，提高基金择时能力，以此达到放大收益的效果。

基金经理在借鉴Alpha和Beta指标的强弱来调整投资策略时，从市场表现看，通常高Alpha基金组合的业绩，整个期间都领先；而高Beta基金投资组合市场波动关联性强，是一把双刃剑，即市场上涨时，高β组合业绩领先；但在下跌的市场环境中，高Beta相比高Alpha投资组合，业绩下跌也快。

这要求FoF基金在对市场进行资产配置时，应当综合Alpha和Beta收益两者强弱程度，对市场作出宏观判断，以此作出策略的调整。

α/β 投资策略的流程是：（1）寻找高Alpha基金，并把其中的高Beta和低Beta分为两组；（2）持续观察两组基金Alpha收益率和Beta收益率，当两者出现交叉强弱易手时调仓：前者低于后者时调仓到低Beta基金组，后者高于前者时调仓到高Beta基金组。

总之，这个策略是细类资产投资策略，需要配合相应的大类资产配置策略来操作。

投资策略三：动量配置策略和反转配置策略。

动量配置策略，也称为相对强度交易策略，此策略的主要逻辑是：投资者在一定持有期内，如果某只股票或者某个股票组合在前一段时期表现较好，那么，下一段时期该股票或者股票投资组合仍将会有良好表现。而在这段时间内，表现不好的股票，在下一段时间还将会持续其不好的走势。

这个概念是美国学者Jegadeesh与Titman在1993年对股票组合中期收益进行研究的过程中发现的。他们发现，以3—12个月月尾间隔所构造的股票组合，其中间收益呈现连续性，即中间价格具有向某一方向连续的动量效应。

动量交易策略的理论依据是，证券价格时常对与公司有关的消息反应迟钝，并且投资者心理上呈现保守状态，因此，即使消息公布后，股价也无法立即得到反应。有效市场反应线见图4-8。

如果市场有效，当利好消息公布之后，市场将会立即反应，相应个股将会从60%直接反应至100%；但在通常情况下，市场反应是不够充分的，往往会出现图中斜线部分，这样就留出了缓冲时间。当市场出现斜线部分区域时，如果运用动态策略，则可以从中获利。

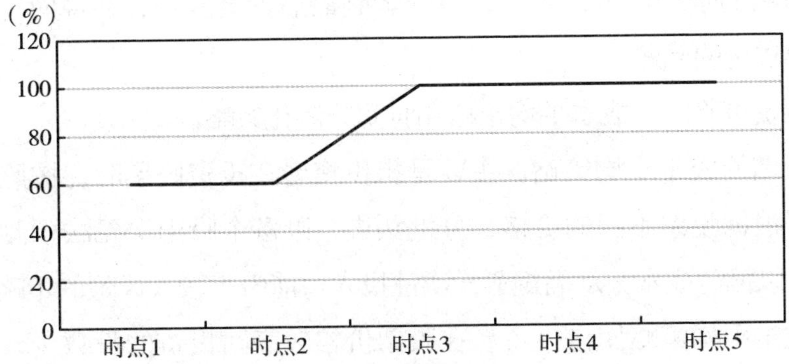

图4–8　有效市场反应线

资料来源：ChPBCLUB中国私人银行家俱乐部。

但在1992年，Ritter等学者发现，在一段较长的时间内，价格涨幅较大的证券将会有强烈的大逆转的走势，而在给定的一段时间内，那些走势较差的股票，则会倾向于回升趋势，这就是反转效应。

动量会使证券价格沿着某个方向前进，当到达临界点之后，就会出现反转，研究动量和反转都可以从中获利，这就是动量配置策略和反转配置策略。

世界上没有两片一模一样的叶子，由于不同的市场有不同的特点，在策略的具体应用上，是采用动量策略还是反转策略，也自然有着差异。

上述理论研究成果，主要是基于美国近几十年来股市走向所呈现的特点，虽然美国股市走向在全球具有引领性，但对于成熟度较低的市场，适用性则可能要打折扣。就拿中国的基金市场来说，由于我国市场上以趋势投资者为主，且散户居多，当趋势来的时候，投资者的簇拥会强化趋势，也就是在多头市场中，散户的不成熟容易忽略市场的估值，往往会涨过头。而在空头市场中，散户的恐慌也会加剧市场的波动，市场往往会跌过头，只有待空头消耗殆尽之时，个股才能企稳回升。

如果在中国市场应用反转策略，那么，就不能仅以企业估值作为FoF

配置策略的唯一依据，否则，投资者到最后就会发现，在择时上，会出现过早进场的问题。

投资策略四：成本平均策略和时间分散化策略。

所谓的成本平均策略，主要是指投资者在投资股票时，按照预定的计划，根据股票不同的价格，分批买进，以备个股出现无法预测的风险时，可以摊薄成本，从而规避一次性投入可能带来较大风险的策略。

成本平均策略使得投资者在股票价格较高时投资的股数少，而股票价格低时投资的股数多，即可以减少投资成本。

1994年，Warther的实证研究发现，基金公司的现金流入和流出存在着强烈的联系，采用成本平均策略的投资者，在经过股价下跌一段时间以后更有可能买进股票。

FoF的核心在于资产的配置，其本身就不提倡集中投资，FoF本身就具有分散化的特征，与成本平均策略本质上有相似之处。因此，在策略运用上，投资者能更灵活地进行策略的运用。

与成本平均策略相应的是时间分散化策略。时间分散化策略主要指的是，投资市场的风险会随着投资期限的延长而降低。

1998年，Ibbotson和Associate研究股票不同时间范围内的收益，时间跨度从1年到20年。研究结果发现，时间成了影响资产组合收益的主要矛盾，长时间地持有资产可以降低损失的风险。如果持有期限在15年或者以上，基本上都能够取得正收益。

举一个例子，说明时间分散化策略的价值。假如有1000美元，打算投资退休基金，有两个选择：一个是无风险投资，预期收益率为4%，标准差（风险）为0；另一个是风险投资，预期收益率12%，标准差16%。

通过表4-4我们发现，风险投资价值相比无风险投资，所获得的回报要高很多，显然，利用时间分散策略来提高收益，是有效的。

表4–4　　时间分散化策略的价值示意

投资期限（年）	无风险投资价值（美元）	风险投资价值（期望值、美元）	风险投资收益低于无风险投资收益的概率（%）
1	1000	1000	30.9
5	1200	2000	13.2
10	1500	3800	5.7
20	2200	14200	1.3
40	5000	202800	0.1

资料来源：ChPBCLUB中国私人银行家俱乐部。

对时间分散化策略做得最为出色的投资人是沃伦·巴菲特，其持股时间长达几十年。通过时间的分散，不仅帮助投资降低了风险，而且还获得了巨额的收益。这也是普通投资者与专业投资者相比，战略眼光以及胸怀格局方面的差异。

关于时间分散化策略，Fisher和Statman在1999年对这种策略进行了系统解释，此策略有两个方面的含义：一方面，投资者投资股市会随着投资期限的增加而降低；另一方面，建议投资者在年轻的时候，在资产配置之时，加大比例投入股市，因为股票具有高风险性，而随着年龄增长，则应不断减少资产组合中股票的占比。

成本平均策略以及时间分散化策略，从形式上而言，与定投基金有些类似。对于FoF基金来说，其配置重点是大类资产的配置，在时间上更是强调长期持有。因此，分散投资以及长期持有是FoF基金本身固有的属性，过往的市场也证明了这个规律的有效性，人们对FoF基金应该报有更大的信心。

投资策略五：核心·卫星投资策略。

核心·卫星投资策略最早出现于20世纪90年代嘉信投资的一项研究。顾名思义，所谓核心·卫星投资策略，就是把投资的资产分为“核心”和“卫星”两大类资产，以此进行不同资产类别的配置。

此策略的关键是在“核心”资产的配置，一般情况下，核心资产配置的是被动型、费用低廉、流动性较好的基金，比如指数基金，在风险可控的前提下，可通过长期持有的方式获取稳健的收益。

另外，把少部分资金配置在“卫星”资产上，卫星资产与核心资产相比，灵活性、风险性也更为突出。“卫星”资产主要是在“核心”资产有稳健收益的前提下，把少部分资金配置于高风险品种之中，以此提高市场组合的收益预期。因此，其配置品种则更多偏向于小盘、另类等波动率较大的基金（见图4–9）。

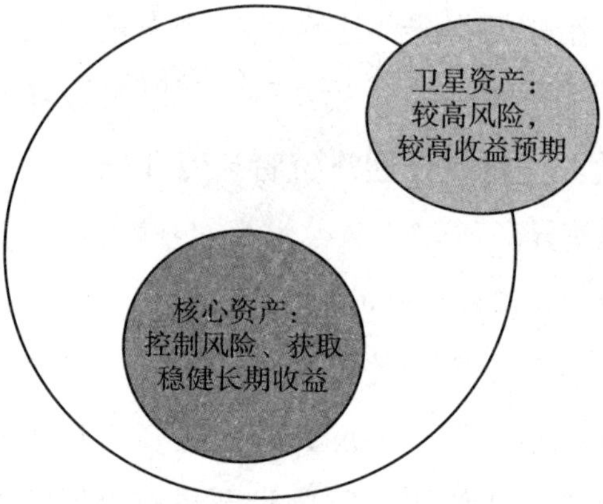

图4–9　核心·卫星投资策略

资料来源：ChPBCLUB中国私人银行家俱乐部。

从基金组合比例来看，核心·卫星策略的精髓在于风控，因为占比超过80%的“核心”资产配置到了相对稳健的品种中，意味着已经大大降低了投资组合的整体风险系数。占比不到20%的“卫星”资产，即使出现亏损较大的情况，相对基金整体而言，投资组合总值跌幅也有限，这样对基金管理人而言，就能把握主动权。

核心·卫星投资策略在兼顾基金组合灵活性的同时，降低了风险，并且在组合中“卫星”资产配置突出了收益性，同时给基金组合的收益打开了空间。

从此策略在国外的实践情况来看，其在降低风险方面成效明显，不过，该策略也有着缺点：不管“卫星”资产配置如何灵活，由于其配置占整个基金比例较低，基金收益性并不突出。虽然如此，但对于核心是大类资产配置的FoF基金而言，此策略本质更符合FoF基金追求稳健收益的初衷，基金管理人对此策略的运用也比较普遍。

投资策略之六：杠铃投资策略。

杠铃投资策略最早应用于债券投资领域，在投资模型中，杠铃投资策略可以划分为：价值－成长、大盘－小盘、主动－被动、股票－债券等，来作为FoF基金筛选的标准（见图4–10）。

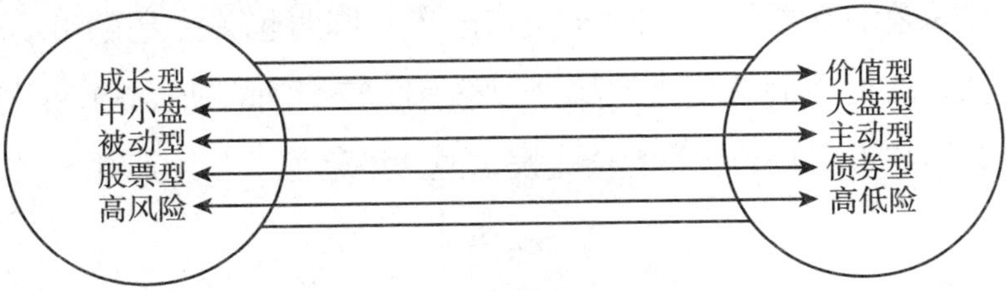

图4–10 杠铃投资策略

资料来源：ChPBCLUB中国私人银行家俱乐部。

杠铃投资策略的核心在于，所选择的两类资产之间的相关性较低，甚至是负相关的。

投资策略之七：买入并持有策略。

买入并持有策略看似是一种最笨拙的方式，却获得了大量研究人员的推崇。买入并持有策略，也是股神巴菲特最为支持的策略。

值得一提的是，投资者投资于风险资产的比例与其风险承受能力正相关，而一般大众风险承受能力随市场变化而变化，其投资组合也会随市场变化而变化。因此，想获得超额收益，这就要求采取长期持有投资策略的投资者，还要具备不因市场短期风险变化而坚持资产配置的能力，所以，这种策略并非适合每个人。

七种策略比较见表4–5。

表4–5 七种策略比较

分类	操作难易程度	获利能力	风险控制能力
美林投资时钟策略	难	高	高
Alpha/Beta 投资策略	易	中高	中
动量配置策略和反转配置策略	中	高	低
成本平均策略和时间分散化策略	易	低	中高
核心・卫星策略	难	中	中
杠铃投资策略	中	中	高
买入并持有策略	难	高	低

总结来看，策略既关注大类资产配置，同时也关注基础市场环境变动中大类资产配置的调整，大部分策略有比较明确的细类资产配置要求，因此，策略统管着FoF管理的全流程，说“策略为王”一点都不过分。

第五节 耶鲁捐赠基金

耶鲁大学很美。每当人们来到这里，就仿佛踏进了另外一个世界，古老建筑雄伟、庄重、典雅、宁静，人物雕像栩栩如生、精美有趣。自然美景与古老建筑交相辉映，向来访者述说着耶鲁300多年的历史积淀和人文气息。耶鲁大学与哈佛大学、斯坦福大学一样，在全世界享有盛誉。耶鲁大学之所以能够做到300年基业常青，除了顶尖的师资力量，也依赖于高额的教学经费投入。这些私立学府的运营资金主要依靠社会捐助和校产基金的投资收益。在所有的校产基金中，耶鲁捐赠基金以其长期稳健、优异的投资收益闻名于世。过去20年，耶鲁捐赠基金取得13.9%的年化收益率。经理人David Swensen（大卫・史文森）的“先锋投资”理念更被众多投资人所信奉。在笔者研究耶鲁捐赠基金之前，并不清楚原来耶鲁大学是这么能赚钱的一所学校。2014财年（2013年7月1日—2014年6月30日），耶鲁大学共实现了31亿美元的收入。

如果把学校比作一家企业，它的主营业务是教育，那么主要收入应该是学费。但在耶鲁大学的收入构成里面，排名第一、占比最高的收入来源却是捐赠金。2014财年，捐赠基金为耶鲁大学贡献了10亿美元，占总收入的1/3。其次是医药服务、政府拨款和合同收入，最后是净学费和赠与。

一、名校基业长青的守护者：捐赠基金

为什么很多名校都拥有上百亿美元规模的捐赠基金？且这些捐赠基金投资收益在学校的收入占比中，平均可以高达30%？耶鲁捐赠基金掌门人大卫·史文森曾做过这方面的研究，他的研究显示：捐赠基金业绩的好坏及规模大小，与学校的质量是正相关的关系，即越是名牌的大学，它的捐赠基金规模就越大，投资收益也越好。

同时，大卫·史文森还举了个反面例子。在美国曾经有所很知名的大学叫桥港大学，曾经备受世人尊重，高峰时在校学生有9000多人，但当时并没有设立捐赠基金，学校的主要收入来自学费。1991年，美国暴发储贷危机，桥港大学也陷入财务困境，学生人数不足锐减至4000人。由于没有捐赠基金的收入，学校财政捉襟见肘，直接影响到整体的教学质量。此时，有个被认为是“邪教”的“世界和平教授学会”打算资助桥港大学，但桥港大学拒绝了。桥港大学觉得，如果拿了这个组织的钱，学校将永世不得翻身了。然而，随着学校财务危机继续蔓延，1992年，在万般无奈之下，桥港大学最终接受了这一组织的捐助。作为条件，学校校训里面增加了一句话，要成为“所有有志于实现国际和平与理解的

大学的基地”。这句校训一加，学校被“万夫所指”——原本是一所备受世人尊重的学校，为了获取资金而将控制权拱手让于一个自封为救世主的宗教狂。

该事件直接导致了桥港大学的最终没落。20多年后的今天，还有多少人听说过桥港大学？桥港大学没落的故事说明：大学的延续和发展，跟稳健的财务基础是密不可分的。假如桥港大学像耶鲁一样拥有捐赠基金的话，它就不会遇到这样的情况。

再次用企业来类比。很多企业运营良好的时候很赚钱，一旦遇到周期性的波动，资金链就会很紧张。如果之前投了几个亿的PE（私募股权投资），说不定还能渡过危机。但如果没有，全放在实业里面的话，这家企业可能就会因为一次周期性的波动，使所有过去的财富付之东流，这样的案例举不胜举。

所以，美国名校之所以基业长青，都因有能够保值增值的捐赠基金保驾护航。捐赠基金的存在，是美国之所以能够产生这么多名校很重要的原因。过去20年，耶鲁捐赠基金保持了年均13.9%的净收益率，使得捐赠基金的市值在1994年至2014年共20年的时间里增长了近7倍。此外，耶鲁捐赠基金还有一个特点，就是在过去20年中，只有一年的收益是负的，也就是基本上没有投资机构能幸免的2009年。

能够穿越周期是耶鲁相赠基金很重要的一个特点。作为全球化配置的基金，它至少穿越了1997年亚洲金融危机、2000年的美国互联网泡沫破灭、2003—2004年新兴市场的SARS危机、2007—2009年的金融危机、2010—2012年的欧债危机，等等。

如果用标普500作为它的业绩基准，我们也可以看到的标准差只有12.6%，而标普的标准差是17%。

表4-6展示了耶鲁大学与哈佛大学捐赠基金的年度业绩情况。

表4-6　　耶鲁大学与哈佛大学捐赠基金的年度业绩（1993—2014年）

分类	耶鲁	哈佛	标普 500	EAPE
平均收益	14.66%	13.02%	10.04%	7.48%
年化标准差	12.63%	12.61%	17.06%	17.83%
夏普比率	0.92	0.79	0.41	0.25

资料来源：ChPBCLUB中国私人银行家俱乐部。

耶鲁基金居然可以同时做到超额收益和低风险。通常我们知道，风险和收益之间存在正相关的规律，而耶鲁捐赠基金可以打破这样的规律，这是很神奇的。那么，耶鲁捐赠基金是如何做到这一点的呢？研究耶鲁的年报可以发现，实现低风险、高收益是难度很高的。它至少面临四大挑战。

第一大挑战是通货膨胀。这是所有基金面临的问题，但耶鲁的通货膨胀率更高，它面对的至少要比一般的通货膨胀率高出1%，这是它特殊的产业背景决定的。就跟富裕人群的通货膨胀率要比一般的人高是一样的道理。

第二大挑战是高收益分配。例如，2014年财报目标支出比例是525%，这是什么意思呢？意思是基金正常运作的时候，每年要拿出收益的525%用来分配，这是很难的。目前全球市场上没有哪个产品可以保证给你525%的年度分配。

第三大挑战是波动率不能太高。你去年给了耶鲁10亿美元，今年说给5亿美元，明年说给20亿美元，波动太大肯定不行，因为耶鲁需要这些资金做相应的安排，如用于教学或者科研等等。

第四大挑战是本金的安全。这也是投资人包括捐赠人普遍的诉求。耶鲁捐赠基金是如何应对通货膨胀、较高收益分配、保持低波动率和本金安全这四大挑战呢？总体而言，耶鲁捐赠基金坚守最重要的三条原则：

（1）通过重仓私募股权投资（PE），来提升收益性，同时放弃部分流动性的要求。（2）加大绝对收益投资工具（对冲基金）的配置比例，在兼顾流动性的基础上，追求稳健回报。（3）以高的比例配置于房地产和自然资源，来抵御核心风险和通货膨胀，追求稳健增值。

通过重仓PE，牺牲流动性换取收益；而兼具流动性和稳健回报的资产就是对冲基金。对冲基金在耶鲁捐赠基金中叫绝对收益投资工具，这个被喻为"耶鲁捐赠基金的ATM机"，流动性较好。此外，为了抵御像金融危机这样的核心风险以及通货膨胀，就要配置比较高的比例在地产和自然资源，比如核心地段写字楼及森林资源等，这些都是可以跨周期的稳健型资产类别。美国市场PE的发展情况见图4-11。

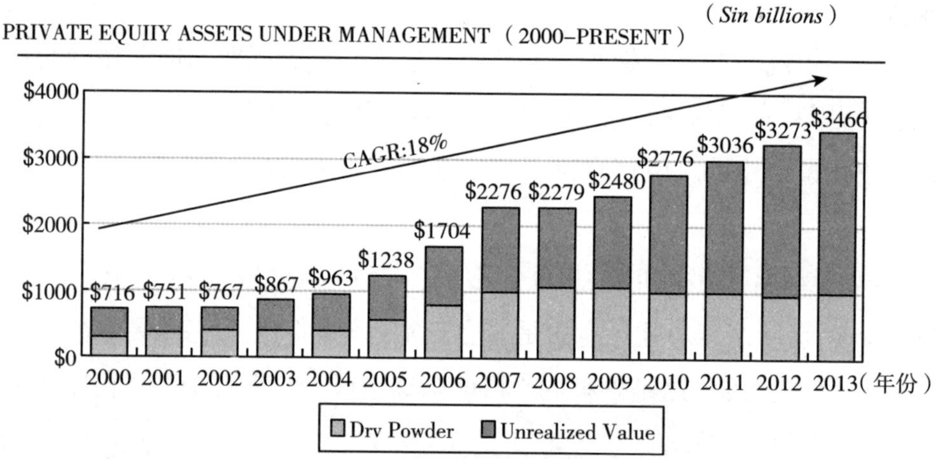

图4-11　美国市场PE高速发展情况

资料来源：ChPBCLUB中国私人银行家俱乐部。

投资标的。耶鲁捐赠基金在私募股权的投资包括风险资本的投资（VC）以及杠杆并购。耶鲁捐赠基金中31.0%的私募股权投资比例远高于其他教育机构大约10%的平均投资比例。

耶鲁捐赠基金的投资策略强调的是追求分享潜力企业的成长价值。

那些与耶鲁的投资策略相符合的公司紧密联系在一起，从根本上创建出更有价值的机构，其次才是捐赠基金期待利用金融工程的方法来产生投资回报。过去20年里，耶鲁的PE投资已经得到每年36.1%的惊人回报。它的策略是分享潜力企业的成长价值，比如诺亚财富就是一个案例。诺亚财富2007年的时候获得了红杉资本的注资，2007年诺亚财富的业务量只有10亿美元，2008年达到634亿美元，这就是高成长。

其次，耶鲁投资绝对收益投资工具，也就是对冲基金，使得捐赠基金的资产配置更加多元化，对收益标的投资是寄期望于通过开发利用市场的低效来获得长期稳定的回报。

该投资策略可以划分为两大类：事件驱动型和价值驱动型。事件驱动型主要通过特殊的公司事件，如合并、分拆、破产或重组，来获得目标价格。价值驱动型则是利用不同经济条件下的不同资产或证券不同的价格，以对冲的方式来赚取差价，获得收益。

如今，在耶鲁捐赠基金中，绝对收益的投资比例占了20%，略低于使用同样投资策略的其他教育机构平均23.3%的投资比例。这部分基金每年的回报率达到10.6%。

最后，投资在房地产领域使整个捐赠基金的投资标的更加多元化。在不牺牲预期收益的前提下，在房地产领域投资产生的稳定收入使得整个基金自然拥有了对冲不可预期的通胀的能力。

耶鲁捐赠基金长期在房资产领域的投资比例达到17%，远远超过其他捐赠基金平均4.2%的投资比例。尽管房地产市场有时会产生巨大的周期性回报，但是也会导致这种投资标的定价低效以及阻碍优秀的基金经理通过增加价值来获取高额的预期回报。过去的20年里，耶鲁捐赠基金在房地产领域的投资已经产生了17.5%的年化回报率。

在为当前学校运营提供资源的同时，还要保证捐赠基金能产生高额的回报，导致基金的投资标的不断向股权类资产靠拢。

对于通胀问题的担忧使得基金的投资选择逐渐远离固定收益类产品，并慢慢向股票衍生品工具靠拢。因此，95%的捐赠基金的投资都用于能够产生与股权类投资产品相近投资回报率的投资产品。

二、斩获超额收益的秘诀之一：构建投资组合

初步了解耶鲁捐赠基金的资产配置术之后，我们需要进一步挖掘耶鲁捐赠基金斩获超额收益的秘诀。

耶鲁捐赠基金取得了长期优异的投资回报。截至2014年6月30日，捐赠基金取得了年化11%的回报率，扣除各项费用后，捐赠基金的表现超过了美国国内股票年化8.4%的增长表现和美国国内债券年化4.9%的表现，捐赠基金的这种优异表现导致其在大型机构投资人当中名列前茅，累计比其同类的基准指数基金多赚了84亿美元，比美国各类大学及学院捐赠基金的平均回报多赚了68亿美元。

耶鲁捐赠基金为何能做到这一点？除了明智的资产配置策略，斩获超额收益还需要做到两点：主动管理构建组合的目的是进行分散投资（四跨——跨周期/跨币种/跨资产类别/跨区域）和趋势判断（分享Beta）。

主动管理，包括基础资产选择（管理人、交易对手、备投项目），创造超额收益，尤其重要的是管理人的筛选，在筛选出优秀管理人的基础上进行再平衡和专业的风险管理。

大类资产，按照沃顿商学院Amit教授的分析，主要分成三大类：风险相对比较低、收益比较低的是通胀保值资产，这种资产的主要目的就是跟上CP，稍微跑赢一点就行了，它的核心目的就是抵御通胀的压力，以及防范核心风险（见图4-12、表4-7）。

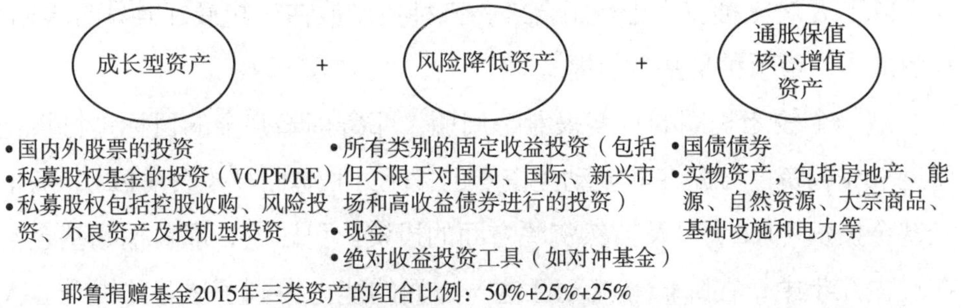

图4–12　耶鲁捐赠基金投资组合的构成

资料来源：ChPBCLUB中国私人银行家俱乐部。

表4–7　　　　耶鲁捐赠基金的投资组合

资产大类	资产类别	2013 年配置比例	2014 年配置比例	2015 年配置目标
成长型资产	私募股权（PE）	32%	33%	31%
	国内股票	5.9%	3.9%	6%
	国外股票	9.8%	11.5%	13%
风险降低资产	绝对收益 / 对冲基金	17.8%	17.4%	20%
	固定收益	4.9%	4.9%	5%（含债券 + 现金）
	现金	1.6%	3.5%	
通胀保值、核心增值资产	自然资源	7.9%	8.2%	8%
	房地产	20.2%	17.6%	17%

来自：耶鲁投资办公室，财年截至2014年6月30日

资料来源：ChPBCLUB中国私人银行家俱乐部。

还有一种资产是成长型资产，包括VC、并购、股票投资等，赚的是来自于基础资产的成长收益。

另外一类资产是风险降低资产。中国的投资人过去比较幸运，有大量刚性兑付的非标资产，而国外没有，国外只能投资对冲基金，承担一点风险。如果国内非标供给下降，我们也只能去买对冲基金了，这部分资产的风险偏好就会提升。

除了要对三种资产进行组合外，三种资产放在一起最好兼具跨周期、跨资产类，跨币种是基本前提。

从一个较为长期的角度来看跨周期，耶鲁捐赠基金的目标是打算把将近50%的资产分配在非流动性资产上，比如私募股权投资（PE）、房地产基金投资（RE）以及自然资源方面的投资。可以说，耶鲁捐赠基金会在过去几年中，在降低非流动性这一方面的能力得到了显著的提升。大比例的资产配置放在非传统投资标的原因，是来自于其高额的潜在回报以及多元化资产配置的力量。

耶鲁捐赠基金长期的视野非常适合开发那些流动性不好的、效率还不高的市场，比如风险投资（VC）、杠杆并购、自然资源（石油和天然气、木材）、房地产等。

耶鲁的秘诀在于，不仅善于组合（秘诀之一），而且能够抓到“大牌”（秘诀之二）。根据耶鲁大学捐赠基金的分析，超额收益中的近60%是由基金管理人的主动管理创造的，而资产配置的组合投资策略只创造了40%左右的超额收入（见表4-8）。

表4-8　　过去10/20年耶鲁大学捐赠基金实际收益

	市场预期收益	耶鲁大学捐赠基金实际收益（过去20年）	耶鲁大学捐赠基金实际收益（过去10年）	市场风险系数
固定收益	2.0%	5.7%	3.6%	8.0%
绝对收益（事件驱动、价值驱动）	5.3%	10.6%	9%	12.9%
房地产（增值型、核心型）	6.0%	17.5%	6.6%	17.5%
自然资源（油林气矿）	6.3%	18.1%	16.5%	20.5%
国内股票（美国本土）	6%	14.5%	12%	20%
国外股票（新兴市场及部分发展中国家）	7.5%	14.0%	18%	22.5%
私募股权（含VC和并购）	10.5%	36.1%	15.4%	26.8%
总体年化平均		13.9%	11%	

资料来源：ChPBCLUB中国私人银行家俱乐部。

耶鲁捐赠基金表示，优秀的PE和RE管理人所具有的运营能力、战略眼光及企业建设的能力，为他们所投标的增加了不可估量的价值，因而创造出超额收益，并且将这些最强的基金管理人同他们的对手区分开来。那自然而然地，能选择出最优秀基金管理人的投资人也必将获得超额的回报。

图4-13显示，不管在哪个年份和哪一类资产中，表现最优秀的基金管理人所创造的回报，要远高于表现最差的管理人。

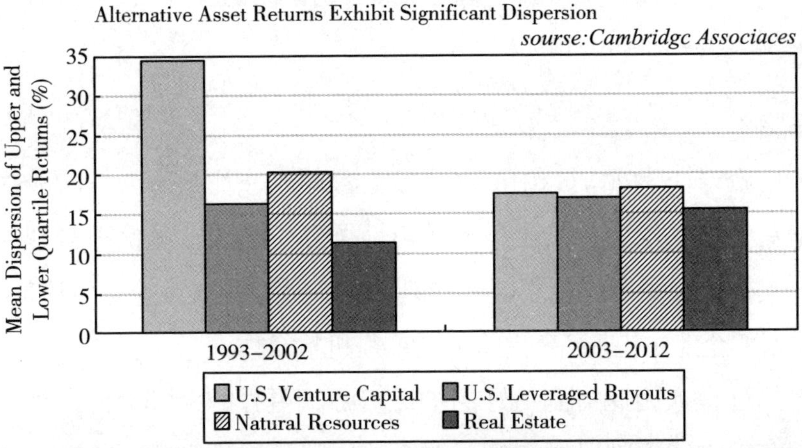

*Steven N. Kaplan and American Scboar, "Private Equity Performance: Returns, Persistence, and Capital Flows," *Journal of Financc,* no. 4 (August 2005): 1791.

图4-13　1993—2012年表现最好的25%基金和最差的25%基金的回报差距

资料来源：ChPBCLUB中国私人银行家俱乐部。

图4-14显示了成立于1993年到2012年，表现最好的25%基金和最差的25%基金的回报差距。

那么，包括耶鲁捐赠基金在内的机构投资者，到底是通过几个维度筛选基金管理人的呢？主要包括4个维度（见图4-14）。

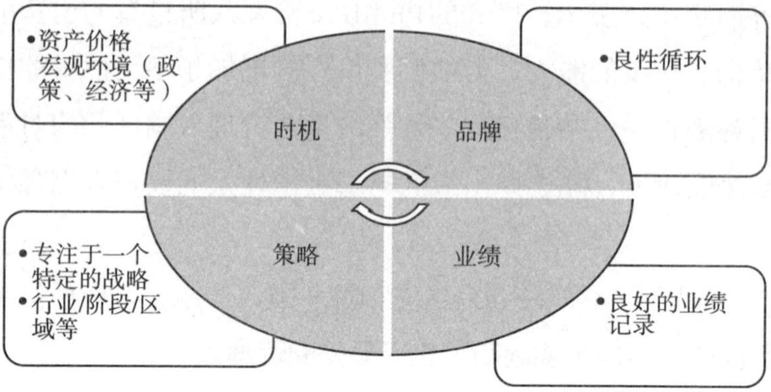

图4–14　筛选基金管理人的4个维度

资料来源：ChPBCLUB中国私人银行家俱乐部。

1. 品牌

在一些资产类别如VC和PE中，精英管理人往往是因为一次成功的投资获得更多成功投资的机会，形成良性循环。因为这些优秀管理人及他们的分支机构已经展现出了过人的判断力、战略眼光及企业建设能力，所以创业家和企业主/高管会更希望同这些机构合作。

优秀的管理人因此得到更好的项目资源、更强的谈判地位，也更容易融资，在起跑线上就已经占据了很大的优势。这种优劣不断分化的现象在VC行业中早已得到学术研究的证明，虽然一些新晋基金也有能力创造可观的回报，很多黑马也做到了，但如果他们想打入精英基金行列仍会面临巨大的挑战。

2. 业绩

这个业绩是已经实现的业绩，这些实实在在的投资成果能够证明基金管理人的能力。

3. 策略

需要看这个基金经理的历史业绩与投资策略是否匹配，是否一如既往地坚持自己的投资策略。

4. 时机

一是要看当时的资产价格、估值的高低。二是宏观经济与政策环境，这一点也非常重要，像之前的IPO停摆，对PE投资的退出影响非常之大，也直接影响着投资人的收益。

因耶鲁捐赠基金投资标的基金中近50%为非流动性资产，而此类资产的最大特点就是没有公开交易的市场，因而实际定价会经常偏离资产本身的价值，这就创造出了较多投资机会；借助技术模型，可以知道每类资产应该配置的大致比例，从而锁定风险，但真正抓住机会，创造投资价值还需要基金管理人去了解市场信息，发掘投资机会。

因而，资产管理的成功，其实更多地取决于基金管理人的水平，是技术与艺术的结合。而技术性的东西因为容易复制，其创造的价值不可持续，也不能成为长期投资成功的关键。正所谓，会管钱的人要少于有钱的人。

与此同时，正因为强者恒强，这些优秀基金有限的额度几乎永远都被超额认购，它们很少甚至从不接受新的投资人。在另类投资的世界里，获得超额收益的窗口并不向所有人开放；而且在这个世界里，从来都是机构的天下。比如PE，主要投资人为退休金保险、捐赠基金。

Chapter 5

第五章 私人财富管理与境内税务筹划

第一节　我国现行税收体系及税负分析

一、我国现行税法体系

税法内容相当丰富，涉及的范围也比较广泛，如果把各单行税收法律法规结合起来，形成完整配套的税法体系，共同规范和制约税收分配的全过程，是实现依法治税的前提和保证。从法律角度来讲，一个国家在一定时期内、一定体制下以法定形式规定的各种税收法律、法规的总和，被称为税法体系。

税法体系中各税法按基本内容和效力、职责作用、征收对象权限范围的不同，可分为不同的类型。

（一）按照基本内容和效力的不同，税法可分为税收基本法和税收普通法

税收基本法也称税收通则，是税法体系的主体和核心，在税法体系中起着税收母法的作用。其基本内容一般包括税收制度的性质、税务管

理机构、税收立法与管理权限、纳税人的基本权利与义务、征税机关的权利与义务、税种设置等。我国目前还没有制定统一的税收基本法。税收普通法是根据税收基本法的原则，对税收基本法规定的事项分别立法实施的法律，如个人所得税法、税收征收管理法等。

（二）按照职能作用的不同，税法可分为税收实体法和税收程序法

税收实体法主要是指确定税种立法，具体规定各税种的征收对象、征收范围、税目、税率、纳税地点等，如《个人所得税法》就属于税收实体法。税收程序法是指税务管理方面的法律，主要包括税收管理法、纳税程序法、发票管理法、税务机关组织法和税务争议处理法等，如《中华人民共和国税收征收管理法》就属于税收程序法。

1. 税收实体法

我国现行税制就其实体法而言，是中华人民共和国建立后经过几次较大改革逐步演变而来的，特别是1994年经过分税制改革之后形成的，按其征税对象可以分为以下5类：

（1）商品（货物）和劳务税类。主要包括增值税、消费税和关税，其在生产、流通或者服务业中发挥调节作用。

（2）所得税类。包括企业所得税、个人所得税。主要是在国民收入形成后，对生产经营者的利润和个人的纯收入发挥其调节作用。

（3）财产和行为税类。包括房产税、车船税、印花税和契税，主要对某些财产和行为发挥调节作用。

（4）资源税类。包括资源税、土地增值税和城镇土地使用税。主要对因开发和利用自然资源差异而形成的级差收入发挥调节作用。

（5）特定目的税类。包括城市维护建设税、车辆购置税、耕地占用税、船舶吨税和烟叶税、环境保护税，主要是为了达到特定目的，对特定对象和特定行为发挥调节作用。

上述税种一共有18个，其中关税和船舶吨税及进口环节的增值税由海关负责征收管理，其他税种由税务机关负责征收管理。现行税制中，除了企业所得税、个人所得税、车船税、环境保护税、车辆购置税、资源税、耕地占用税、烟叶税是以国家法律的形式发布实施外，其他各税种都是经全国人民代表大会授权立法，由国务院以暂行条例的形式发布实施的。这些法律法规共同组成了我国的税收实体法体系。

2. 税收程序法

除税收实体法外，我国对税收征收管理适用的法律制度，是按照税收管理机关的不同而分别规定的：

（1）由税务机关负责征收的税种的征收管理，按照全国人大常委会发布实施的《税收征收管理法》及各实体税法中的征管规定执行。

（2）由海关机关负责征收的税种的征收管理，按照《海关法》及《进出口关税条例》等有关规定执行。

上述税收实体法和税收征收管理的程序法共同构成了我国现行税法体系。

（三）按照税收管辖权的不同，税法可分为国内税法、国际税法、外国税法等

国内税法一般是按照属人或属地原则，规定一个国家的内部税收制度。国际税法是指国家间形成的税收制度，主要包括双边或多边国家间的税收协定、条约和国际惯例等，一般而言，其效力高于国内税法。外国税法是指外国各个国家制定的税收制度。

二、税收负担与税负转嫁分析

（一）税收负担的概念与分类

税收负担是指整个社会或纳税人（个人或者法人）实际承受的税款，

它表明国家课税对全社会产品价值的集中程度以及税款的不同分布所引起的不同纳税人的负担水平。依据考察的层次不同，税负负担主要分为宏观税收负担与微观税收负担。

1. 宏观税收负担

宏观税收负担是指一个国家中所有纳税人税收负担的总和，也称总体税收负担。它反映一个国家或地区税收负担的整体状况，研究国家当年征收的税收总额与一个国家的社会产出量或总体经济规模之间的对比关系。主要指标有：

（1）国民生产总值税负率。它指一定时期（通常为1年）内，一个国家税收收入总额与同期国民生产总值的比率，即T/GNP。它反映一个国家的国民在一定时期内提供的全部产品和服务所承受的税收负担状况，其公式为：国民生产总值税负率（T/GNP）＝税收收入总额/国民生产总值×100%

GNP：以一国家的居民为依据计算的生产总值。

（2）国内生产总值税负率。它是指一定时期（通常为1年）内，一个国家税收收入总额与同期国内生产总值的比率T/GDP。其公式为：国内生产总值税负率（T/GDP）＝税收收入总额/国内生产总值×100%

GDP：以国土范围为依据计算的生产总值。国内生产总值负担率更优于国民生产总值负担率。

2. 微观税收负担

微观税收负担是指单个纳税人的税收负担及他们之间的相互关系，它反映税收负担的结构分布和各种纳税人的税收负担状况。主要包括以下两个指标：企业税收负担和个人税收负担。

（1）企业税收负担。它是指在一定时间内，企业所缴纳的所得税税款总额与同期企业实现的利润总额的比率，其公式是：企业所得税税负率＝实缴所得税总额/实现利润总额×100%。

（2）个人税收负担。它是指一定时期内，个人所缴纳的所得税与个人所得总额的比率，其公式为：个人所得税税负率＝个人实缴的所得税额/个人所得总额 ×100%。

该指标反映了个人在所得上承受税收负担的状况，体现国家运用税收手段参与个人所得分配的程度。个人承担的税收负担来自多方面，如个人直接负担的个人所得税、消费税、财产税等，个人在购买消费品时还负担被转嫁的流转税，如增值税等。

（二）税负转嫁的概念与形式

1. 税负转嫁的概念

税负转嫁是纳税人通过降低购入商品价格或抬高卖出商品价格，将全部或部分税收转由他人负担的过程，是税负运动的一种方式。依据税负转嫁的程度可以分为部分转嫁和全部转嫁。

2. 税负转嫁的形式

（1）税负前转或顺转。税负前转或顺转是税负随着经济运行或经济活动的顺序转嫁。提高价格，税负转嫁给商品或劳务的购买方。这是税负转嫁最普遍和最基本的形式。

（2）税负后转或逆转。税负后转或逆转是指纳税人将其缴纳的税款通过压低商品或生产要素进价的方法向后转移给商品或生产要素的提供者。

（3）混转。又称散转，对一个纳税人而言，前传和后转可以兼而有之，也就是将税款的一部分向前转嫁给商品的购买者，另一部分向后转嫁给商品的供应商。

（4）税收资本化。税负资本化是在特定商品的交易中，买主将购入商品在以后年度所必须支付的税额，在购入商品的价格中预先一次性扣除，从而降低商品的成交价格，这种由买主在以后年度所必须支付的税额转由卖主承担，并在商品成交价格中扣除的税负转嫁方式称为税负资本化。这种方式区别于普通的后转，适用的是特殊的资本性商品（土地、永久性的债券）、预期应纳税款的转移。

（5）消转。纳税人用降低课税品成本的方法使税负从新增利润中得到抵补。这既不是提高销价的前转，也不是压低购价的后转，而是通过改善经营管理、提高劳动生产率等措施降低成本、增加利润而抵消税负。消转实质上是用生产者应得的超额利润抵补税收，实际上不转嫁，由纳税人自己负担。

第二节　高效节税避税及风险防范

一、税收筹划的概念及特征

（一）税收筹划的概念

税收和我们每个人都密切相关，从历史的潮流来看，税收作为历朝政府以为社会提供公共产品为由而索取的补偿价值，可谓无人不知，无处不在。中国自古就有“皇粮国税”之说，西方国家也早就有“只有死亡和纳税是任何人都逃脱不了的”的至理名言，这说明所有纳税人都生活在税收之中，税收事关每一个人的利益。

随着改革开放进程的加快，居民的个人收入水平在不断提高，企业的国际化程度也在不断加深。因此，企业和个人涉税事项也在不断地增加。无论哪个国家，都要求纳税人依法纳税，而对不履行纳税义务的人要予以法律制裁。但是在不违背税法的基本前提下，纳税人就没有什么方法可以合法地减轻自己的税收负担吗？每个纳税人难道就只能被动地按照税务部分的要求缴纳税款吗？答案是否定的。纳税人有依据法律进行税款缴纳的义务，同时也有依据法律法规，经过合理的，甚至巧妙的安排以实现尽量少负担税款的权利。

【案例5-1】我国某高校刘教授主编了一本教材，参加编写的人员共有5位，预计该书出版后能获得稿酬15000元。请问该如何进行纳税安排才能使总税负最小呢？

分析过程：根据我国现行个人所得税的规定，书籍出版的稿酬所得主要应由出版部门进行代扣代缴个人所得税。根据每人获得的稿酬所得进行一定的扣除后按照20%的税率计算应纳税额，然后再对应纳税额减征30%。具体扣除的标准规定如下：如果每次稿酬所得在4000元以下的，是定额扣除800元；如果在4000元以上的，就定率扣除20%。

根据上述基本规定，为了降低纳税人的税收负担，关键在于如何来合理地分配稿酬，使得扣除额达到最大、应纳税款总额达到最小。

假定按每人平均分配稿酬的方法，看一下总税负将是多少。

平均分配时每人所得稿酬为15000÷5=3000（元），定额扣除800元后应纳税所得额为2200元，应纳税额为2200×20%×（1−30%）=308（元），总税负为308×5=1540（元）。在这种计税方法下，总的扣除额为4800元。总税收负担率为1540÷15000×100%=10.26%。

如果我们改变这种稿酬分配的方式，假定其中4个人每人分得稿酬800元，而第5个人分得稿酬11800元，则总的扣除额应该为800×4+11800×20%=5560（元）。按照当前个人所得税法的规定，其中4个人是免税，第5个人应纳税额为：11800×（1−20%）×20%×（1−30%）=1321.6（元）。总税收负担率为1321.6/15000×100%=8.81%。

从上述案例中，我们大概可以了解税收筹划的基本含义。在西方发达国家里，从事税收筹划的专家和学者都不少，有关税收筹划研究的书刊也很多，但是对“税收筹划”的定义，并没有权威而统一的说法。国内的学者从税收筹划的方法入手将税收筹划归纳为“纳税人通过非违法的避税行为和合法的节税方法以及税负转嫁方法达到尽可能减少纳税的行为”。

国内的税收实践者也对税收筹划做出了不同的表述，如有人认为税收筹划是指纳税人为了实现利益最大化，在不违反法律、法规的前提下，对尚未发生或已经发生的应税行为进行的各种巧妙的安排；也有人认为税收筹划是指纳税人在税法规定许可的范围内，通过对经营、投资、理财活动的事先筹划和安排，尽可能节约税收成本并取得税收收益。

综上所述，税收筹划可定义为：税收筹划是指在纳税行为发生之前，在不违反法律、法规（税法及其他相关法律、法规）的前提下，通过对纳税主体（法人或自然人）经营活动或投资行为等涉税事项做出的事先安排，以达到少缴税和递延缴纳为目标的一系列谋划活动。

（二）税收筹划的特征

所谓特征是指客观存在于某事物内部的本质属性，同时，某事物的特征又是与其他事物相比较而存在的。税收筹划与其他涉税事项相区别而表现出来的特征主要包括：

1.筹划的合法性和不违法性

税收筹划的活动是在符合税法、不违反税法的前提下进行的。税法是规范征纳关系的基本准则，不仅纳税人具有依法纳税的义务，而且代表政府实施征税权力的税务机关的征税行为也必须受到税法的规范。如《税收征收管理法》规定：“税务机关依照法律、行政法规的规定征收税款，不得违反法律、行政法规的规定开征、停征、多征、少征、提前征收、延缓征收或者摊派税款。”同样，纳税人在税法规定的范围内，可以选择税负较轻的纳税方案，这不但不违反规定，相应适应了税收政策的引导方向，如《税收征收管理法》规定："纳税人可以依照法律、行政法规的规定书面申请减税或免税。"在不违法的前提下，用道德的名义要求纳税人选择高税负，不是税法的立法本意。

2. 筹划性

筹划性，是指纳税人对各项纳税事宜事先做出安排，在各项经营活动发生之前就把税收当作一种内在的成本做出考虑。要开展税务筹划，纳税人就必须在经济业务发生之前，准确把握从事的这项业务都有哪些业务过程和业务环节；涉及我国现行的哪些税种，又有哪些税收优惠；所涉及的税收法律、法规中存在着哪些可以利用的立法空间。掌握以上情况后，纳税人便可以利用税收优惠政策达到节税目的，也可以利用税收立法的空白平台达到避税目的。由于纳税人的上述筹划行为是在具体的业务发生之前进行的，需要具备超前意识才能进行。如果某项业务已经发生，相应的纳税结果也就产生了。当纳税结果产生后，纳税人如果因为承担的税负比较重，利用隐瞒收入、虚列成本等手段改变应该承担的纳税，最终会演变成偷逃国家税款行为，并受到相应的处罚。

3. 风险性

所谓税收筹划风险，是纳税人在进行税务筹划时因各种因素的存在，无法取得预期的筹划结果，并且付出远大于收益的各种可能性。因为税收筹划是一种事前行为，具有长期性和预见性的特点，所以税收筹划与任何一种谋求经济利益的管理活动一样，也存在风险。特别是税收筹划的基本条件发生变化，或筹划的方法选择不当，或者是筹划的主体专业水平不高时，税收筹划的风险不可避免。

4. 目的性

税收筹划是企业财务活动的一部分，企业税收筹划的目标应服从和服务于企业财务活动的目标。税收筹划的目的应该着眼于纳税人长期利益的稳定增长，不能局限于某个具体税种的利益得失。因为，一个税种少缴纳了，另一个税种则有可能多缴，整体税负不一定减轻。在日常经营过程中，税收成本只是其中的一个因素。纳税支出最小的方案不一定等于资本收益最大化方案。企业在进行投资、经营决策时，除了要考虑税收因素外，还要考虑其他多方面因素，权衡轻重，趋利避害，才能达到纳税人总体利益最大化的目的。

5. 方式多样性

各税种在规定的纳税人、征税对象、纳税地点、税目、税率及纳税期等方面都存在着差异，尤其是各国税法、会计核算制度、投资优惠政策等方面的差异，给纳税提供了寻求低税负的众多机会，也就决定了税收筹划在全球范围内的普遍存在和形式的多样性。总之，国家税收法规在地区之间、行业之间的差异越大，可供纳税人选择的方案就越多，税收筹划的内容也具有多样性，既有税收优惠政策的充分运用，也有财务、会计、税收等方向选择性条款的比较运用。

二、税收筹划与避税的区别

（一）避税的定义

避税是纳税人在熟知法律及其规章制度的基础上，在不触犯税收法律的前提下，通过对筹资活动、投资活动、经营活动等一系列涉税行为的安排，达到规避或减轻税负的活动。避税的最大特点是非违法性，它包括利用合法手段，如各种特定税收条款或税法中缺乏的某些条款（即税法漏洞），而引起应税义务的减少。

从法律角度分析，避税可分为顺法意识避税和逆法意识避税两种类型。前者也称积极性避税，是顺应税法的立法意图，它不会影响或削弱税法的法律地位，也不会影响或削弱税收的职能作用。比如，纳税人利用税收的起征点避税或设立高新技术产业适用低税率以规避高税率等。

再比如，在对烟酒实行高税率政策的背景下，纳税人通过减少烟酒的消费量以达到少纳税的目的，这是一种顺法意识的避税行为，与国家的税收政策导向一致。逆法意识避税也称消极性避税，是与税法的立法意图相违背的，甚至是利用税法漏洞进行的规避税负行为。例如，纳税人通过转让定价手段把高税率子公司的利润转移到低税率子公司的行为等。

（二）税收筹划与避税的区别

税收筹划所做的筹划行为与国家税法的立法意图是一致的，它充分利用国家的各种税收优惠政策以及不同涉税行为的税法规定，通过事先的筹划安排，以达到减轻税负之目的。由于税收筹划以遵守税法规定为前提，故具有合法性；由于税收筹划多以选择最优方案的方式来实现税后利益最大化，故又具有合理性。因此，顺法意识的避税行为也属于税收筹划的范围。除此之外，大量的避税行为则是纳税人利用税法规定的疏忽、漏洞，采取一定的技术手段，设法使其经济活动或经济行为绕过或避过法律政策的纳税规定，达到少纳税甚至不纳税的目的。

三、税收筹划应注意的主要问题及风险防范

（一）综合考虑对交易各方的税收影响

在市场经济条件下，企业作为市场经济中的一个参与者，其利益的得失往往影响其他市场交易者。企业通过税收筹划降低了自己的税收负担，但有可能造成其他交易方税收负担的上升，从而引发交易成本的提高，进而影响企业自身的经营行为或使交易费用增加，最终降低企业的经营利润。因此，在税收筹划时，应设计、选择使其他交易各方税收负担保持不变甚至降低的税收筹划方案，因为只有这种使其他交易方利益不受损的方案才是切实可行的方案。

（二）税收仅仅是众多经营成本中的一种

在税收筹划过程中必须考虑到所有成本，要实施某些税收筹划方案，可能会带来极大的商业重组成本。在交易成本高昂的社会里，税负最小化策略的实施可能会因非税因素而引发大量成本。例如，预期雇主的税率下一期会上升，而雇员的税率保持不变，雇主将雇员的报酬递延到下一期支付能够节约雇主的税收支出。但在这种情况下，一旦公司破产，雇员将处于无法获得支付的风险之下。雇员可能据此要求一个额外的报酬（风险报酬），以补偿其额外承担的风险。因此，税负最小化策略可能并不尽如人意。

企业税收筹划的目的是减轻税收负担。但是，税收负担的减轻是以企业整体收益增长为前提的，税收负担的减轻并不等于企业总体利益最大化，也就是纳税最少的方案并不一定是财务利益最大化的方案。因此，企业在进行税收筹划时，不能只从税收角度考虑，还应结合自身业务的发展，以利润不断增长为最终目标。

（三）关注税收法律的变化

税收筹划是在特定的法律背景下进行的，有一定的局限性，随着法律法规的调整与变化，原先不违法甚至是合法的行为有可能变为违法行为。

第一，当税法中存在的缺陷被纠正或税法中不明确的地方被明确后，企业相应的税收筹划权利就会转换成纳税义务。比如，某种税收由全额累进税率改为比例税率时，利用累进级距的不同税率实施税收筹划的条件就不存在了。

第二，当国家或政府对税法或条例中的某项（些）条款或内容重新解释并更改适用范围时，纳税人原有的权利就可能转变成义务。

（四）正视税收筹划的风险性

税收筹划需要在企业涉税行为发生之前做出安排，由于环境及其他因素的变化，使得税收筹划带有很多不确定因素，有可能达不到税收筹划所预期的效果。另外，税法中某些比较模糊的地方有可能导致税务当局与纳税人的理解产生分歧，纳税人认为不违法的行为在税务当局看来，有可能被认定为违法行为。因此，任何纳税主体在进行税收筹划时，不但要掌握税收筹划的基本方法，还必须了解征税主体对其税收筹划行为的认定和判断。

第三节　高净值人士必备的税务筹划策略精析

税收筹划是利用税法客观存在的政策空间来进行的，这些空间体现在不同的税种、不同的税收优惠政策、不同的纳税人身份及影响纳税数额的其他基本要素上，因此应该以这些税法客观存在的空间为切入点，研究实施税收筹划的方法。

一、以税收筹划空间大的税种为切入点

从原则上说，税收筹划可以针对一切税种，但由于不同税种的性质不同，税收筹划的途径、方法及其收益也不同。在实际操作中，要选择对决策有重大影响的税种作为税收筹划的重点；选择税负弹性大的税种作为税收筹划的重点，税负弹性越大，税收筹划的潜力也越大。一般来说，税源大的税种，税负伸缩的弹性也大。另外，税负弹性还取决于税种的要素构成，这主要包括税基、扣除项目、税率和税收优惠。税基越宽，税率越高，税负就越重；或者说，税收扣除越大，税收优惠越多，税负就越轻。

二、以税收优惠政策为切入点

税收优惠是税制设计中的一个要素，也是贯彻一定时期一国或地区税收政策的重要手段。国家为了实现税收调节功能，一般在设计税种时，都设有税收优惠条款，企业如果充分利用税收优惠条款，就可享受节税效益。因此，用好、用足税收优惠政策本身就是税收筹划的过程。选择税收优惠政策作为税收筹划突破口时，应注意两个问题：一是纳税人不得曲解税收优惠条款，滥用税收优惠，以欺骗手段骗取税收优惠；二是纳税人应充分了解税收优惠条款，并按规定程序进行申请，避免因程序不当而失去应有权益。

三、以纳税人为切入点

按照我国税法规定，凡不属于某税种的纳税人，就无须缴纳该项税收。因此，企业进行税收筹划之前，首先要考虑能否避开成为某税种纳税人，从而从根本上解决减轻税收负担问题。一般情况下，企业宁愿选择作为营业税的纳税人而非增值税的纳税人，宁愿选择作为增值税一般纳税人而非增值税小规模纳税人。因为营业税的总体税负比增值税的总体税负轻，增值税一般纳税人的总体税负较增值税小规模纳税人的总体税负轻。当然，这不是绝对的。在实践中，要全面综合地考虑，进行利弊分析。

四、以影响应纳税额的几个基本因素为切入点

影响应纳税额的因素有两个，即计税依据和税率。计税依据越小，税率越低，应纳税额也越小。因此，进行税收筹划，无非是从这两个因素入手，找到合理、合法的办法来降低应纳税额。一般来说，为体现税

收中性原则，设计现代税制时，会尽量减少税率档次，尤以增值税和企业所得税为典型。欧洲国家的增值税一般规定一个基本税率，再加一个低税率或称优惠税率，而企业所得税通常采用单一税率，所以在税率选择方面空间相对较小。但我国随着营改增改革的推进以及历史遗留的税负结构方面的因素，增值税的税率已经有多个，企业所得税也因为多种优惠措施而有多个档次，所以还有较大的筹划空间。

五、以不同的财务管理过程为切入点

企业的财务管理包括筹资管理、投资管理、资金运营管理和收益分配管理，每个管理过程都有税收筹划的空间。比如，按照税法规定，负债的利息作为所得税的扣除项目，享有所得税利益，而股息支付只能在企业税后利润中分配。因此，通过债务融资就有节税优势。又如，通过融资租赁，可以迅速获得所需资产，保存企业的举债能力，而且支付的租金利息也可以按规定在所得税前扣除，减少了纳税基数。更重要的是租入的固定资产可以计提折旧，进一步减少了企业的纳税基数，因此，融资租赁的税收抵免作用极其显著。

在投资管理阶段，选择投资地点时，选择在沿海开发区、高新技术开发区、国家鼓励的西部，会享受到税收优惠；如果企业欲投资一条生产线，在选择投资方式时，是全新购建还是收购一家几年账面亏损的企业？除考虑不同投资方式实际效益的区别外，还应注意到收购亏损企业可带来的所得税的降低；在选择投资项目时，国家鼓励的投资项目和国家限制的投资项目，两者在税收支出上有很大的差异；在企业组织形式的选择上，联营企业与合伙企业、分公司与子公司、个体工商户和私营企业……不同的组织形式所适用的税率是不同的。

在经营管理阶段，在财务会计处理中不同的固定资产折旧方法影响纳税，不同的折旧方法虽然应计提的折旧总额相等，但各期计提的折旧费用却相差很大，从而影响各期的利润及应纳税所得额；对于不同的存货计价方法的选择，采购对象是不是一般纳税人也有很大的影响。

在收益分配阶段，采取不同的股利分配政策既影响到投资者的利益，也直接影响企业累积盈余和资本公积金，相应会产生个人投资者的个人所得税和机构投资者的企业所得税问题，如果涉及外方投资者还涉及预提所得税代扣代缴等问题。

第四节 税收筹划在私人财富管理中的运用

一、房产税政策解析

房产税法是指国家制定的调整房产税征收与缴纳之间权利及义务关系的法律规范。现行房产税法的基本规范，是1986年9月15日国务院颁布的《中华人民共和国房产税暂行条例》(以下简称《房产税暂行条例》)。

房产税是以房屋为征税对象，按照房屋的计税余值或租金收入，向产权所有人征收的一种财产税。征收房产税有利于地方政府筹集财政收入，也有利于加强房产管理。

(一)纳税义务人

房产税是以房屋为征税对象，按照房屋的计税余值或租金收入，向产权所有人征收的一种财产税。房产税以在征税范围内的房产产权所有人为纳税人。

产权属国家所有的，由经营管理单位纳税；产权属集体和个人所有的，由集体单位和个人纳税。

产权出典的，由承典人纳税。所谓产权出典，是指产权所有人将房屋、生产资料等的产权，在一定期限内典当给他人使用，而取得资金的一种融资业务。由于在房屋出典期间，产权所有人已无权支配房屋，因此，税法规定由对房屋具有支配权的承典人为纳税人。

产权所有人、承典人不在房屋所在地的，或者产权未确定及租典纠纷未解决的，由房产代管人或者使用人纳税。

无租使用其他房产的问题。纳税单位和个人无租使用房产管理部门、免税单位及纳税单位的房产，应由使用人代为缴纳房产税。

（二）征税范围

房产税的征收范围也成为房产税的课税范围，具体是指开征房产税的地区。《房产税暂行条例》规定，房产税在城市、县城、建制镇和工矿区征收。城市、县城、建制镇、工矿区的具体征收范围，是由各省、自治区、直辖市人民政府来确定的。

（三）税率、计税依据和应纳税额的计算

1. 税率

我国现行房产税采用的是比例税率。由于房产税的计税依据分为从价计征和从租计征两种形式，所以房产税的税率也有两种：一种是按房产原值一次减除10%—30%后余值计征的，税率为1.2%；另一种是按房产出租的租金收入计征的，税率为12%。从2001年1月1日起，对个人按市场价格出租的居民住房，可暂减按4%的税率征收房产税。自2008年3月1日起，对个人出租住房，不区分用途，按4%的税率征收房产税。

2. 计税依据

房产税的计税依据是房产的计税价值或房产的租金收入。按照房产计税价值征税的，称为从价计征；按照房产租金收入计征的，称为从租

计征。

（1）从价计征。从价计征是按房产的原值减除一定比例后的余值计征，其公式为：应纳税额=应税房产原值×（1-扣除比例）×年税率1.2%。

（2）从租计征。从租计征是按房产的租金收入计征，其公式为：应纳税额=租金收入×12%。没有从价计征的换算问题纳税义务发生时间：将原有房产用于生产经营，从生产经营之月起缴纳房产税；其余均从次月起缴纳。个人出租住房的租金收入计征，其公式为：应纳税额=房产租金收入×4%。

二、房产投资过程中的税务筹划分析

不同房地产融资形式的税务分析与筹划如下：

1.房地产投资联营的筹划

对投资联营的房产，由于投资方式不同，房地产的计征方式和适用税率也不同，从而为纳税人提供了筹划空间。

对于以房地产投资联营，投资者参与投资利润分红、共担风险的，被投资方要以房产余值作为计税依据计征房产税，税率为1.2%；对于以房产投资联营，取得固定收入、不承担联营风险的，实际上是以联营名义取得房产租金，应由投资方按租金收入计算、缴纳房产税，税率为12%。纳税人可以结合这两种方式应缴纳的房产税进行成本效益分析，以确定如何选择投资方式来减轻税负。

【案例5-2】甲公司和乙公司为同一家集团公司的子公司，均为增值税一般纳税人，采用一般计税方法。2017年6月5日，甲公司将其自有的房产采用投资联营的方式提供给乙公司使用，该房产原账面价值为1000万元。现有两种对外投资方案可供选择：方案一，甲公司向乙公司收取固定收入，不承担风险，当年取得的固定收入共计为100万元（不含税）。方案二，甲公司参与投资利润分红，与乙公司共担风险，当年取得分红为100万元。当地政府规定房产原值扣除比例为30%。试分析甲公司该做出何种选择？

分析过程如下：方案一，甲公司收取固定收入，不承担风险。在该方案中，甲公司实际上是以联营名义取得房产租金，应由甲公司（投资方）按租金收入计缴房产税，税率为12%。则2017年应缴纳的房产税=100×12%=12（万元）。

方案二，甲公司参与投资利润分红，共担风险。在该方案中，应由乙公司（被投资方）以房产余值作为计税依据计征房产税，税率为1.2%。2017年应缴纳的房产税=1000×（1−30%）×1.2%=8.4（万元）。

由此可见，方案二比方案一少缴税款合计3.6万元，因此，若仅从节税角度出发，应当选择方案二。

2.合理划分房产原值筹划

房产原值是指房屋的造价，包括与房屋不可分割的各种附属设备或一般不单独计算价值的配套设施。可见，房产原值的大小直接确定房产税的多少，合理减少房产原值是房产税筹划的关键所在。

（1）税法规定，房产是指有屋面和围护结构（有墙或两边有柱），能够遮风避雨，可供人们在其中生产、工作、学习、娱乐、居住或储藏物资的场所。独立于房屋之外的建筑物，如围墙、烟囱、水塔、变电塔、室外游泳池等，不属于房产，不征收房产税。但与房屋不可分割的各种附属设备或一般不单独计算价值的配套设施需要并入房屋原值计算征收房产税。客观上要求我们在进行会计核算时，需要将房屋与非房屋建筑物以及各种附属设施、配套设施进行适当划分、单独列示、分别核算。

（2）对按照房产原值计税的房产，无论会计上如何核算，房产原值均包括地价、取得土地使用权支付的价款、开发土地发生的成本费用等。因此，可以利用“宗地容积率低于0.5的，按房产建筑面积的2倍计算土地面积并据此计入原值”这一政策达到税收筹划的目的。

【案例5-3】某企业有一块占地面积为20000平方米的土地，每平方米平均地价为2万元，土地上的厂房、仓库和办公楼建筑面积为10200平方米，房屋价值总计55000万元。由于该块土地的宗地容积率为0.51（10200/20000），因此，该企业应将该块土地的价值全额计入房产原值。当地政府规定的扣除比例为20%，那么该企业每年应缴纳的房产税为（5500+20000×2）×（1–20%）×1.2%=436.8（万元）。

假如该企业对仓库进行适当改建，使厂房、仓库和办公楼的建筑面积减少至9500平方米，那么该块土地的宗地容积率降低为0.475（9500/20000），低于0.5。按照税法规定，该企业只须按房产建筑面积的2倍计算土地面积并据此计入房产原值，在这种情况下该企业每年应缴纳的房产税为（5500+9500×2×2）×（1–20%）×1.2%=417.6（万元），与原来相比每年可以少缴19.2万元房产税。

现行税法规定，对按照房产原值计征房产税的房产，无论会计上如何核算，房产原值均应包含地价；对于宗地容积率低于0.5的房产，按照房产建筑面积的2倍计算土地面积并据此计入房产原值。而对于宗地容积率高于0.5的房产，则需要按照地价全额计入房产原值计征房产税。因此，企业可以对现有房产进行适当改建，以使宗地容积率降低至0.5以下，进而减少应缴纳的房产税。此外，在宗地容积率低于0.5的情况下，建筑面积越小，宗地容积率越低，所纳房产税越少，因此在可能的范围内降低宗地容积率，是节约房产税的一种有效的方法。

3. 出租房产的筹划

按照现行税法的规定，纳税人出租房屋要按租金收入的12%（个人按照4%）缴纳房产税。在现实经济活动中，企业在出租房屋时往往同时将房屋内部和外部的机器设备、生产线、办公用品等附属设施一同出租给承租方。这些附属设施并不属于房产税的征税范围。但是，如果企业在与承租方签订租赁合同时把这些附属设施与房屋不加区别地同时写在一份合同中，那么出租附属设施所对应的那一部分租金也要缴纳房产税，这无疑会增加企业的税收负担。因此，当纳税人既出租房屋也出租房屋中的机器设备等附属设施时，如果分别单独签订房屋租赁合同和机器设备租赁合同，那么就可以只对出租房屋取得的租金收入缴纳房产税，对出租机器设备等附属设施取得的租金收入无须缴纳房产税，从而达到降低税负的目的。

【案例5-4】A公司是一家大型汽车零配件生产企业，打算将下属的一家工厂出租给B公司，双方协商决定A公司将厂房连同机器设备一同出租给B公司，B公司每年支付厂房和机器设备租金200万元（不含税），并据此签订了一份租赁合同。

如果A公司将厂房连同机器设备一起出租给B公司并与其签订一份租赁合同，未明确划分厂房和机器设备的租金，A公司应缴纳的房产税为24万元（200×12%）。也就是说，机器设备也缴纳了12%的房产税。

如果进行税收筹划，明确划分厂房和机器设备的租金，分别与B公司签订厂房租赁合同和机器设备租赁合同，即A公司以每年100万元的租金出租厂房并与B公司签订厂房租赁合同，同时A公司以每年100万元的租金出租机器设备并与B公司签订机器设备租赁合同。在这种情况下，虽然两项租金合计仍为200万元，但由于机器设备出租不需要按照12%的税率缴纳房产税，A公司只需要就出租厂房收取的租金100万元缴纳房产税12万元（100×12%），与原来相比少缴了12万元的房产税。

但同时还需要综合考虑增值税税负问题，因为出租不动产增值税税率是9%，出租动产增值税税率是13%。若如上分配租赁金额导致缴税差异较大，税务机关可能会提出质疑。

4.房产税税率筹划法

按照现行房产税税法的规定，从价计征和从租计征的税率不一致，就给我们进行税收筹划提供了一定的空间，因税率差异造成的税收筹划空间具体分析如下：（房屋原价+土地）×（1−原值扣除比率）×1.2%=租金收入×12%。

也就是说，从价计征和从租计征的临界点为（房屋原价+土地）×（1−原值扣除比率）=租金收入×10倍。

当（房屋原价+土地）×（1−原值扣除比率）>10倍租金收入的时候，出租缴纳的房产税较少；当（房屋原价+土地）×（1−原值扣除比率）<10倍租金收入的时候，自用缴纳的房产税较少。

【案例5-5】某企业集团在上海持有一套房产，价值3亿元，如果自己持有使用的话，年度需要缴纳的房产税为30000×（1-30%）×1.2%=252（万元）；而如果将房产出租的话，缴纳的房产税约为31万元（1800平方米，4元/平方米/天），两者之间的差额为252-31=221（万元）。这样，我们就可以将房产出租给关联公司，使之符合从租计征的条件。

5.地下建筑物的房产税筹划空间

独立的地下建筑物在进行10%—30%的扣除前先对房产原值进行确定；地下建筑物为工业用途的，以房屋原价的50%—60%作为应税房产原值；地下建筑物为商业用途及其他用途的，以房屋原价的70%—80%为应税房产原值。因地下建筑物用途不同，房屋原值的折扣比率是不一样的。而将地下建筑物出租时，则按照从租计征，没有任何折扣。所以，我们可以根据实际情况采用不同的房屋使用方式。同一地下建筑物，可以自己生产使用，也可以出租，在取得收入一致的情况下，通过计算不同用途下需要缴纳的增值税、附加税、房产税等，来测算最合适的方案。

【案例5-6】甲公司持有一处地下建筑物，该建筑物可以供本单位生产使用，也可以出租。那么，假设无论是生产经营还是出租都可以取得年收入100万元。假设甲公司为小规模纳税人，房产原值500万元，地下建筑物按50%原值计算，房屋原值扣除率30%。

方案一：生产经营自用收益=100−100×3%（1+7%+3%）−500×50%×（1−30%）×1.2%=94.60（万元）。

方案二：出租=100−100×3%（1+7%+3%）−100×12%=84.7（万元）。

对上述两个方案进行比较可以看出，地下建筑物用途的不同对于房产所有人的收益影响不同。企业要熟悉掌握税法，在税法的合理范围内进行税收筹划，选择最有益的方式使用房产，实现房产的保值增值。

6. 税收优惠政策筹划法

房产税的优惠政策内容繁多，纳税筹划主体应从自身实际情况出发，尽量创造条件，力争运用房产税的有关税收优惠政策，实现节税目标。

【案例5-7】某大学拟将一栋学生宿舍楼改做招待所客房，该宿舍楼的原值为300万元，当地主管税务机关规定的房屋扣除率为30%，改变用途后，该房产将成为应税房产，应纳房产税税额为：3000000×（1−30%）×1.2%=25200（元）。

经筹划，该大学决定将校园内的一处人防设施改做招待所客房，根据财政部的有关规定，该人防设施可享受免征房产税的税收优惠政策。

三、个人所得税政策分析

（一）纳税人的法律界定

个人所得税是以个人（自然人）取得的各项应税所得为征税对象所征收的一种税。自2001年1月1日起，对个人独资企业和合伙企业停止征收企业所得税，其投资者的生产经营所得比照个体工商户的生产经营所得征收个人所得税。因此，个人独资企业投资者和合伙企业自然人合伙人也为个人所得税的纳税义务人。纳税义务人依据住所和居住时间标准，区分为居民纳税人和非居民纳税人，分别承担不同的纳税义务。利用个人所得税纳税人身份进行有效的筹划，必须详细了解我国对于居民纳税人和非居民纳税人身份判定的具体规定。

个人所得税的纳税人是指在中国境内有住所，或者虽无住所但在境内居住满183天的个人，以及无住所又不居住或居住不满183天但从中国境内取得所得的个人。

居民纳税人是指在中国境内有住所，或者无住所而在境内居住满183天的个人，从中国境内和境外取得的收入，依照《个人所得税法》缴纳个人所得税。

1. 关于在中国境内有住所

在中国境内有住所的个人是指因户籍、家庭、经济利益关系而在中国境内习惯性居住的个人。习惯性居住是判定纳税义务人是居民或非居民的一个法律意义上的标准，不是指实际居住或在某一个特定时期内的居住地。例如，因学习、工作、探亲、旅游等而在中国境外居住的，在上述原因消除之后，必须回到中国境内居住的个人，则中国即为该纳税人习惯性居住地。

2. 关于在境内居住183天

在境内居住满183天是指在一个纳税年度中在中国境内居住183天。临时离境的，不扣减日数。其中，临时离境是指在一个纳税年度中一次不超过30日或者多次累计不超过90日的离境。纳税年度自公历1月1日起至12月31日止。

非居民纳税人是指在中国境内无住所又不居住，或者无住所而在境内居住不满183天的个人。其从中国境内取得的所得，按照《个人所得税法》缴纳个人所得税。也就是说，非居民纳税义务人，是指习惯性居住地不在中国境内，或者在一个纳税年度内，在中国境内居住不满183天的个人。在现实生活中，习惯性居住地不在中国境内的个人，只有外籍人员、华侨或香港、澳门和台湾同胞。因此，非居民纳税义务人，实际上只能是在一个纳税年度中，没有在中国境内居住，或者在中国境内居住不满183天的外籍人员、华侨或香港、澳门和台湾同胞。

（二）个人所得税征税范围的法律界定

下列各项个人所得，应纳个人所得税。

1. 工资、薪金所得

是指个人因任职或者受雇取得的工资、薪金、奖金、年终加薪、劳动分红、津贴、补贴以及与任职或者受雇有关的其他所得。

2. 劳务报酬所得

是指个人从事劳务取得的所得，包括从事设计、装潢、安装、制图、化验、测试、医疗、法律、会计、咨询、讲学、翻译、审稿、书画、雕刻、影视、录音、录像、演出、表演、广告、展览、技术服务、介绍服务、经纪服务、代办服务以及其他劳务取得的所得。

3. 稿酬所得

是指个人因其作品以图书、报刊等形式出版、发表而取得的所得。

4. 特许权使用费所得

是指个人提供专利权、商标权、著作权、非专利技术以及其他特许权的使用权取得的所得；提供著作权的使用权取得的所得，不包括稿酬所得。

5. 经营所得

是指：（1）个体工商户从事生产、经营活动取得的所得，个人独资企业投资人、合伙企业的个人合伙人来源于境内注册的个人独资企业、合伙企业生产、经营的所得；（2）个人依法从事办学、医疗、咨询以及其他有偿服务活动取得的所得；（3）个人对企业、事业单位承包经营、承租经营以及转包、转租取得的所得；（4）个人从事其他生产、经营活动取得的所得。

6. 利息、股息、红利所得

是指个人拥有债权、股权等而取得的利息、股息、红利所得。

7. 财产租赁所得

是指个人出租不动产、机器设备、车船以及其他财产取得的所得。

8. 财产转让所得

是指个人转让有价证券、股权，合伙企业中的财产份额、不动产、机器设备、车船以及其他财产取得的所得。

9. 偶然所得

是指个人得奖、中奖、中彩以及其他偶然性质的所得。

个人取得的所得，难以界定应纳税所得项目的，由国务院税务主管部门确定。

四、个人所得税税收筹划方法

（一）纳税人的筹划

1. 居民纳税人和非居民纳税人的转换

个人所得税的纳税义务人，根据纳税人的住所和其在中国境内居住的时间，分为居民纳税人和非居民纳税人。由于对这两种纳税人的税收政策不同，因此纳税人应该把握这一尺度，合法筹划。

【案例5-8】美国工程师大卫受雇于一家位于美国的公司（总公司）。他准备到中国居住10个月，计划2019年7月1日来到中国，于2020年4月30日离开中国。根据税法规定，在中国境内有住所，或者虽然无住所，但在中国境内居住满183天的个人为居民纳税人，其对从中国境内和境外取得的所得负有纳税义务。所谓在境内居住满183天，是指在一个纳税年度内（即自公历1月1日起至12月31日止），在中国境内居住满183天。由于大卫在2019年7月1日至2019年12月31日期间在中国境内居住满183天，则在2019年为中国个人所得税居民纳税人。

现进行筹划如下，建议大卫于2019年7月3日到达中国境内，并于2020年5月3日离开。这样大卫不仅在中国居住了10个月的时间，而且在2019年和2020年在中国境内居住均不满183天，均为非居民纳税人。这样就有效地规避了成为中国个人所得税居民纳税人的无限纳税义务。

2.公司制企业与个体工商户、个人独资企业、合伙企业的选择

目前，个人可以选择的投资方式主要有：成立个体工商户从事生产、经营和对企事业单位开展承包、承租经营业务；成立个人独资企业；组建合伙企业；设立公司制企业（企业所得税纳税人）。在对这些投资方式进行比较时，如果其他因素相同，投资者应承担的税收，尤其是所得税便成为决定投资决策的关键。

（1）公司制企业与个体工商户身份的选择。

现以公司制企业与对企事业单位实行承包、承租经营的转换来加以说明。个人对企事业单位实行承包、承租经营后，工商登记改变为个体工商户的，应依照“经营所得”项目计征个人所得税，不再征收企业所得税。个人对企事业单位实行承包、承租经营后，工商登记仍为企业的，不论其分配方式如何，均应先按照企业所得税的有关规定缴纳企业所得税，然后将承包经营、承租经营者按合同（协议）规定取得的所得，依照《个人所得税法》的“经营所得”有关规定缴纳个人所得税。

具体内容为：承包、承租人对企业经营成果不拥有所有权，仅按合同（协议）规定取得一定所得的，应按“综合所得－工资、薪金所得”项目征收个人所得税，适用3%—45%的七级超额累进税率。

承包方、承租人按合同（协议）的规定只向发包方、出租人缴纳一定费用，缴纳承包、承租费后的企业经营成果归承包方、承租人所有，其取得的所得，按“经营所得”项目征收个人所得税，适用5%—35%的五级超额累进税率。

【案例5-9】王某承包经营了一家集体企业。合同规定，王某平时不领取工资，从企业净利润中上交承包费1000000元，其余经营成果全部归王某个人所有。2019年王某经营所得为2000000元。王某应该如何利用不同的企业性质进行税收筹划？

方案一：如果王某仍使用原集体企业的营业执照，按税法规定，其经营所得应缴纳企业所得税，而且王某的税后所得还要再按经营所得缴纳个人所得税。在不考虑其他调整因素的情况下，该企业的纳税情况如下所示：

企业所得税=2000000×25%=500000（元）；

王某承包经营所得=（2000000−500000）−1000000=500000（元）；

王某应纳的个人所得税=（500000−5000×12）×30%−52920=79080（元）；

王某实际获得的税后利润=500000−79080=420920（元）。

方案二：如果王某将原来企业的工商登记改为个体工商户，则其承包经营所得应缴纳个人所得税。在不考虑其他调整因素的情况下，王某的纳税情况如下所示：

王某应纳个人所得税=（2000000−1000000−5000×12）×35%−65500=263500（元）；

王某实际获得的税后利润=2000000−1000000−263500=736500（元）。

通过分析比较，王某采纳方案二可以多获利315580元（736500−

420920）。

（2）公司制企业和合伙企业的选择。

纳税人采用公司制经营好还是采用合伙制经营好，取决于企业的经营性质与经营规模等一系列前提条件。如果采用公司制经营，需要先征一道企业所得税，其自然人股东取得股息、红利所得还要缴纳一道个人所得税；如果采用合伙制经营，则对自然人合伙人只征一道个人所得税。

【案例5-10】假设有5个人成立一家公司（未上市），每个人占公司20%的股权。2019年，公司的年度利润总额为3500000元。在无纳税调整事项的情况下，将税后利润全部分配给这5位股东。每位股东的实际收入是多少？

由于是公司制模式，需要先缴纳企业所得税875000元（3500000×25%），税后利润为2625000元，平均分配给5位股东，每个人可获得525000元的股息、红利所得。按照个人所得税法的规定，每位股东仍需要缴纳20%的个人所得税105000元（525000×20%）。最终，每位股东实际税后净收入为420000元。

假设采用了合伙企业形式（其他条件不变），由于其不具备法人资格，按照税法规定，合伙企业不需要缴纳企业所得税，仅需要就每个自然人合伙人的所得缴纳适用于个体工商户生产、经营所得的个人所得税。

每个股东实际分得的收入为700000元，适用的税率为35%，每位股东缴纳的个人所得税为179500元（700000×35%−65500），税后净收入为520500元。经比较可知，在合伙制的情况下，每位股东比公司制情况下的年税后净收入多出100500元（520500−420000）。

（二）个人所得税计税依据的筹划

依据我国《个人所得税法》关于计税依据的规定，可以通过转变支付方式、转换收入类型、增加支付次数等方式影响个人所得税的计税依据，进而降低个人所得税税收负担。

1.年终奖的筹划

根据《关于个人所得税法修改后有关优惠政策衔接问题的通知》规定，居民个人取得全年一次性奖金，在2021年12月31日前，可以不并入当年综合所得，单独计算纳税，也可以选择并入当年综合所得计算纳税。自2022年1月1日起，居民个人取得全年一次性奖金，则应并入当年综合所得计算缴纳个人所得税。

纳税人取得全年一次性奖金，选择单独计算纳税的，自2005年1月1日起按以下纳税办法，由扣缴义务人发放时代扣代缴：先将雇员当月内取得的全年一次性奖金除以12个月，按其商数确定适用税率和速算扣除数；然后将全年一次性奖金按上述方法所确定的适用税率和速算扣除数计算征税。计算公式为：应纳税额=雇员当月取得全年一次性奖金×适用税率-速算扣除数。在一个纳税年度内，对每一个纳税人，该计税办法只允许采用一次。

（1）全年一次性奖金的税收盲区。对全年一次性奖金进行筹划，就要避免使得奖金金额处于税收盲区之中，即要使奖金的增加额大于增加之后多缴纳的所得税额。假设奖金的增加额为X，临界点为A，适用的税率分别为B1、B2，速算扣除数分别为C1、C2，则可根据要求得出不等式：X>［（A+X）×B2−C2］−（A×B1−C1）。

当临界点为36000元时，可列出不等式为X>［（36000+X）×10%−210］−（36000×3%−0），解不等式可得X>2566.67。这意味着当临界点为36000元时，只有增加的奖金数值超过了2566.67元，才不会造成奖金额增加之后税后所得反而减少的情况，此时全年一次性奖金的税收盲区为（36000，38566.67］。

当临界点为144000元时，对应的不等式为X>［（144000+X）×20%−

1410］－（144000×10%－210），解不等式可得X>16500。这说明当临界点为144000元时，只要增加的奖金数值超过了16500元，就不会造成奖金额增加之后税后所得反而减少的情况，此时全年一次性奖金的税收盲区为（144000，160500］。

同理，我们可以推算出其他临界点所对应的税收盲区：临界点为300000元时，税收盲区为（300000，318333.33］；临界点为420000元时，税收盲区为（420000，447500］；临界点为660000元时，税收盲区为（660000，706538.46］；临界点为960000元时，税收盲区为（960000，1120000］。

（2）不同发放方式下的税收负担。

1）当减除各项扣除后的年薪收入低于96000元时，可以选择不发放全年一次性奖金，直接将其分摊到各月的工资薪金中，适用税率为3%；当年薪收入属于（96000，132000］的范围时，只有工资薪金与奖金都适用3%的税率，才能使得税负最低。

2）当年薪总额属于（132000，240000］的范围时，这时无论如何分配都会有部分金额适用10%的税率，由于奖金的速算扣除数只能扣除一次，所以应选择使奖金的税率较低，即发放奖金36000元，适用3%的税率，剩余部分为工资额，适用10%的税率。

3）当年薪总额大于240000元时，则出现了两种选择：一是增加工资额，使其适用20%的税率；二是增加奖金额，使其适用10%的税率。为此，需要计算出两种选择之间的平衡点，假设超过240000元的部分为D，则36000×3%+（144000+D）×20%－16920=（36000+D）×10%－210+144000×10%－2520，解方程得D=23100。因此，当D≤23100，即年薪总额属于（240000，263100］的范围时，应选择增加工资额，这意味着发放奖金36000元，其余部分为工资额；当年薪总额属于（263100，348000］的范围时，由于D>23100，因此需要提高奖金金额，并控制在59100

（36000+23100）元至144000（12000×12）元之间，而工资总额保持在204000（144000+60000）元，在这种分配方式下，工资与奖金都适用10%的税率。

根据上述分析，企业有针对性地在年终一次性奖金和各月工资分割发放金额，可使税收负担最低。

2.稿酬所得的筹划

（1）系列丛书筹划法。现行个人所得税法规定，个人以图书、报刊方式出版、发表同一作品（文字作品、书画作品、摄影作品以及其他作品），不论出版单位是预付还是分笔支付稿酬，或者加印该作品再付稿酬，均应合并稿酬所得按一次计征个人所得税。但对于不同的作品却是分开计税的，这给纳税人的筹划创造了条件。如果一般书可以分成几个部分，以系列丛书的形式出现，则该作品将被认定为几部单独的作品，单独计算纳税，这在某些情况下可以为纳税人节省大量的税款。

【案例5-11】某知名税务专家经过一段时间的辛苦工作，准备出版一本关于我国税收筹划的著作，预计稿酬所得为12000元。试问该税务专家应如何筹划？

方案一：如果该税务专家以一本书的形式出版该著作，则：应纳税额=12000×（1−20%）×20%×（1−30%）=1344（元）。

方案二：如果在条件允许的情况下，该税务专家以4本书为一套系列丛书出版，则其纳税情况如下所示：每本书的稿酬=12000÷4=3000(元)。每本书的应纳税额=（3000−800）×20%×（1−30%）=308（元），合计应纳税额=308×4=1232（元）。由此可见，在这种情况下，该税务专家可以节省税款112元（1344−1232），他可以考虑选择这种筹划方法。

（2）著作组筹划法。如果一项稿酬所得预计数额较大，还可以考虑使用著作组筹划法，即将一本书由一个人写改为多个人合作创作。与系列从书筹划法一样，这种筹划方法利用的是费用扣除标准的临界点，即在稿酬所得小于4000元时，稿酬的费用扣除标准为800元，实际的扣除效果大于20%。但是使用这种筹划方法应当注意，由于成立了著作组，每个人的收入可能会比单独创作时要少。也就是说，虽然少缴纳了税款，但对于个人来说最终的收益也减少了。因此，这种筹划方法一般适用于著作任务较多或者建立了长期合作关系的著作组。此外，由于采用了长期合作方式，因此节省的税款数额也会增加。

【案例5-12】某财政专家准备写一本财政学教材，出版社初步同意该书出版之后支付稿费24000元。如果由该财政专家单独创作，则可能的纳税情况为：应纳税额=24000×（1-20%）×20%×（1-30%）=2688（元）。

如果财政专家采取著作组筹划法，并假定该著作组共10人，该著作组成员平均取得稿酬收入：应纳税额=（2400−800）×20%×（1−30%）×10=2240（元）。如果该著作组的稿费收入分配方案为其中9人的收入均为800元，1人的收入为16800元（24000−800×9），应纳税额=16800×（1−20%）×20%×（1−30%）=1881.6（元）。

（3）再版筹划法。再版筹划法就是在作品市场看好时，与出版社协商后采取分批印刷的办法，以减少每次收入量，从而节省税款。现行个人所得税法规定，个人每次以图书的形式在两处或两处以上出版、发表或再版同一作品而取得的稿酬所得，可分别将各处取得的所得或再版所得按分次所得计征个人所得税。因此，在某些情况下也可以考虑再版筹划法。

【案例5-13】某历史学家打算出版一套书（共10册），估计市场销售量至少在8万套左右。该历史学家和出版社商议的结果是，基本稿酬为20万元，每出版2万套另付稿费10万元。该历史学家该怎样进行筹划？

一般来说，一个人在一个比较短的时期内不可能完成这套书，因而可能的情况是，找来几个水平相当的专家共同来完成。

方案一：假定找来9名专家，连同自己总计10人，每个人写一本书。同时假定出版社一次性出版8万套，总共支付稿酬60万元，则该专家将获得6万元的稿酬。人均应纳税额=60000×（1−20%）×20%×（1−30%）=6720（元），实际税后收益为53280元（60000−6720）。

方案二：为了少缴税款，该专家进行了一定的筹划，决定每本书都由这10人挂名出版，则每本书人均6000元。计算结果如下：人均应纳税额=6000×（1−20%）×20%×（1−30%）×10=6720（元），实际人均收益没有发生变化。

3. 财产转让所得的筹划

（1）拍卖财产的税收筹划。个人通过拍卖市场取得的财产拍卖所得适用“财产转让所得”项目计征个人所得税，但是在计税时有两种方法：一种是按照应纳税所得额适用20%的税率计算应纳税额；另一种是按照转让收入额适用3%或者2%的征收率计算应纳税额。这两种计税方法计算出来的应纳税额存在很大的差异，这给纳税人进行税收筹划提供了一定的空间。

【案例5-14】张某于2016年6月10日通过拍卖市场拍卖了一套位于北京海淀区的住房，最终拍卖成交价格1000万元，在拍卖过程中张某一共支付有关税金和费用30万元。该套住房购置于20世纪60年代，当时购置价格为200万元，购房发票及有关凭证均保存完好。

分析过程如下：按照税法规定，个人通过拍卖市场取得的房屋拍卖收入在计征个人所得税时，其房屋原值应按照纳税人提供的合法、完整、准确的凭证予以扣除。在这种情况下，张某应按照应纳税所得额适用20%的税率计算个人所得税，即应纳的个人所得税为（1000−200−30）×

20%=154（万元）。

如果不能提供完整、准确的房屋原值凭证，则统一按转让收入全额的3%计算缴纳个人所得税。此时，张某应按照转让收入额适用3%的征收率计算个人所得税，即应缴纳的个人所得税为1000×3%=30（万元）。

通过计算可知，按照转让收入额和3%的征收率计算的应纳税额小于按照应纳税所得额和20%的税率计算的应纳税额。因此，如果张某以自己保管不慎、财产原值凭证已丢失为由，不提供购房发票等财产原值凭证，根据税法规定就可以按照转让收入额适用3%的征收率计算并缴纳30万元的个人所得税，相对于提供财产原值凭证可以少缴纳124万元（154−30）税款。

（2）转让限售股的税收筹划。自2010年1月1日起，对个人转让限售股取得的所得，按照“财产转让所得”适用20%的比例税率征收个人所得税。个人转让限售股，以每次限售股转让收入减除股票原值和合理税费后的余额为应纳税所得额，即：应纳税所得额＝限售股转让收入−（限售股原值＋合理税费），其中：限售股转让收入是指转让限售股股票实际取得的收入；限售股原值是指限售股买入时的买入价及按照规定缴纳的有关费用；合理税费是指转让限售股过程中发生的印花税、佣金、过户费等与交易有关的税费。对于纳税人未能提供完整、真实的限售股原值凭证的，不能准确计算限售股原值的，主管税务机关一律按照限售股转让收入的15%核定限售股原值及合理税费。

【案例5-15】张先生持有某股票120万股限售股，原始取得成本为147万元。2015年6月4日，张先生持有的限售股全部解禁可上市流通。他在2015年6月24日将已经解禁的限售股全部减持，取得转让收入共计1400万元，并支付印花税、佣金、过户费等税费3万元。张先生保存有完整、真实的限售股原始凭证。

解析过程如下：根据税法的规定，个人转让限售股取得的所得，按照“财产转让所得”适用20%的比例税率征收个人所得税。其计算公式如下所示：应纳税所得额=限售股转让收入－（限售股原值+合理税费），应纳税额=应纳税所得额×20%。在本案例中，张先生持有的120万股限售股的实际原值和转让限售股发生的合理税费共计150（147+3）万元。根据税法规定，如果张先生未能提供完整、真实的限售股原值凭证，不能准确计算限售股原值时，主管税务机关一律按照限售股转让收入的15%核定限售股原值及合理税费为210万元（1400×15%）。大于实际的限售股原值及合理税费之和150万元。因此，为了减轻自身税负、少缴纳个人所得税，张先生应当向主管税务机关表明由于自己保管不善，限售股原值凭证早已丢失，无法提供。这样一来，在计算个人所得税时就可以按照税务机关核定的限售股原值及合理税费210万元而不是150万元在税前扣除，所以张先生应缴纳的个人所得税=（1400−210）×20%=238（万元）。如果张先生向主管税务机关提供了完整、真实的限售股原值凭证，那么在这种情况下，张先生应缴纳的个人所得税=（1400−150）×20%=250（万元），比不提供限售股原值凭证多缴纳税款12万元（250−238）。

五、遗产税草案解析及财富传承的节税筹划安排

（一）遗产的概念及其特征

1.遗产的概念

遗产是指自然人死亡时遗留的个人合法财产，包括不动产、动产和其他具有财产价值的权利。

2.遗产的法律特征

（1）范围上的限定性。遗产是死亡自然人的个人财产，他人的财产不能作为遗产。

（2）时间的特定性。遗产是自然人死亡时尚存的财产。遗产是被继承人死亡时所遗留的财产，被继承人死亡这一法律事实，是区分被继承人的个人所有财产与遗产在法律上的时间界限。

（3）遗产具有合法性。遗产是自然人遗留的合法财产。公民死亡时遗留下的财产作为遗产的，必须是依法取得并为公民所拥有的财产。

（4）遗产具有可转移性。遗产是死亡自然人遗留下来的，能够依法转移给他人的财产，不能转移给他人承受的财产不能作为遗产。

（二）遗产的形式

遗产的形式主要包括：（1）自然人享有财产所有权的财产（自物权），例如合法收入、房产、存款和生活用品、图书资料、文物、大宗物件、金融资产等。（2）自然人的知识产权中的财产权，例如著作权等权利中的财产权、商业秘密权。（3）对他人所有物在一定范围内进行占有、使用、收益的他物权，例如典权、抵押权、留置权。（4）债权。债权的标的为财产而不是一种行为，即这些债权可以由继承人继承。

（三）遗产转移的方式

遗产转移可以分为终身转移和死亡时的转移。从税收的角度出发，人们对遗产传承进行策划更有特别的需求。

1. 终身转移

终身转移主要包括以下几种形式：

（1）赠与。它是指财产所有人将自己的财产无偿地赠送给他人，经他人接收后发生所有权变更效力的行为。所赠与的财产包括动产、不动产以及其他以契约方式转移的财产或者财产权利。当事人为了实现某种目标将某项财产作为礼物赠送给受益人，而使该项财产不再出现在遗嘱条款中。

（2）为受益人创建不可撤销信托。它是指信托创建者生前将信托财产转移给托管人，由托管人依据信托的内容，管理处分信托财产，并且信托创建者对信托条款不保留取消或者修正的权利。赠与和不可撤销信托有相同的地方，就是财产所有人失去对这部分财产的控制权，是财产所有权的变更。

（3）为受益人购买人寿保险。自然人生前通过购买人寿保险单，指定保险受益人同样可以实现遗产转移的目的。

2. 死亡时的转移

（1）遗产继承。它是指自然人死亡后，其遗留的个人财产转移给他人所有的法律制度。遗留遗产的死者成为被继承人，依照法律规定或被继承人生前立下的合法有效遗嘱，有权获得遗产的人为继承人。继承人只能是自然人。遗产继承可分为遗嘱继承和法定继承两大类。

遗嘱继承是指由被继承人生前所立的遗嘱来指定继承人及其继承的遗产种类、数额的继承方式。因而，遗嘱继承又叫“指定继承”。

法定继承又称无遗嘱继承，是指由法律直接规定继承人的范围、继承顺序、遗产分配的原则的一种继承方式。根据法定继承的方式，哪些人可以作为死者遗产的继承人，各个继承人按照什么样的继承顺序来继承死者的遗产，以及同一顺序中各个继承人根据什么原则分割死者的遗产，等等，都由各国法律予以明文规定。

（2）遗赠。它是指自然人以遗嘱的方式将个人合法财产的一部分或全部赠送给国家、集体组织或法定继承人以外的人，并于遗嘱人死亡后生效的单方面民事法律行为。遗嘱人在遗赠中称为遗赠人，遗嘱指定接受遗赠财产的人称为受遗赠人，也称为遗赠受领人。

（3）遗嘱信托。当自然人生前以立遗嘱的方式，把财产交付信托时，就是所谓的遗嘱信托。也就是自然人预先以立遗嘱方式，将财产的规划内容，包括交付信托后遗产的管理、分配、运用及给付等，详订于遗嘱中。等到遗嘱生效时，再将信托财产转移给托管人，由托管人依据信托的内容，管理处分信托财产。在委托人死亡后，信托契约才生效。

（四）遗产的规划工具和税收筹划方法

1.遗产的规划工具

（1）遗嘱。客户需要依照一定的程序订立遗嘱文件，明确如何分配自己的遗产，然后签字认可，遗嘱即可生效。一般来说，客户需要在遗嘱中指明各项遗产的受益人。遗嘱可以分为正式遗嘱、手写遗嘱和口述遗嘱3种。

（2）遗产信托。是一种法律上的契约，当事人通过它指定自己或他人来管理自己的部分或全部遗产，从而实现各种与遗产筹划有关的目标。

（3）生命信托。主要分为可撤销性信托和不可撤销性信托。前者具有很强的可变性，它允许客户随时对之进行修改，受到大众的欢迎。此类信托不仅可以作为遗嘱的替代文件帮助客户进行遗产安排，而且还可以节约昂贵的遗嘱验证费用。后者是指在有限的情况下才可以修改，但它能够享受一定的税收优惠，所以当客户不打算对信托中的条款进行调整时，可以采用这一信托形式。

（4）遗嘱信托。它是指根据当事人的遗嘱条款设立的遗产信托，在当事人去世后遗嘱生效时，再将信托财产转移给托管人，由托管人依据信托的内容，管理处分信托财产。

2.遗产筹划方法

（1）财产的分劈技术。分劈技术是指在合法和合理的情况下，使所得、财产在两个或更多的纳税人之间进行分劈而直接节税的纳税筹划技术。出于调节收入等社会政策的考虑，各国的所得税和财产税一般都采用累进税率，计税基数越大，适用的最高边际税率也越高。把所得、财产在两个或更多的纳税人之间进行分劈，可以使计税基数降至低税率级别，从而降低最高边际适用税率，节减税收。假设应税所得2万元的适用税率是20%，应税所得2万—4万元部分的适用税率是40%。有一对夫妇结婚后，妻子把其存款都交给无存款的丈夫，缴纳个人所得税时，丈夫的年应税股息为2万元，利息2万元，而妻子无应税所得，这时，丈夫就会有2万元的所得要按40%的税率纳税。但是，如果丈夫把存款转回到妻子名下，让妻子分得利息收入，那么，这对夫妇4万元的年所得的最高边际税率就会从40%降至20%，从而节减税收。

【案例5-16】一对英国夫妇有在丈夫名下的40万英镑的共同财产，他们有一个儿子。丈夫有这样的想法，如果他先去世，要把共同财产留给妻子，因为英国规定，丈夫给妻子的遗产可享受免税，妻子去世后再将财产留给儿子，财产并没有发生被征两次税的情况。请问该如何进行筹划？

筹划过程如下：正确的做法是丈夫生前就把40万英镑的共同财产分劈为两部分，自己留下23.1万英镑财产，把16.9万英镑财产划到妻子名下，在他去世时把他那部分财产留给儿子，妻子去世时再把她那部分财产留给儿子。因为尽管丈夫的财产遗赠给妻子时免税，但妻子去世时留给儿子的遗产超过23.1万英镑的部分要按40%的税率向英国政府缴纳遗产税。英国的遗产税实行夫妇分别申报纳税，在遗产税上每个人都享有23.1万英镑的免税额。这里面有一个不是人人会发现的税收陷阱，就是每个纳税人也只有23.1万英镑的免税额。所以，丈夫生前就把共同财产分劈成两个都小于23.1万英镑的部分，由夫妇各自把自己部分的财产留给儿子，可以节减遗产税。

（2）零税婚姻策略。基本思路：先去世的一方只留下与综合免税额相同的遗产额而将其余部分用于婚姻扣减（留给幸存配偶），确保统一抵免额会被完全运用于夫妻双方的遗产或者终身赠与中。但是应该注意的是：第一，仅保证先去世一方去世时缴纳的遗产税为0，不能保证夫妻双方去世后缴纳的遗产税总额为0；第二，夫妻二人的遗产额小于或者基本等于综合免税额的2倍时采用较为划算。

【案例5–17】丈夫有90万美元的调整后总资产（总资产减去负债和费用），妻子有40万美元调整后资产。假设丈夫2015年去世时，全部用于婚姻扣减，则不缴纳遗产税；当妻子2016年去世时，按照美国税法的有关规定，则需要缴纳遗产税。其应纳税额=应纳税遗产额×税率–速算扣除数–统一抵免额，那么应纳税额为：[（40+90（婚姻扣除）×43%–8.92（速算扣除数）–22.055（统一抵免额）]=24.925（万美元）。

如果采用零税婚姻策略，即丈夫留下与综合抵免额相同的遗产额67.5万美元，丈夫个人总资产–综合抵免额作为婚姻扣减22.5万美元，即留下22.5万美元给妻子。则此时缴纳的遗产税为0，当妻子去世时，应税遗产（40+22.5婚姻扣减）小于67.5万元（综合抵免额），则缴纳的遗产税税额为0。

（3）税率相等化婚姻策略。基本思路：将遗产额平均化为两份，两份遗产都处于最低的遗产税纳税级别。但是需要注意的是，夫妻二人的遗产额远超过综合免税额的2倍时采用较为划算。

【案例5–18】丈夫个人财产550万美元，妻子个人财产50万美元。假设丈夫去世时，留下与综合免税额相同的遗产额67.5万美元，丈夫个人总遗产–综合免税额作为婚姻扣除482.5万美元。此时缴纳遗产税税额为0，妻子去世时，缴纳遗产税（50+482.5婚姻扣减）×55%–35.92–22.055=234.90（万美元）。如果采用税率相等化婚姻策略，假设留下夫妻总遗产的一半（550+50）/2=300（万美元）遗产额，其余丈夫遗产作为婚姻扣减250万美元，则此时缴纳遗产税为：300×53%–29.92–22.055=107.025（万美元），当妻子去世时，缴纳遗产税（50+250婚姻扣减）×53%–29.92–22.055=107.025（万美元）。

第六章 私人财富管理与跨境税务筹划

Chapter 6

第一节　跨境税务规划的基本原则和理论基础

规划一定要以合法为前提，尽管从税务机构的角度来看，可以将“避税”与“逃税”替换使用，原因是美元、欧元或卢比的逃税收益损失与美元或欧元或卢比的避税收益损失相同，但是，逃税与避税之间存在着重大差异：逃税是非法的，而避税是合法的。

“避税”和“税收计划”之间的区别不是很鲜明，后者也被称为“可接受的避税”。由于绝大多数国家都承认纳税人有权利以最小的纳税义务来安排自己的事务，所以这里的界限通常不甚明确。另外，纯粹或主要由税收驱动的“行为”通常会受到立法或司法条款的抵制。

一、逃税、避税以及税务规划间的区别

（一）逃税

“逃税”和“避税”这两个术语并不总是精确地或统一地使用。逃税

通常与犯罪行为有关。它可以被认为是故意地、有意识地不遵守税收法域的法律，其中包括向税务机构故意隐瞒的行为。逃税是纳税人试图通过欺诈或其他非法手段逃避合法税收义务的行为。这可能源于对偷渡、贩毒和洗钱等非法活动产生的收入逃税。从更广泛的意义上说，即使没有故意隐瞒收入或相关信息，逃税也可能包括由于不顾后果或疏忽而未能合法纳税的情况。意外逃税通常只会导致税收利息和罚款。一些常见的逃税案例包括：（1）纳税人在进行应税行为时没有告知税务机构；（2）未能报告全部收入；（3）虚假费用的减免税项；（4）欺骗性地声称未得的补贴；（5）未能支付合理数额的税款；（6）从一个国家离开以逃避缴纳税款并且无支付意愿；（7）当有义务提供相关税务信息或税务机关已提出对此类信息的要求时，能上报应纳税的所得额、利润或收益的项目或来源。

（二）避税

避税不是逃税。避税是通过合法手段来减少税收，否则就是欠税。纳税人利用税法中的弱点或模糊之处来进行避税。虽然所采用的手段是合法的、非欺诈性的，但结果会被认为是不当的或滥用的。由于避税的解释和适用的主观性，在特定情况下逃税和避税的边界线可能难以界定。欧洲法院（ECJ）将避税定义为“旨在规避税法的人为安排”。

（三）税务规划

许多国家对可接受的避税和不可接受的避税进行了区分。不可接受的避税是通过真实且合法的交易实现的，但涉及欺诈，这是间接违反或不当使用税法或条约的行为。可接受的避税方式或税务规划是通过被立法机构接受的交易活动实现的。

二、过去常见的避税手段

有各种制度性手段被用来隐瞒国际收入的存在或进行虚假税款减免，

使得国家间的逃税更加容易：

（一）利用虚拟账户、被指定人和代号银行账户

通常，通过将薪资、投资收入、商业利润和其他国际收入项目支付给税收管辖区内或外的虚拟账户、被指定人账户或代号银行账户来规避税务。例如，A国的一名官员或声明，只有当在B国的母公司向该官员在B国或C国的代理人（或由该官员维护的代号银行账户）提供未报告的B国资金付款时，他/她才允许A国的子公司向其在B国的母公司提供汇款。同样，D国居民在向E国居民出售收益性财产时，可规定将销售收入存入一个D国内或国外的代号银行账户。国际收入项目一旦隐藏在代号银行账户中或以被指定人的名义隐藏，隐藏的资金可用于投资，所得的投资收入如账户的真正所有者所在的国家/地区一样，无法被税务当局知晓。

（二）无记名有价证券

为隐藏收到的股息或利息收入，国际投资者经常以无记名形式进行投资。无记名证券的使用也有助于将投资从一个所有者转移到另一个所有者，而无须报告交易和因转移而支付应交税款。从税务的角度来看，很难对这些交易进行监管，因为在许多国家，使用无记名证券是非常普遍的，并且完全合法。

（三）外国控股公司和信托

根据一些国家的法律，居民可以通过将创收财产置于其控制的外国公司或信托机构中来合法避税。但是，根据其他国家的法律，无论投资收入是否由外国公司或信托实际分配给居民，投资收入都应由居住国征税。在后一种情况下，经常通过非法隐瞒外国控股公司或信托的存在来逃税。

（四）人为银行贷款

国际避税的一项主要手段是将借款人实际拥有的资金声称为借款。这种做法不仅可以使“借款人”公开使用先前隐藏在被指定人名下银行账号中的资金，还可以为借款人提供虚假利息扣除的凭据。例如，A国居民将未报告的国际收入存入B国的代号银行账户中，以10%的利息向该银行“借”相等的数额。如果银行向其代号账户支付8%的利息，那么他/她实际上只“借”了2%，但当其在A国提交申报表时，该居民将可以申报整个10%的利息来申请抵扣额。为了进一步掩盖事实真相，拥有B国代号银行账户的A国居民，可能会让B国银行将资金转给C国的一家非相关银行，然后他再“借”一笔等额借款。

（五）投资信托

将多个不同来源的资金集中在一个投资池中的国际投资信托也可被众多投资者用作有效的逃税工具。在许多情况下，国际投资信托基金将用于为投资者取得税收协定收益，而不须使其居住国的税务机关知晓。

三、税务筹划的目标

国际税收筹划的目标可以分为以下3种：没有（或更低）双重征税；没有（或较低）单一税收；负扣税。

国际税务规划的适用范围因企业及国家而异，并且随着时间的迁移，税务部门会作出相应的应对措施。以下将更详细地讨论这3种目标：

（一）没有（或更低）双重征税

显然几乎所有人都认为这一种是无害的，符合国际社会和经济合作与发展组织（OECD，简称经合组织）的目标。符合这一类的例子有免税或税收抵免制度。

（二）没有（或更低的）单一税收

第二类也称为“双重不征税”，可能被认为是有害的，甚至可能既不符合经合组织报告的目标，也不符合相应国家的要求。例如，最近的条约实践表明，越来越多的国家在其双重征税协定系统中纳入了具体规定，来防止双重不征税的情况。但是，较低的单一税收是大多数国际税收筹划技巧追求的目标。

（三）负扣税

这种形式相对较少，涵盖了纳税人能够从税务机关获得高于原始支付金额的退税方式。举一个简单的例子，税务机关对应付账款利率会使用一个高于银行类似账户的利率。那么，纳税人向税务机关缴纳的税款会超过法定税额。由于政府提供的税率高于正常银行账户的税率，纳税人实际上将税务机关当作超额资金的存管机构。多交的税会慢慢退还，从而在综合商业损益账户中产生税收优惠。

四、税务筹划手段的分类

（一）临时还是永久

要注意税务规划技术是延期纳税或暂时节税（如推迟缴税），还是永久性税收节约（如完全地避免缴纳税款）。税收延期实际上是收入延期，因为延期纳税是延迟收入确认的结果。在延期情况下，不存在税收收入，而通常作为会计原则下收入。

显然，延期的时间越长，纳税人的税务筹划技术越有价值，长期税和临时税减免的差异就越小。因此，涉及临时和永久性税收减免的税务计划之间的区别随着时间推移而分散。实际上，可以将无限期使用的临时税收节省方案作为一种永久性节税方案。

（二）经营性还是正式筹划

实质性税收规划能够改变经济活动的模式。比如，如果某一司法管辖区内的有效企业税率相对较高，那么跨国企业可能会离开该管辖区，或者不会一开始就在此高税区内经营。同时，正式的税务规划虽然保留了活动的实质内容，但有可能以不同的方式且以最节税的方式实现相同的结果。例如，与跨国集团有关并在高税收辖区运营的企业可能会（受某些限制）完全由股权融资或完全由债务融资。在第一种情况下，向提供资金的一方支付的报酬是不可扣除的，而在后一种情况下则可以。由此可见，这种套利是由制度本身产生的，使得纳税人可以自由选择融资来源，而不同的法律对税务也会产生影响。

第二节　跨境税务规划的常用工具

本节我们总结一下跨境税务规划的常用工具，实践中具体使用哪种工具需要视客户的具体情况和需求来决定。

一、离岸信托

（一）信托的定义

信托是在普通法司法管辖区广泛使用和适用的法律合同。

信托是一种法律契约，而不是一个独立的法律实体。设立人（settlor，也称为委托人 trustor 或设保人 grantor）通过生前遗嘱代用信托或临终遗嘱将其资产转让给另一人，即受托人（trustee）。受托人拥有信托资产的法定所有权，并以受益人（beneficiaries）的利益或以其他特定目的来管理信托财产。

信托资产为独立的资产，而不是受托人自己财产的一部分。受托人有责任根据信托条款和法律规定的特殊义务对该资产负责、管理、使用或处置。

1. 设立人（Settlor）

设立人，也称为委托人，是通过将他或她拥有的某些资产放入信托来创建信托的人。委托人可以通过信托来表达自己的意愿。在大多数国家，建立在个人财产上的生前信托是不需要手续的，而涉及不动产的遗嘱信托会牵扯到相关法律手续。

在大多数普通法系统中，委托人要有效建立信托，必须满足以下3个确定性：（1）信托目的的确定性：委托人表示有意愿创建信托。（2）信托财产的确定性：已清算的财产具有足够的准确性。（3）受益人的确定：受益人或信托目的必须在既定/允许的永久性期限内明确。

根据信托的管辖权和条款，委托人也可以被确定为受益人并保留权力以控制信托。

委托人可以是个人或法人团体。

2. 信托契约（Trust Deed）

信托契约阐明了委托人关于如何安排信托，使用或管理的资产以及谁应受益的指示。

信托契约通常会规定，受托人有权根据契约条款来管理信托的资产，也要严格地执行信托章程规定的责任。

信托契约还将包含广泛的行政权力，旨在便于受托人对信托资产管理。这些权力必须在信托契约完成之前仔细起草并达成一致。

3. 受托人（Trustee）

本条款适用于信托财产为第三方利益或目的转让的个人或机构。受托人通常有以下责任：（1）遵守信托契约中所述的条款。（2）保护信托财产不受委托人及受益人的债权人的影响。（3）适当地执行或管理投资。

（4）在受益人之间保持公正。（5）对所有受益人负责，保护他们的知情权并以他们的利益为出发点。（6）不要委任管理权给他人。（7）不从交易中受益。（8）谨慎地管理信托资产。

受托人可以是个人，例如亲戚、可信赖的朋友或顾问、银行家或专业人士，也可以是私人信托公司或公共信托公司。

公共信托公司是一家由司法管辖区当局许可从而担任受托人的机构，私营公司可能不需要执照。

信托契约规定了卸任受托人的条款和任命新的受托人的条款。这种权力通常会赋予契约中指定的人。

4. 保护人（Protector）

通常，可以任命一名保护人来监督受托人是否严格遵守信托契约中规定的义务。

对委托保护人以及撤销和任命继任保护人将在信托契约中加以规定。任命保护人可以促进制衡信托中的权益关系，特别是当需要从信托中移除委托人时。在许多情况下，保护人通常是委托人亲密的朋友或专业顾问，熟悉委托人的愿望、受益人的情况和需求以及家庭背景和动态状况。

保护人可以是个人或委员会，团队组合或公司。保护人的权利和义务可能因案件而异，但通常保护者有权任命和移除受托人，并在某些情况下改变管理信托契约的条款。可以制订一项条款，使得受托人在行使某些权力之前必须征得保护者的同意。

5. 受益人（Beneficiaries）

受益人是接受信托财产收入的一方。他们的名字会在信托契约中注明或在信托中的"附表"中分类可查。通常委托人也可以被指定为受益人。

可以在信托条约中阐明，受益人并不能转移信托中的资产，并且不享有对转移到信托中资产的控制权和知情权，以防止受益人无度地挥霍信托中的资产。信托可以为个人和/或法人团体和/或特殊目的而建立。

（二）信托的种类

1.可撤销或不可撤销

信托契约可以表示为不可撤销的，或可以包含一项向任何人（通常是委托人）授予撤销或修改权的条款。

信托可以随时根据委托人制定的条款被撤销，或者信托可以有预定的寿命而没有可撤销性规定，或只有当信托契约中确立的某些条款得到满足时才会结束。

就信托资产保护而言，信托通常被设定为不可撤销。

如果债权人向委托人提起诉讼，如果他有撤销的权力，法官可以强制他改变信托条款以使债权人受益。如果是不可撤销的信托，委托人就无权修改信托。

2.固定或全权信托

在全权信托中，委托人不会设定固定的受益人或其受益金额。信托契约赋予受托人广泛的权力，允许他们自行决定向受益人分配收入或资本。

在全权信托中，没有一个受益人对信托的任何部分财产拥有合法的强制执行的权利。

全权信托的灵活性使得受托人在分配收入和资产时能够考虑到信托初始创建时没有预料到的因素，并对受益人采取有效的保护行为。这种类型的信托的好处在于，防止受益人挥霍信托，并保护信托免受债权人和其他别有用心的人的影响。

此外，由于没有任何受益人对信托基金的任何部分拥有利益或法律上可执行的权利，所以全权信托可能在受益人的居住地或公民身份国家中产生有利的税收后果。

在全权信托中，委托人通常通过意愿书或特权客户/律师备忘录向受益人表达其管理和分配资产的意愿，以便受托人知晓其意图。

在这种类型的信托中，委托人放弃了许多对受托人行使的权利，这就是为什么需要仔细选择具有资质的、优质的、值得信任的受托人或受托人公司。受托人需要有良好的声誉和必备的经验才能忠实地履行契约条款。

相比之下，固定信托允许委托人出于对受益人的利益考虑，使受益人控制货币和财产。固定信托的受益人在信托设定人设定的特定时间收到财产。

固定信托的受托人很少或根本没有权力酌情分配信托资产。

通常，固定信托是为了遗产规划或终身权益而建立的。通过这样的方式，一个人在其一生中有权获得所有收入。在委托人去世后，该产业一般将支付给指定的受益人。

委托人也可以选择多个受益人并为其每个受益人提供固定收益或百分比。

可以将信托设立为混合型，将固定寿险利益与受托人的自主权结合起来，创造其他利益，可超越或遵循固定利益。

3. 自益或第三方受益信托

委托人可以将资产转移到信托中，并同时保有受益人的权益。只要契约的条款制定得足够周密，债权人可能会很难触碰到信托中的资金。另外，信托也可以专门为第三方受益人的利益而设立。

4. 受益人或目的信托

除了为个人的利益，也可以为了特定目的而建立信托，即使没有可验证的受益人。

一般来说，契约将委任一名执法者，他与保护者的角色类似。

对于那些在商业交易网络中寻求中立方的人来说，目的信托与完全拥有的信托相结合，提供了进一步的资产保护层，同时允许“非平衡”交易或建立与委托人完全孤立的结构关系。

目的信托应与融资交易、证券化和私人信托公司结合在一起使用。

信托的商业功能是为了获得和维持某些参与交易的公司股份。

在与私人信托公司合作时，目的信托也很有吸引力。并且，目的信托的资产绝缘功能将委托人与公司财产分开，并且让公司充当家庭信托的受托人。

反过来，公司可以由委托人来担任董事或经理。这允许所有人完全控制业务与资产，而不是其合法所有者。

许多离岸司法管辖区（特别是拥有STAR信托的开曼群岛以及拥有VISTA信托的英属维尔京群岛）创建了特殊形式的信托，而不强制受托人干预公司管理。

（三）境外信托的主要应用

1.遗产与继承规划

信托曾经是一种有价值的税收和资产规划工具，通过将资产转让给位于低税收地区的受托人，资产管理人可以减轻其居住国的高税负。

虽然美国、加拿大、英国和其他国家的立法措施逐渐减少了这些减税机会，但在遗产规划方面，信托仍然是一种具有吸引力的手段，以避免遗产税及资本收益税对信托资产在转移时的消耗。

（1）避免遗嘱检验。当委托人死亡时，资产的所有权不变，因为他们在法律上属于受托人，从而避免了将信托的资产公开化的过程。

有了信托，依照法律的规定，有的人会无法获得遗嘱的复件。信托契约是一份私人文件，可以保密信息，用信托取代遗嘱是很常见的。

信托的使用还可以避免在他国执行遗嘱时遇到的阻碍，在他国执行遗嘱可能是一个复杂而耗时的过程，并且会增加悲伤亲人的痛苦。

此外，它可以避免某些人认为他们在遗嘱中受到不公平对待并且发起诉讼来改变遗嘱。

（2）避免强制继承。在一些国家，有固定的继承法，遗产必须在后代中平等分配。在这些情况下，外国信托可避免强制继承，并在给受益人分配部分或全部资产时发挥灵活性。

（3）家族财富保护。信托可用于持有土地或家族企业中的特定资产，对个人之间的分配并不适用。

信托的使用允许个人从资产中获益，即使他们不拥有它们。信托也有助于为子孙后代维护这些资产的全部资本价值。

2. 公司离岸计划

公司也可以为员工福利（包括股份计划）和退休福利进行计划，雇主作为委托人，雇员及其家属作为受益人建立外部信托。它们也可以用作其他实体或结构的载体。这有助于最大限度地提高规划和控制相互关联实体的效率，同时保护隐私性及受益人的利益。

3. 防挥霍保护

在受益人无法管理资金的情况下，信托也会为他们提供保护。受托人只能根据信托契约来向受益人分配资产。

4. 机密性

信托可以专门为隐私而创建。信托是私人文件，通常不需要注册，所以它们对资产的真实所有权是一个额外的保密层。例如，正如我们以前所见，遗嘱条款是公开的，但信托条款不是公开的。

5. 单位信托

信托也可以设置为投资工具，通常用于房地产、证券、抵押贷款和现金等价物，称为单位信托。

单位信托由非法人共同基金结构组成，这种结构更为灵活，可以保留资产并直接向单个所有者提供收益，而不是将其再投资回基金。投资者实际上是信托下的受益人。

6. 以慈善为目的

慈善信托通常是为慈善目的而设立的不可撤销的目的信托。在大多数国家，慈善信托可以享受多次减税优惠。

7. 资产保护信托

资产保护信托是一种强大的工具，可将资产置于债权人无法接触的地方，并提供实质保护，防范意外的审查、破产和诉讼。

在通常情况下，资产保护信托被视为不可撤销，有独立的受托人，收益分配由受托管人自由裁量，同时附加防挥霍条款（该条款避免了直接赠与可能对受益人日后享用财富的不利情势）。

建立外国信托可能会增加一层保护。某些司法管辖区有强大的法律，对试图获得外国信托资产的债权人设置了重大障碍。

外国信托受外国法律管辖，这些法律可能不利于债权人。外国管辖区可能不承认另一国法院的判决；此外，外国法律可能不允许风险代理费用，所以债权人将不得不向外国当地律师支付诉讼费用。

败诉的债权人将不得不支付他们自己的外国法律费用以及胜诉方的法律费用。

法官有权向本国受托人发布法院命令，这种特权不会为了外国信托而授予给当地司法机构的成员。在外国司法管辖区的受托人不需要遵守他国法院的命令。

应该记住，如果资产位于国家领土内，如房地产、企业和个人财产，法官可能对这些资产拥有管辖权，即使这些资产是由外国信托机构持有的。委托人居住地银行的分支机构账户也同样受到管辖。

法院可以对位于国家领土内的任何财产行使管辖权。因此，建议所有转让给信托的资产均不在资产所在国的境内。

但是，如果信托在外国司法管辖区，而资产在外国银行账户或外国司法管辖区，则应适当起草信托契约将成为资产保护的有力工具。

一般来说，除了防挥霍条款外，资产保护信托还包含以下条款：

（1）反强迫条款。一旦该条款被引用，当委托人或受益人被要求索赔或卷入了对他不利的判决时，受托人不能分配信托中的资产。这样可以防止债权人在外国管辖区未获得新的判决的情况下对信托的资产提出索赔。

（2）信任保护条款。本条款须指定一名保护者，允许他移除受托人，并在某些情况下否决部分或全部受托人的决定。

（3）飞行条款。该条款允许受托人将信托移交给另一个司法管辖区。如果债权人在建立信托的司法管辖区提出索赔，信托可能会转移到另一个司法管辖区，因此债权人将不得不在新的管辖范围内提起诉讼。

（4）法律选择条款。该条款规定该信托受其所在司法管辖区的管辖。

因此，当外国法院命令委托人/受益人强制分配时，由于信托中包含的某些条款，他或她可以援引所谓的不可能辩护。

资产保护信托应该防止委托人成为保护人或受托人，保护人和受托人应该是独立的，并且他们不应该与授予人一样居住在同一管辖范围内。这可以防止法官得出结论：委托人有能力控制信任，从而有能力强制分配。

同样，在判决的情况下，委托人应避免亲自向外国受托人通报，以免被指控亲自执行反胁迫条款。

（四）外国信托选择

建立外国信托需要合适的和有经验的顾问的深入研究和协助，他们可以切实地评估委托人的意愿和目标，制订最适合他们需求的解决方案和对转移资产的最佳管理计划。

选择建立信托的管辖权时必须考虑不同的因素：

（1）委托人的保护。委托人是否也可以收到信托资产？委托人是否有机制保留对信托的控制？资产转移到信托后，是否有任何抵御随后破产的保护措施？

（2）保护受益人。是否有具体条款来防止受益人随意挥霍信托资产，并让他们以一种节约的方式使用信托？是否有能力来避免强制继承？

（3）防止外国判决。信托内有没有具体规定来无视外国判决？《海牙公约》是否适用？《海牙信托公约》是在信托适用法下由国际私法会议制定的多边条约。该公约不仅要规范信托的国内法定义，还要解决在选择准据法时的规则冲突。

（4）保护债权人。是否排除了"伊丽莎白法令"？

"伊丽莎白法令"是1571年英国法律中的一部重要法令，根据这部法令，如果债务人有意对债权人进行隐瞒、拖延和欺骗，所进行的资产转移（包括将资产转移进信托）无效。此时，法庭会要求将信托资产原路返回到委托人，于是债权人就可以行使他的权利了。

1）如果证明存在欺诈性转移，信托将被宣布无效？

2）债权人是否应该证明这种欺诈性转移？

3）法律中是否存在欺诈性转移的明确定义？

4）债权人的债权是否分离，还是可以共同使用？

5）是否存在欺诈转移的法定时效？

（5）其他保护。对移民信托有追溯保护吗？当社区财产转移到信托时，该财产将会丢失。但是，尽管已将其转让给信托，是否有可能保留其特有的社区财产？立法条规中是否存在对外国法律的具体排除？信托是否遵守反对永久性的规则？是否对所有信托财产的分配时间进行限制？法律的选择是否具有约束力？保管受托人是否被允许？

此外，必须考虑建立银行账户以存放现金资产，管辖权的政治、经济和社会稳定性，管辖权的声誉，管辖权的税法，是否存在语言障碍以及管辖权是否提供充分的法律、会计和金融服务。

（五）常见信托属地

1.库克群岛信托基金

库克群岛是最早颁布明确的资产保护和国际信托法的国家之一，也是最受这类事务欢迎的国家之一。

库克群岛的信托法规限制欺诈性转让债权2年，在某些情况下，可能少于1年；如果资产在委托人有偿付能力的时期转移，资金转移不能被搁置一旁；现行法律还规定了债权人能够向库克群岛法院提起诉讼的某些条件……这些规定增加了无可置疑的举证责任，因此，除非客户同意，否则保密法禁止披露银行信息。

库克群岛政府要求必须遵守的某些规定，可确保转移到信托的资金的诚实和完整。因此，构成信托的资产不能来自贩毒和洗钱等非法活动。

外国判决不可强制执行。如果任何人想要对该信托提起诉讼，他必须聘请库克群岛的律师发起诉讼，该诉讼严格遵守执行要求。

如果信托有相关条款允许，则委托人可以保留对信托及其财产的控制权。

外国破产规则不包括在内。

法律规定，欺诈交易必须遵守由法院评估的要求。

信托机构不能受在其管辖范围内的继承人或挥霍条款的影响。

信托可以持有相关公司的股份，而不用担心保留这些股票的财务利益。同样，关于上述情况，委托人对于监督和干预相关公司事务的能力可能有限。

2.尼维斯信托

尼维斯在资产保护方面的立法是最健全的。在这里，只能通过实际欺诈的事实证据来放弃资产转移。

尼维斯关于欺诈性转让给信托公司的一般诉讼时效为2年。

尼维斯不认可外国审判。债权人必须在尼维斯提出新的索赔要求，并在新案件中证明实际的欺诈行为。此外，债权人必须聘请一位在尼维斯注册的律师，并发行25000美元的债券来提起诉讼。

一旦新诉讼在尼维斯提出，债权人必须以“超出合理怀疑”的标准来证明实际的欺诈行为，并指出他的指控有超过90%的可能性是真实的。

挥霍的条款是有效的和可执行的。这一条款实际上阻止了债权人攻击受益人信托的资产。

Self-settled信托是有效的。伊丽莎白的法令在《尼维斯信托法案》第49条中无效。法律保护在尼维斯合法注册的信托信息的机密性。

3. 开曼群岛STAR信托

在开曼群岛，根据《1997年特别信托（替代制度）法》设立的信托，是一种为个人、其他目的（慈善和非慈善）或两者的利益而设立的法律信托形式。STAR信托有一个强制执行人，可以执行STAR信托，并在信托资产的好处和信托基金的应用之间进行分离。

至于受托人，必须在开曼群岛指定至少一名持牌人。

STAR信托可以在无限的时间内建立，是建立私人永久家族信托的有效途径。

他们也常被用作私人信托公司的受托人。STAR信托基金成立于开曼群岛私人信托公司，以确保其作为信托或一系列相关信托的受托人。

即使信托并不在同一管辖范围内，也可以使用这种结构。例如，单个STAR信托可以持有私人信托公司的股份，它可以作为开曼群岛或其他司法管辖区的受托人。

对于一个企业所有者来说，使用STAR信托来经营家族企业也是很常见的，确保企业在老板去世后继续经营。STAR信托基金可能是这类股票的持有者，目的是让董事们在指定的时间内继续管理业务。

STAR信托基金也作为一种工具，限制受益人可以获得的信息。与普通信托不同，受益人有权获得与信托有关的大量信息。有了适当的STAR信托，这些权利可能会受到限制甚至被取消。与信息有关的信托，由执行者持有。

在结构化金融和其他交易中，STAR信托经常被用作SPV（特殊目的载体）。它们允许对表外/破产事务进行结构化，因为STAR信托实体可能与交易的原始参与方没有关联。

4. 英属维尔京群岛VISTA信托

根据《维尔京群岛特别信托法案2003年》（2013年修订），在英属维尔京群岛建立的信托，特别设计用于持有在BVI注册的公司的股份。

所有者建立一种信托，由他的公司的股票组成，可以无限期地持有。在一般法律下，受托人的监督和干预义务被取消，并免除了公司所有的管理责任，可以在不干涉公司事务的情况下由董事执行。

受托人有保留指定股份的法定义务，这是VISTA信托的目标，任何保存或提高信托基金价值的责任都将服从于该义务。

然而，它的权力是有限的处理动作的情况下表达的信托契约条款，不能干涉公司的管理除了解决具体问题，它的权力仅限于在信托契约条款所规定的情况下处理这些行为，而不能干预公司的管理，除非解决具体问题，而且对于特定的情况，必须在契约中明确说明。

该契约规定了“董事办公室”的规则，规定受托人必须行使其投票权，以决定董事的任命、免职和报酬。

虽然VISTA制度严格限于只持有公司股份的受托人，但该公司可能保留任何其他类型资产的所有权。

VISTA信托允许有不止一个受托人，但其中至少有一个必须是指定的受托人，该受托人是根据1990年《银行和信托公司法》授权在BVI进行信托业务的受托人。

VISTA降低了受托人所面临的风险水平，令他们将更倾向于持有高风险资产，并进入投机性交易，因为他们有义务监督和管理信托基金，或干预高度复杂的金融交易，并为其未能完成的任何损失承担任何责任。

《VISTA法案》从谨慎的投资者手中移除受托人的义务，受托人没有义务监督公司管理。

（六）离岸信托的税务影响

通常，当信托在外国管辖区建立时，信托的资产和收入可能不适用当地税收，前提是该司法管辖区的居民不能从信托中受益，也没有当地资产。

必须指出的是，信托法律的选择不适用于税务事项，这将适用于所适用的财产、受益人、资产或受托人的各自管辖权。

你应该咨询你的税务顾问或会计师，了解你在建立外国信托时，在你的居住地的税务影响，将资产转移到它，并从这些资产中获得利润。

例如，在美国，美国国税局可能会认为，对信托基金的资金有利益关系的委托人不能被看作一个独立的实体，因此，委托人有义务在纳税申报表中报告资产（IRS表格1040）。

对信托的投入会减少对统一赠与税的豁免，除非利用年度的捐赠税收减免。

此外，为了创造或转移资金给外国信托，直接或间接接受任何分配或接收外国实体的礼物或遗产，纳税人将被要求申报美国国税局表格3520。

美国对其公民进行全球征税，这意味着受益人将会因为信托收益而征税，即使这笔收益并未被分配。

一般来说，外国信托不能成为美国公民规避所得税的一种手段。

此外，考虑到根据信托资产价值的增值，这可以视为应纳税的收益。

尽管这种信托可以通过合法的方式来避免。也要考虑到信托机构是在普通法法律体系中使用和应用的机构。

一般来说，大陆法系不承认正式和实益拥有权之间的区别，而普通法则是这样。

在没有签署海牙公约的大陆法系国家，信托可能会忽视，因此任何转让的信托财产都将被视为没有从税收的角度来考虑，所以转移的资产会继续被视为归委托人所有。

二、离岸公司

（一）离岸公司的好处

离岸公司的好处包括保护资产免受将要进行的诉讼，改变公司的税收负担，保护公司免受管线国家内部的政治动荡和经济不稳定的影响等。

1. 保护资产免遭即将发生的诉讼

前配偶、疯狂的家庭成员、前商业合作伙伴是无处不在的“金钱水蛭”，你永远不知道他们何时会为你的资产而来。成立一家离岸公司可以为你的资产提供更多的保护，防止那些想要起诉你的疯狂的人。

2. 转移公司的税收负担

把利润税看作可以减少的费用。全球税收市场是您可以用来减税的合法体系。每个国家都有不同的政策和预算要求，这意味着您可以在海外找到远低于目前在您所居住的西方国家的税率。

在这里要明确一点：通过离岸公司合法减税与试图完全逃避税收是不同的。前者是合法的，后者不是。如果你想逃避税收，那么你就错了。

可以思考一下：如果您的税率合法地从40%陡降到5%这样的低税率，您可以用您节省的资金为您的企业做些什么？如果你今年能够大幅度减少企业的税收，这对未来企业的发展意味着什么？

3. 保护公司免受政治动荡

政治动荡，通货膨胀，恶性通货膨胀……你无法控制任何这些事件，但是你可以让自己免受它们的伤害。成立离岸公司可以作为抵御任何潜在的动荡的保障措施。

（二）离岸公司的运用

1. 什么情况下适合开办离岸公司

智能企业人创建离岸公司来保护他们的辛勤的劳动成果，保护他们的股东利益，并最大化地挖掘他们业务的潜在利润。

电子商务或基于网络的企业、国际企业、顾问和教练、股票和外汇交易员、国际投资者以及拥有知识产权的企业都可以进入离岸市场。如果你有一个独立地理位置的业务，开办离岸公司可能是最大的挑战。

在线业务非常适合离岸公司，因为它们可以在任何地方运营。对于离岸公司，您可以在一个国家/地区处理付款，在另一个国家/地区托管您的网站，将会计记录保留在第三个国家，并且在第四个国家纳税。

数字游牧或位置独立的企业家，他们在旅行或居住海外时赚钱，组建一家离岸公司会更容易。境内注册通常意味着一大堆文书工作和高额税费，但启动一家离岸公司可能意味着更少的投注。

正如前文所述，某国的通货膨胀或恶性通货膨胀可能会大幅降低您财富的价值，拥有离岸银行账户的离岸公司可以将您的业务资产与这种威胁隔离开来。

如果您拥有专利或商标，以离岸公司的名义注册它，可以让您购买和出售这些权利。将这些注册在离岸公司之下也可以更容易地将这些权利授予第三方。

2. 你应该建立什么类型的离岸公司

低税率，安全的商业资产以及抵御家庭骚乱的能力……开创一家离岸公司可能听起来相当不错。

但开办离岸公司并不像上网和注册那么简单，与专家谈话将帮助您找出哪种类型的离岸公司战略最适合您。

也许香港有限公司是你离岸公司的正确举措——外国利润不征税，本地香港利润仅征税16.5%。

在英国或澳大利亚的私人有限公司可能对您有意义，或者甚至是新加坡的离岸PLC（它不会让您达到0%，但至少会减少税收）。每种类型的离岸公司和每个辖区都有其独特的优势和适当的用途。

而某些离岸公司类型仅适用于特定的司法管辖区。例如，如果SARL对您的业务有意义，您可以在法语国家设立（虽然它很少有意义）。

3. 低税还是免税

离岸公司最好的国家有哪些？您的目标将决定离岸公司的最佳场所。

一家企业可能会在一个没有会计或审计要求和实行零税率的国家建立离岸公司。

一个稍大一点的多元化的公司最好去香港或新加坡，并缴纳少量税款以获得良好的国际声誉。

寻求募集风险资本基金的公司可以去其他地方。

虽然通常可以缴纳零税，但有时候缴纳一点税也是有意义的。你不会看到我抱怨我能够合法地将我的税从43%减少到1%。储蓄已经把相当大的一笔钱带回了我的口袋。

对于一些公司来说，低税率比不缴税更好。首先，低税收地点通常会让您获得更多的世界级银行业务、金融机会和商业服务。

相比在你自己的国家而言，通过离岸公司缴纳小额税款会产生很大的差别。随着避税天堂的全球战争升级，在受人青睐的管辖区设立离岸公司可能是最适合您的策略。而在某些情况下，它甚至可能不会让你花费更多。

4. 建立离岸公司的常见国家

常见的传统离岸司法管辖区包括尼维斯、塞舌尔、毛里求斯、英属维尔京群岛、开曼群岛、安提瓜、安圭拉，甚至非洲的冈比亚。

其他适用于离岸公司的低税率地区包括直布罗陀等地区以及爱尔兰、马耳他等低税率的欧洲国家。

在亚洲，中国香港和新加坡等地可为外国企业提供零位或个位数税率以及全球税收协定网络。

同时，中东正在成长为一个离岸中心，迪拜和巴林向那些对该地区感兴趣的人士提供优质服务。

5. 离岸公司的税务影响

成立离岸公司的很大一部分原因是减少税收或完全消除税务负担。为了获得最佳的法律效果，您需要有适当的团队来管理您的业务。

一旦建立了合适的团队来管理你的业务，就确保了两件重要的事情：确保你遵守法规，并且，充分利用所有税收优惠。

一些较高级别的离岸司法管辖区将要求您提交显示您交易历史记录的年度账户。比如中国香港、新加坡、塞浦路斯、直布罗陀等地。许多传统的离岸司法管辖区可能会要求您自行保存账簿，但他们不要求您提交账簿。

成立离岸公司是为了节约资金和合法保护资产，而不是躲避或逃避税收。希望您不仅了解您所在国家的所有规则、法规和离岸公司的管辖权，还要遵守这些规则。

【案例6-1】 设立离岸资产控股公司用于资产保护

中国某投资者甲先生和其夫人乙女士经过多年创业，拥有了巨大的财富，不但拥有多家公司的股票，还拥有多处房产、农场、各种古董、艺术品、私人游艇及价值连城的珠宝等，而且这些财富还分布在不同的国家和地区，既有国内的，也有美国、澳大利亚、中国香港等国家和地区。那么，甲先生如何规划和运营自己的这些财富呢？

一个典型的利用离岸资产控股公司的方案如下：

1.甲先生和其夫人乙女士可以在政治及经济稳定的离岸金融中心（比如百慕大），设立多家离岸资产控股公司，这些资产控股公司可以持控不同地方及不同种类的投资及不动产、艺术品、珠宝等。

2.按照资产的地域和类别，分别设立下层持控离岸公司（可以选择在BVI、开曼、毛里求斯或新加坡等），分别持控不同的资产。

有关架构见图6-1：

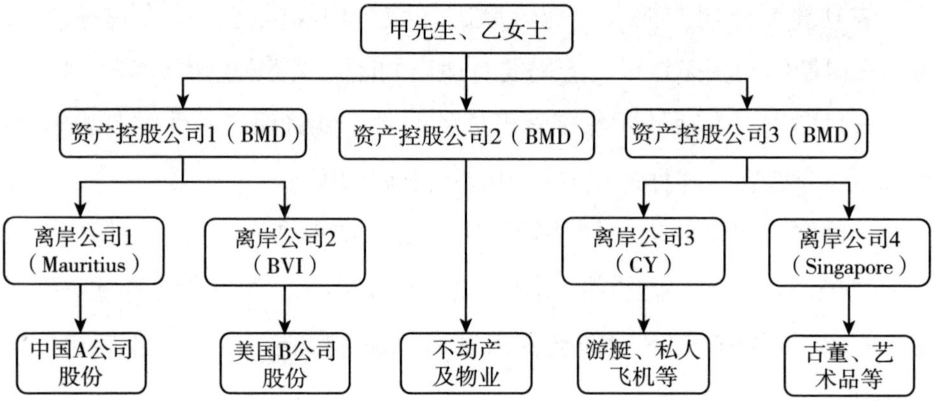

图6-1　典型离岸架构

资料来源：ChPBCLUB中国私人银行家俱乐部。

3.这类资产控股公司的好处在于：

（1）保护资产免受本国或第三国政府征收，分散政治不稳带来的风险。假如某外国政府要没收甲先生在该地的投资，或要求世界各国冻结甲先生个人或公司的资产时，以境外公司作为资产的拥有人，因为境外公司是外国法人，则某种程度上财产可以得到保障；可是，外国政府不是可以立法没收由中国商人控制的境外公司的资产吗？实现起来难度很高，可以说差不多是不可能的。因为某些境外公司的股东及董事资料是几乎保密的（例如毛里求斯的公司），甚至该境外国家可能是该外国政府的友好国家，无论如何该外国政府也不会没收友好国家投资者的资产。例如，中国与毛里求斯和新加坡都签订了投资保障协议。主要保护条款是："缔约国任何一方，除依法律规定执行外，不得对一方国民和公司执行征收或国有化，若有执行征收或国有化，则其补偿应符合有效率可实现的原则，不得无理拖延，且其补偿金额应和征收或国有化前之价值相当，同时补偿金应能自由移动。"

另外，还规定："缔约国另一方国民或公司在本国投资，因战争、军事冲突、国家紧急情况、叛乱、暴动等情况发生的损失，应给予不比其他第三国的国民或公司还差的赔偿或补偿。"

（2）保护资产免受过重的税负及外汇管制。由于甲先生及其夫人将资产的拥有权由直接改为间接持有，由个人持有变为境外离岸公司持有。如前所述，离岸法区在税收上享受很大的优惠，同时几乎没有外汇管制的措施，因此资金可以自由兑换和流动。比如，因美国B公司产生的投资收益可以在BVI自由累积或者再投资而没有任何限制，同时该收益在BVI也不会产生任何的公司所得税负。

（3）保护资产权属人资料的秘密。由于一般境外离岸公司股东及董事资料均不用公开，且受法律严密保护，个人既可同时拥有资产，也可同时享有高度的隐密。以开曼为例，除非有高等法院的法令，否则该等资料不被查询和公开，因此甲先生在开曼持有的游艇或私人飞机的表面所有人是开曼的离岸公司，而不是甲先生本人。

（4）保护资产免却遗产认证手续。这是由于资产属公司拥有，不再属个人拥有。假如甲先生不幸逝世，拨归在境外公司名下的资产是不须经过认证而乙女士有权以股东身份（假如她是公司股东之一）自由买卖公司名下的资产，至于属于甲先生的公司股份部分则需要认证后才转移给继承人，不过手续简单得多。

（5）转移资产只须转移公司股份。如果是甲先生及其夫人要转移财产，可以直接在境外转让持控该资产的离岸公司的股份即可，既简单快捷（只需要在BVI完成股权转让手续即可，而BVI几乎对此没有要求，同时不需要获得中国政府的审批），又免去高额的税费，特别是涉及不动产时更是如此。

比如，甲先生及其夫人想要转让持有的中国A公司的股份，只需要转让在毛里求斯设立的公司的股份即可。转让前后的架构图见图6–2：

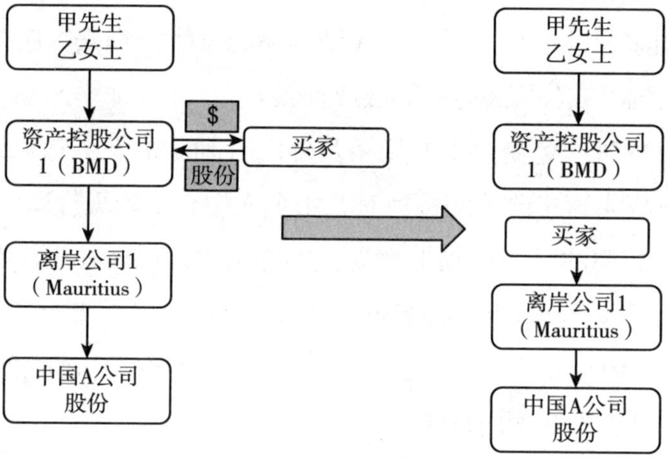

图6–2　转让前后架构

资料来源：ChPBCLUB中国私人银行家俱乐部。

（6）多层/多个离岸公司架构利于资产独立处置和“破产/债务隔离”。如上述第（5）点所述，要独立处置某项资产只需要处置相应的持控离岸公司的股份即可。同时，当今的社会正处于一个好讼的时代，为避免来自于诉讼或其他债务关系所引起的追索权，运用境外公司来持有个人资产的确可以有效地达到保护本身资产的目的，因为如果资产由个人直接持有（持有的公司除外，当然也可能面临揭开“公司的面纱”)，将有可能因为某一资产的原因导致其他资产受到追偿。假设甲先生及其夫人在美国的投资失败了，他们可以放弃美国B公司的股东——BVI的离岸公司2，又因为后者设立在严格保密股份受益人的BVI地区，所以一定程度上增加了债权人的追偿难度，同时起到“破产/债务隔离”的作用。此外，境外公司清盘容易，放弃一间境外公司的成本也非常低。

总体而言，设立多层级的离岸资产控股公司架构能在多方面保护资产避免受损，而同时维持个人资产拥有权及受益权，因自己是公司股东及董事，可以直接管理和控制公司。

（三）利用离岸公司投资、持有及处置不动产

对于房地产投资交易而言，如果市场良好的话，可以获得丰厚的投资回报。但是，伴随而来的是高额的交易费用和税负。一般而言，对于房地产的交易人而言，需要缴纳印花税、过户登记费以及资本利得税（譬如，欧洲国家为20%—30%）。如果需要继承的话，还可能面临高昂的遗产税。所以，运用境外离岸公司来持有海外不动产，在国际上早已被广泛运用。运用离岸公司来持有海外不动产通常有许多好处：（1）可以有效地保护资产；（2）一定程度上保持财富的私密性；（3）可以将个人资产和公司资产分割开来，有效地避免针对股东的法律诉讼；（4）根据司法区域的不同，可以享受免除遗产税、资本利得税、印花税等税收利益；（5）无须经过继承的方式即可移转不动产；（6）转让容易，只要把持有海外资产的控股公司股权转让即可达到目的，有效地降低了移转成本。

但是，进行海外投资的人，在购买不动产时，必须考虑深远，因为各地的法律不尽相同，只有事先规划才能免除将来的麻烦。

【案例6-2】 利用离岸公司或离岸公司架构持有不动产

A国某高净值人士甲计划在巴巴多斯投资购买一处房地产，并有计划地出售该房地产。甲可采取如下三种投资方式：

方式一：甲直接以自己的名义进行房地产的购买、持有和处置。按照巴巴多斯的法律规定，在巴巴多斯出售房地产时，甲需要缴纳财产转移税（Property Transfer Tax）和印花税（Stamp Duty），财产转移税的税率为土地出售价或税法规定的地价中的较高者的2.5%。当房屋被包含在出售价中时，价格中的150000巴巴多斯元（BDS $）属于免税收入。印花税按照出售价每1000巴巴多斯元（BDS $）征收10.00巴巴多斯元（BDS $）计算。

方式二：甲在巴巴多斯设立一家离岸公司，并以该公司的名义持有该房地产，并以该公司的名义将其出售。同样，按照巴巴多斯的法律规定，财产转移税和印花税也将由甲承担。财产转移税的税率为股份出售价或股份的价值中的较高者的2.5%，而股份的价值将参考公司的资产的价值。印花税按照股份出售价每1000巴巴多斯元（BDS $）征收10.00巴巴多斯元（BDS $）计算。

方式三：专业机构建议甲构建一个离岸房地产架构用于投资。该架构包含两个部分：先设立一家离岸资产控股公司，该公司并不直接购买和出售房地产，它设立的目的在于创设、管理和控制用于持有房地产的各家购买离岸公司。对于每处房地产都可以单独设立一家购买公司。当需要处置房地产时，只需要出售资产控股公司持有的各个购买公司的股权即可，公司股权的出售在离岸法域是非常方便的一件事情。房地产出售获得收益将保留在购买公司并转移、保留在资产控股公司，而这些收益在离岸法域将完全免税。此外，对于购买房地产的人而言，如果他/她以后再次出售该房地产，将同样享受该好处。

甲接受了建议，先在BVI设立一家商业公司B作为资产控股公司，再以B的名义在BVI设立了一家购买公司C，以C公司的名义购买了该处房地产。

三、境外大额保单

本部分主要讨论高净值客户用来避税的大额保单，而不是平时我们熟悉的香港重疾险或“某某未来”这类的储蓄型保单。

高净值客户操作大额保单时经常使用的杠杆工具是保费融资。保费融资是什么？保费融资使高净值个人（HNWI）能够以低成本获得人寿保险，通过贷款机构的融资来支付保单保费。高净值人士不太可能想要清算资产来支付保费，因此选择保费融资。人寿保险的潜在需求可能会有所不同，例如，可能是出于遗产规划的目的、公司的收购或关键要员保险的需要。

（一）保费融资的基本要素

（1）高净值人士可以设立一个不可撤销人寿保险信托（ILIT）或者利用一家投资控股公司来作为借款人、保单所有人和保单受益者；（2）银行提供保费贷款给借款人；（3）借款人利用贷款从保险公司购买人寿保险；（4）保险公司与银行之间会有一些往来，即银行持有保单保费，并由保险公司利用这笔保费进行投资，保险公司和银行可以就这些保费签订自由裁量管理协议；（5）作为担保，银行至少需要从借款人那里获得授权，来行使在保费条款下的权利。

（二）应该选择哪家银行、保险公司以及何种人寿保险

相关经验表明，保费融资是一种指数极增长的金融技术。亚洲市场正经历着高净值人士数量的激增，目前呈现出增长态势。承保该保单的

保险公司，通常是一家总部设在亚洲的保险公司，通过其设在亚洲的办事处开展承保业务。一般来说，这项政策受百慕大法律的管辖。对百慕大保险法（除了保险单规定的任何要求之外）中的一些规定必须遵守，以使合同有效。这些立法要求包括，承保人必须收到转让通知并且须得到保单中无法撤销的指定受益人的承认。百慕大法律规定，人寿保险合同中规定的权益优先权须符合人寿保险法规，对承保人来说该法规决定了书面转让通知的优先顺序。

百慕大保险公司可以合并为一家独立的账户公司（SAC），并将特定的保单产品或寿险业务的部分纳入单独的账户。这些公司并非百慕大独有，但它们并不像普通注册公司那样普遍。独立的账户公司允许创建独立账户，其中每个账户将持有一套单独的资产和负债，这些资产和负债与另一个独立账户的资产和负债是合法分离的。这种隔离是一种法定产物，它确实创造了独立的法人团体。一个独立账户的资产和负债只与该账户有关。因此，一个被隔离账户的债权人，只有权对该隔离账户提出要求，而无权过问其他独立账户公司的独立账户。

虽然百慕大法院对隔离账户概念进行了测试和支持，但需要当地法律顾问的协助，以确定其他司法管辖区是否会认可这一概念。

（三）专为高净值客户并且保护银行利益

高净值客户通常会使用投资控股公司作为借款人，而且通常这样的公司归属于英属维尔京群岛（BVI）。

假设该政策是一项与投资相关的政策，而没有规定绝对的死亡收益，那么使用BVI公司或ILIT的好处是，高净值人士可能直接参与了该政策的投资的决定。假设这家保险公司认可，并与银行参订了一仍可自由支配的管理协议，那么高净值人士就可以直接决定如何投资保费。

如果BVI公司作为借款人，则该转让可以在BVI的资产中登记为一项费用。BVI公司有义务登记在其资产的任何注册费用（私人注册）。银行应坚持要求提供一份私人登记册的核证副本，以显示转让登记的详情。此外，可向公司事务处长（注册处处长）申请登记注册费用登记册（公众登记册）的详细资料。转让的详细信息的私人或公开注册是没有时间限制的，而未能登记也不会影响作转让的有效性。然而，在公共登记簿上转让登记确实决定了由转让所产生的担保利益的优先次序。银行（通过其BVI法律顾问）或BVI公司借款人（通过其注册代理人）可以在公共登记簿上登记转让。由于此注册可能会影响银行的优先事项，我们建议其BVI法律顾问也参加此注册。

（四）保费融资的未来

随着保费融资的持续增长，未来这些交易将大大增加，而且它们的相关部署也将会增加。这可能会引发未来贷款银行之间更大的竞争，以及相应利率和费用上的压力。同样，全球的长期保险公司也已意识到将人寿保险产品与保费融资相结合的吸引力，因此他们很可能会扩大他们未来的产品供应。

根据我们的经验，银行和保险公司越来越多地寻求境外法律顾问和其他专业人士的建议和服务，以保护他们专门在保费融资平台和产品上的利益，包括百慕大和BVI方面。

第三节　全球税务交换对跨境税务规划的影响

CRS和FATCA对传统的跨境税务规划形成巨大调整。因篇幅限制，本章不对CRS和FATCA的细节进行综述。我们仅以FATCA下对离岸信托的处理为特例具体分析传统信托工具受信息交换的影响。

一、FATCA对离岸信托的影响

FATCA，全称为“外国账户税收遵从法”（Foreign Account Tax Compliance Act，FATCA），是美国于2010年颁布的法律，属于HIRE法案的组成部分。FATCA最终规定于2013年1月17日颁发，于2014年7月1日生效，其中部分义务的履行期限为两年半。

FATCA面向持国外金融账户的美国纳税人，专门打击其逃税行为。它要求国外实体确认那些直接或间接持有特定国外金融账户的美国纳税人，并向美国国税局（Internal Revenue Service，IRS）汇报相关信息。对于违规者，其来自美国的特定款项将代扣30%的所得税，还可能违反当地国家的法律。

美国政府与多个参与国签订了政府间协议（IGA）来消除某些法律障碍，减少当地财务机构的合规性负担，并在其当地辖区内有效施行FATCA。目前共制定了两套IGA范例：Model1和Model2。签署的IGA的国家目前达到了22个；另外，有大约40个国家正与美国协商签订IGA。

FATCA和IGA不仅影响到美国个人和实体，还要求众多国外实体遵守更多的披露与合规性要求，甚至还可能影响国外个人。即使不涉及美国受益人或美国投资，FATCA和IGA中的很多要求也仍然适用。在等待后续指导说明的同时，我们会事先讨论FATCA和IGA可能产生的影响以及确保合规性所需的重要步骤和设施。

（一）非美国实体的划分：FFI（Foreign Financial Institutions）或NFFE（Non-Financial Foreign Entities）

FFI是美国纳税人进行境外投资的中介机构。因此，在对其美国客户进行确认和报告方面，FFI是最佳选择，因为FFI（除非得到豁免或被视为合规）相比NFEE通常面临着更多的报告和备案要求。

FATCA法规对FFI的定义包括以下5个类别：（1）存款机构：接受符合常规银行程序或类似行业程序的存款；（2）托管机构：以托管、经纪人形式代替其他方持有的业务和金融资产占到全部业务和金融资产的较大部分（20%或以上）；（3）投资实体：A、B或C类；（4）特定保险公司：发行某些现金价值保险或年金合约，或根据某些现金价值保险或年金合约有付款义务；（5）金融集团中的控股公司或财务中心。

根据FATCA法规，投资实体具有如下特点：（1）主要从事（至少50%）商业活动：代替或代理客户进行市场工具交易、资产组合管理或其他资金投资或管理（A类）；（2）总收入主要来源于（至少50%）金融资产投资、再投资或交易，且实体由属于存款机构、托管机构、特定保险公司或A类投资实体的FFI进行管理（也就是说A中所述的全部活动均以代理形式进行）（B类）；（3）以基金（集体基金、共同基金、私募股权基金、对冲基金或其他以金融资产投资、再投资或交易为投资策略的投资媒介）的形式运作或存续（C类）。

Model 1/2 IGA中关于投资实体的定义则相对简化："投资实体"指的是任何从事商业活动（或由从事商业活动的实体管理）的实体，为/代表客户（如账户持有人）从事下列一项或多项活动/业务：（1）货币市场工具（支票、票据、存单、衍生品等）的交易；外汇；汇率、利率和股指工具；可转让证券；商品期货交易。（2）个人和集体投资组合管理。（3）以其他人的名义投资或管理基金/资金。

在理解这个定义时应当与"金融行动特别工作组建议"中关于"金融机构"的定义保持一致。

IGA中的定义可能需要进一步的澄清和引导。到目前为止，只有英国和爱尔兰发布了IGA的指导说明，其中部分定义已经符合FATCA最终规定。其他IGA辖区的合规性要求只有在各自IGA国家颁发指导说明后才会公布。

（二）信托、基金和私人投资实体的FATCA合规性考察

根据上述定义、FATCA法规中的范例和英国IGA指导说明，我们会发现非美国投资实体可以归入FATCA法规和IGA中的FFI范畴，前提是它们满足以下双重考察标准：

（1）总收入考察：如果实体总收入主要（至少50%）来自于金融资产投资、再投资或交易，则满足此标准。

“50%总收入考察”将在3年时段内（做出决策的那年前的12月31日到期）或实体已经存在的时段内进行，两者取时间较短的一个。

（2）管理方考察：如果实体或金融资产由属于存款机构、托管机构、特定保险公司或A类投资实体的其他FFI进行管理，则满足此标准。

根据上述双重考察标准，假设已满足“50%总收入”考察标准，则以下非美国信托、基金、有限合伙公司、私人投资实体等机构可能被归为FFI，前提是它们也满足“管理方”考察标准：

（1）受托人。典型的离岸企业受托人通常被视为A类投资实体的FFI。这个结论可以从FATCA法规范例和英国IGA指导说明中得出。

（2）信托。满足以下条件的非美国信托都可能被归为FFI：由受托人公司管理（该受托人本身就属于FFI）；受托人安排FFI管理信托；投资由本身就是FFI的投资管理者全权管理。如果信托的受托人为个人，且信托投资未被作为FFI的投资管理实体管理，则可能被视为NFFE。如果信托中包含底层实体（属于控股或投资公司）的全部股份，则可能满足“50%总收入考察”标准。被视为FFI的国外信托需要在每年提供其美国所有人、受托受益人甚至自由裁量受益人（在信托分配当年）的详细信息。

（3）底层实体和私人投资公司。如果私人投资实体（包括合伙公司）

由FFI管理或是其金融资产被委托给作为FFI的专业投资管理者管理，该实体就被认为是FFI。请注意，仅拥有公司董事职能的实体很可能不是FFI。这时，如果金融资产未被作为FFI的专业投资管理者管理，该实体就可能不是FFI而是NFFE。

（4）基金。共同基金、对冲基金或其他以金融资产投资、再投资或交易为投资策略的基金都被认为是FFI，无须对基金进行总收入考察或“管理方”考察。

未被专业FFI管理（如交给个人管理）的被动投资实体通常被视为被动NFFE而非FFI。所持资产为非金融类型（不动产或地产）的投资实体即使由其他FFI管理，也不能被视为投资实体。

（三）FATCA和IGA中的确认和汇报要求

如前面所述，位于非IGA国家的FFI参与方和位于IGA国家的FI汇报方在确认和汇报要求方面存在一些差异。FFI协议和IGA作出了以下要求：

一是对新增和已有账户执行特定的尽职调查程序（对账户金额和假设设定详细限值）以确认所谓的美国账户，即由下列对象持有的金融账户（持有人、投资者、客户）：（1）美国自然人/法人（个人、实体、合伙企业、美国受托人）；（2）美资所有外国实体（实质性美国所有人>10%；对于IGA：美国控制人>25%）。

FATCA法规和IGA中介绍了审验账户信息的详细流程。具有美国标识的个人可以被视为美国自然人/法人，除非他们提供了不利于此判断的证据。

二是每年通过新版8966表格向IRS报告有关美国账户持有人和外国账户收入及资产的信息。需要报告的信息包括：（1）名称、地址、美国税务标识编号（TIN）、账号和账户余额；（2）如果账户持有人是NFFE

或OD-FFI，则还需要报告其实质性美国所有人的详细信息；（3）收入和提款情况（2015财年起）；（4）总收入（2016财年起）。

三是对不配合账户持有人和不合作FFI的应代扣款项和（2017年开始的）某些转手款项代扣30%所得税；在一定时间后，FFI可能要关闭不配合账户持有人的外国账户。这些义务均未在IGA范例中提出，但FI汇报方需要将其信息提供给美国所得税代扣义务人，由它们采取相应代扣措施。

四是由IRS进行备案和遵从性审查。FFI参与方（PFFI）必须指定负责人员（RO）负责制订并定期检查遵从性计划，其中包括能够证明PFFI遵守FATCA要求的各项政策、流程和程序。RO需要证明FFI遵守法规、提供流程详细信息和报告任何实质性不遵守法规行为/违规事项。RO还须按IRS要求向其提交材料供其审核，并对IRS的其他信息请求作出回应。RO可分配联系人（POC）。

FFI报告美国金融账户的最低限值。FATCA法规规定了对个人账户和实体账户的已存在账户与新账户采取尽职调查的具体要求和限值。所有合计价值达到或超过50000美元的美国金融个人账户均须上报给IRS。已存在的价值不超过250000美元的实体账户可免于审查。价值超过1000000美元的高价值账户需要接受强化审查。

在对FFI执行尽职调查时，具有下列美国标识的账户持有人将被视为美国自然人/法人：（1）美国公民或居民；（2）出生地为美国；（3）使用美国居住地址或邮寄地址；（4）使用美国电话号码；（5）通过委托指令向美国账户汇款；（6）使用美国地址给予任意人员委托书或签字授权；（7）账户持有人提供了邮件“转交”或“留交”的美国地址。

当确认自然人/法人具有上述美国标识时，除了具有美国公民或居民资格外，对于第（2）至第（7）条，须提供具体的相反证据进行证明才能继续享受非美国自然人/法人待遇。

（四）不遵守FATCA规定的后果

未能履行义务的FFI将被视为不合作FFI。NFFE和其他拒绝接受确认并披露所需信息的账户持有人将被视为不配合账户持有人。违规者将面临诸多风险和处罚，包括对美国的某些可代扣款项代扣30%所得税；另外，根据IGA规定，他们还可能违反了当地的相应法律。

不合规的FFI以及不配合账户持有人的账户可能会被银行终结。此外，由于产生了潜在风险和代扣问题，某些大型金融机构可能无法与不合FATCA规定的实体开展业务。

FATCA规定的应代扣款项：所得税代扣义务人将对上述违规方按照美国的特定可代扣款项扣缴30%所得税，这类款项包括：（1）来自美国的利息、分红、酬金、年金等定期（FDAP）支付款项（2014年7月1日生效）。（2）能够以美国国内为来源产生利息或分红的资产的销售或处置总收入（2017年1月1日生效）。（3）2017年起，某些国外转手款项也要代缴30%所得税。

代扣数额应当由这些所得税代扣义务人报告给IRS。

第四节　美国税务规划常见案例

一、美国信托的运用

（一）美国信托简述

中国有句古话——“富不过三代”。在美国，却能有诸多屹立百年不倒的大家族，例如范德比尔特家族（Vanderbilt）、肯尼迪家族（Kennedy）、洛克菲勒家族（Rockefeller）。这些大家族代代皆有传奇人物，并且家族资产传承多代，却从未引发过争产的问题。这几个美国大家族之所以能够长盛不衰，其秘诀就源于信托对资产的传承和保护作用。

针对家族如何控制、管理、分配已分离出去的信托资产，法律允许把信托公司的部分权利分离出来由家族成员管理：

最为重要的任免权可以分离给信托保护人（Trust Protector）掌管，相当于信托的人事主管，有权决定下面的管理人员由谁来担任，并可以为家族成员担任；

信托资产投资的权利可以由投资顾问（Investment Advisor）来决定，可以为家族成员；

信托资产分配的权利可以由分配顾问（Distribution Advisor）来决定，可以为家族成员。

美国信托一般来说可以分为两种：可撤销信托（Revocable）和不可撤销信托（Irrevocable）。

典型的可撤销信托为生前信托（Living Trust），是在自己的名下由自己来管理，可撤销即随时可以变更和撤销信托内容，资产可以随时拿进，也可以随时拿出，这样做的结果是个人和资产没有隔离开来。此类信托可减少继承纠纷，避免遗嘱认证，但不具备遗产免税和资产保护的功能。

而不可撤销信托即不可更改和不可撤销，就是一旦信托设立人设立此信托，他们已经放弃资产拥有权（Ownership），设立人不得修改和取消此信托。这类信托才具备遗产免税和资产保护的功能。简言之，信托资产包括以后的升值部分都不会算作遗产，从而避免遗产税，并且债主或官司等都无法追讨到此类信托名下的财产，这是可撤销信托所不及的。

和保险相结合的不可撤销人寿保险信托（Irrevocable Life Insurance Trust）就是此类信托，人寿保险是美国所有家庭或家族不可或缺的工具。美国终身寿险的杠杆可以达到十倍甚至十几倍以上。人寿保险不征所得税，但是个人名下购买的人寿保险，过世以后身故赔付会成为遗产，如果个人资产多就可能会触及遗产税。

对于非美国人向美国公司购买并以本人为受保人的人寿保险不计入美国遗产；但非美国人向美国公司购买的年金，或向美国公司购买并以他人为受保人的人寿保险则要计入美国遗产。而此信托可以完全合法地将高额的身故赔偿金转让给子女，而不必缴纳遗产税或赠与税，建议拥有美国身份的大额保单建立此信托。

美国信托品种齐全，其他种类如酌情信托（Discretionary）和固定信托（Express）、永续信托和有存续期限信托、委托人信托和非委托人信托、美国国内信托和非美国信托等。

（二）为什么选择美国家族信托

1. 实现资产保护、财产安全隔离

（1）发生债务纠纷、破产、离婚等情况时，对家庭资产的保护；

（2）保护子女婚前财产，避免婚前协议。

2. 家族财富传承，保障多代传承

（1）资产集中管理，避免财富消失；

（2）现有家族财富有序长远地传承；

（3）通过设立的信托管理、处置、分配机制，对后代的行为进行积极的引导，防止后代对资产的滥用。

3. 减少继承纠纷，避免遗嘱认证

美国遗嘱认证（Probate）时间较长，并且会有被质疑的可能性，使用信托可以避免复杂的程序和费用。

4. 全球税务规划，合理降低税收

（1）随着家庭或企业与美国关联越来越多，最大限度地将美国以外的资产排除在美国所得税（2018年美国个人联邦所得税最高为37%，州和地方税另算）和遗产税（2018年美国个人联邦遗产税为40%）征收范围之外；

（2）最大限度地将美国资产的所得税和遗产税降到最低（非美国人的美国资产仅有6万美金的遗产税免税额）；

（3）结合个人税收规划、家族企业税收规划、纳税居民身份规划。

5. 资产信息严格保密

（1）在当今的信息交换世界里实现资产保密性；

（2）遗嘱内容是公开的，而信托为完全保密。

6. 信托设计高度灵活

（三）美国信托的实际应用

1. 高净值人士或家庭均无美国移民需求，却有美元或全球资产配置需求

海外配置的多为美国房地产、股票债券基金等、美国保险（非美国人向美国公司购买并以本人为受保人的人寿保险不计入美国遗产）等。

需要注意的是遗产税、所得和收益征税。而通过信托来持有美国房产和资产，可以规避遗产税及其他传承风险等（见表6–1）。

表6–1　　购买美国房产的税务规划分析

方式	税负分析
直接持有	有遗产税
	所得和收益按个人税率征收，但须在美国所得税表上申报
双重公司结构持有	无遗产税
	对租金和房产出售收益目前按21%公司税率征收
通过信托持有	无遗产税（如妥善安排）
	对出售收益按个人税率－长期资本利得税率20%
	对于出租房产，可通过进一步规划，极大减轻租金和房产出售时收益的税负

资料来源：ChPBCLUB中国私人银行家俱乐部。

2.资产持有人不计划移民美国，但子女赴美留学或移民，他们所面临的资产保护和税务等问题

如果将财富直接给美国居民，面临所得税、遗产税、赠与税等税务问题，以及后代子女离异等问题。可以通过“外国委托人信托”结构进行财产传承和税务规划，信托取得收益时，美国境外收益和绝大多数美国境内收益无须在美国缴纳所得税。

3.资产持有人准备移民美国，但还没有移民该如何规划

移民前可以将部分资产放入符合条件的不可撤销信托，可避免美国遗产税；购买符合条件的保险，可避免美国所得税，保险须由信托持有。

4.资产持有人已移民美国多年，并无信托规划，面临资产保护和税务问题，该怎么解决

（1）合理利用1120万美元的免税额，将部分资产放入不可撤销信托以避免或减轻美国遗产税，比如快速增值的资产或上市前的公司股份等。

（2）购买保险为子女提供资金用于将来支付遗产税，须注意必须通过不可撤销的信托来持有。

（3）设立可撤销信托以达到财富传承和避免遗嘱认证的目的，如绿卡持有者可通过信托推迟美国遗产税征收时间。

（四）美国信托的运用的税务问题

外国信托的美国所有人和受益人有着非常复杂的报告要求，这些要求与本国信托相比十分不同。美国对外国信托收入和分配的征税取决于外国信托的类型和分配时信托受益人的状态。本部分会在当前美国法律要求下，针对外国信托的所有人及受益人提出一些问题的解决方案。请注意，文中提到所有的“美国所有人”和“美国受益人”指的是要缴纳收入所得税的美国居民，包括：美国公民，美国绿卡持有者，或在任何税收年里通过了“实际居留测试”的人。

1. 信托的纳税所在地：国内还是国外

信托是外国还是国内的状态将影响美国对信托及其受益人的征税报告要求。所有不同时通过“法院测试”和“控制测试”的信托都被视为外国信托。

（1）法院测试。美国境内的任何联邦、州或地方法院都能够对信托的所有实质管理权（当地法律赋予命令或裁判的权力）行使主要权力。

为了满足美国法院测试，还有四条所谓的“亮线原则”：

1）如果信托在美国法院注册，信托机构将自动满足法院的检验标准。

2）如果根据美国境内的遗嘱认证（不是辅助遗嘱认证）创建了遗嘱信托，且该信托的所有受托人都被美国法院的信托受托人认定为合格信托人，则该信托将符合法院检验。

3）对于生前信托，如果受托人和/或受益人向美国境内的法院采取措施，导致信托的管理受到此类美国法院的主要监督，则该信托将符合法庭测试。

4）如果信托文件规定外国的法律将管辖信托，这并不一定意味着信托将通不过法院测试。如果信托受外国法律管辖，但授予美国法院对执行该法律行使主要监督的权力，则法庭测试将得到满足。

除了上述规则外，还有一条安全港规则，即在以下情况同时发生时，该信托为美国信托：信托证书没有直接将信托在美国境外管理，该信托仅在美国管理，该信托不受自动迁移条款的约束。

（2）控制测试。一个或多个美国人必须有权通过表决或其他方式对信托做出所有“实质性决定”，而无人拥有否决权（设保人或受益人为受信人身份行事除外）。

实质性决定是指任何人根据信托文书或适用法律授权制定的所有决定（部长决定除外），包括但不限于：1）是否和何时分配收入或本金；

2）分配的额度；3）选择受益人；4）是否将进款分配到收入或本金；5）是否终止信托；6）是否妥协、仲裁或放弃对信托的要求；7）是否代表信托提起诉讼或为信托辩护；8）是否移除、添加或替换受托人；9）投资决策。

（3）自动迁移。如果信托文件规定美国法院试图主张管辖权，或以其他方式直接或间接监督信托导致信托从美国迁移出，则信托将自动不满足法庭测试。

如果信托文书规定，任何政府机构或债权人企图从信托中收集信息或对信托提出索赔请求将导致信托中的一项或多项实质决策不再由美国控制，则信托将自动失败于控制测试。

2.外国信托的类型

美国对外国信托的所得税取决于此信托是委托人信托还是非委托人信托。外国委托人信托的收入通常会向信托的委托人征税，而不是信托本身或信托的受益人。与之相比，外国非委托人信托的收入一般在分配给美国受益人时征税，除了来自美国的或有效相关收入是由信托所得，在这种情况下，非委托人信托要在收入进账当年缴纳所得税。

（1）外国委托人信托。

1）美国委托人（美国公民或居民）。在其一生中，美国设保人必须在1040号表格（美国个人所得税纳税申报表）中申报所有信托收入和收益。信托本身不受美国所得税的约束。

当委托人保留对信托资产的某种程度的支配和控制权时，信托被视为委托人信托，因此被视为美国联邦所得税角度的信托的所有人。如果美国委托人无条件转让给拥有一个或多个美国受益人或潜在美国受益人的外国信托，则该外国信托也被视委托人信托，并需要向美国纳税。

大多数外国信托都是由美国委托人创建的，这些信托至少拥有一个当前或未来的美国受益人。

值得注意的是，当外国信托由美国人资助时，在大多数情况下，信托将被视为拥有美国受益人的信托。

A.受托人的义务。美国所有者的外国委托人信托的受托人必须每年向美国国税局提交表格3520–A。3520–A须在每年3月15日之前提交。3520–A可以申请6个月的延期。受托人还必须向在收税年度接受分配的每个美国所有人发送一份“外国授予人信托所有人声明”。如果受托人未按要求提交表格3520–A，则将对美国委托人处以罚款。为了避免处罚，美国委托人可以签署并提交表格3520–A。

请注意，分配还包括向美国受益人提供的贷款（不包括被视为“合格义务”的贷款）以及信托财产的未补偿使用的信托财产（它被视为受益人所使用的财产的公平租赁价值分配）。最后，为了避免允许国税局（IRS）确定美国受益人的应税收入，建议美国受益人的外国信托委任美国公民、NRAs或其他美国实体担任在美代理人。

B.美国所有者的义务。被视为外国信托所有人的美国人每年将根据其认为拥有的部分信托收入缴纳美国所得税。美国所有者必须提交表格3520年度报告，报告与外国信托的报告和收到特定外国馈赠的报告，向外国信托机构报告任何转账，并且还必须每年提交表格（表格3520），以报告外国信托的所有权，哪怕当年没有向信托转移资产。表格3520必须在个人表格1040的截止日期（包括延期）内提交。美国所有人必须在表格3520中附上受托人收到的“外国授予人信托所有人声明”副本。

在成为美国居民的5年内直接或间接向外国信托转让财产的非居民外国人（NRA）通常被视为在入籍起始日做的转移。

每个被视为外国信托所有人的美国人有责任确保受托人每年提交3520–A表格，并且还必须将外国委托人信托所有人声明的副本发送给美国所有人，也要将外国委托人信托的受益人声明的副本发送给所有从信托获得分配的美国受益人。如上所述，如果3520–A表格未提交，会对美国所有者实施处罚。

2）NRA委托人：现行法律大大限制了NRA根据设保人信托规则被视为信托设保人的能力。但是，在某些有限的情况下，委托人信托规则对NRA委托人继续适用。如果信托是NRA所有的外国委托人信托，则申请要求如下：

A.受托人的义务。受托人应向美国受赠人提供一份外国授予人信托受益人声明，以报告分配金额。此表格不需要单独向IRS申报。

B.非美国所有者的义务。非美国所有者一般不需要征收美国信托收入税，除非该收入是美国的源收入或与美国的贸易或企业有效关联的收入。如果该信托有来自美国的收入，美国所有者有责任提交表格1040-NR（“非居民外国人所得税申报表”），以报告并支付任何在此收入上的税务。

3）美国受益人。从外国委托人的信托（无论授予人是美国人还是NRA）获得分配的美国受益人必须在该个人的表格1040的到期日期（包括延期）前提交3520表格。如果一名美国受益人在应纳税年度内收到一份完整的外国赠款信托受益人声明，该声明应附于表格3520。

如果受益人获得“外国授权人信托受益人声明”并附于表格3520，则外国授信人信托的受益人无须缴纳税款。但是，如果受益人没有关于外国委托人信托分配的受益人声明，该美国受益人就会被要求支付在此分配上的美国收入税。

（2）外国非委托人信托。对美国而言，所有不是设保人信托的外国信托都被认为是非委托人信托。从美国所得税的目的出发，外国的非委托人信托通常不受美国税收的限制，除非该信托收入来源于美国或有效关联收入。

1）受托人的义务。受托人应向美国受赠人提供一份外国非委托人信托受益人声明，该声明将报告分配的数量以及分配的构成，包括分配是否包含当年的收入（以及这种收入的特征）、上年收入或本金。与拥有美国所有者的外国委托人信托基金不同，此声明不用向美国国税局提交。如果信托获得美国来源或有效关联收入，受托人有责任提交表格1040-NR（“非居民外国人所得税纳税申报表”），报告并支付任何美国应纳税收入。最后，为避免国税局确定美国受益人的应税收入，建议有美国受益人的外国信托委托美国公民、居民外国人或其他美国实体来担任美国代理人。

2）美国受益人义务。从该信托获得分配的外国非委托人信托基金的美国受益人必须在1040表格的截止日期（包括延期）前提交表格3520。如果美国受益人收到“外国非委托人信托受益人声明”关于在纳税年度的分配，这个声明应该附在3520表格上。如果美国受益人没有获得“外国非委托人信托受益人声明”，那么美国受益人将被要求计算他们在美国通过利用“默认”的方式进行分配的所得税，这可能导致比获得受益人声明更高的税额，因此受益人可以采用“实际”的方式。

美国受益人有责任支付分配中包含的本年度信托收入的美税，并且可能需要对上一年度信托收入分配额外征税（称为累积分配税或复古税）。此外，可能会对任何累计分配征收利息。对于美国受益人来说，当累计分配收入由外国非委托人信托产生时，所要求的计算是非常复杂的。在任何时候，美国人从外国信托获得分配时都应该咨询税务顾问。

（3）美国受益人使用外国信托财产。自2010年3月18日起，美国受益人对外国信托财产的使用被视为信托的分配。视为分配的金额将根据受益人使用的资产的公平租赁价值计算。受益人可能使用的信托资产的一些例子是：受益人用作主要居住房屋或度假屋，以及在受益人的主要居住房屋中或度假屋中的信托拥有的艺术品或古董家具。此类分配受上述收入所得税规定的制约。

3.杂项问题

（1）对未能提交所需的外国信托申报表的处罚。由于未能提交与外国信托有关的信息表格（表格3520-A和表格3520），国税局会对此给予重大处罚。

（2）转让给外国信托后获得确认。美国人转让给外国非委托人信托可视为财产的出售或交换。如果规则适用，美国转让方必须在将资产转让给外国信托时确认收益并支付税务。此规则不适用的情形是当美国转让方是信托委托人（例如美国所有人的外国委托人信托）。但是，在美国所有人死亡或美国所有人成为非居民外国人时，不再被视为设保人信托而将成为外国的非委托人信托。收益确认规则适用于信托状态改变的情况，因此，在所有人死亡之时信托与遗产的增值继承部分是承担纳税责任的。

（3）美国对外国公司的利益征税和信息披露。美国税法包含一些有关控制性外国公司（CFC）和被动式外国投资公司（PFIC）的反推迟制度，这些制度削弱美国纳税人通过持有不受当前美国税收影响的外国公司的利益。根据这些规定，即使没有进行实际分配，外国公司的某些收入也可能包含在拥有该公司利益的美国人的收入中。信托直接或间接拥有的股票由信托受益人按比例拥有。关于CFC和PFIC的规则和申请要求不在此文讨论的范围内。除了反推迟制度的可能适用性之外，美国纳税人还需要上报相关信息，他们与外国信托有利益关系，而这些外国信托与外国企业或合伙企业也是利益相关的。

（4）外国信托通过中间机构进行的分配。如果中间人收到来自外国信托的财产是以避税为目的的，由外国信托收到财产的中间人转移给美国人的任何财产（包括现金）被视为外国信托直接向美国人转让的财产。有各种因素会导致此转移被视为是有计划进行的，其主要目的是避税。这些规则的讨论超出了本书的讨论范围。

（5）申请美国纳税申报表的外国信托的纳税人识别号码。如果受托人需要代表外国信托机构提交美国纳税申报表（例如3520-A或1040-NR表格），受托人必须针对该信托获得纳税人身份证明号码。

（6）外国银行账户和其他外国金融资产的报告。每个在外国金融账户（包括银行、证券或其他类型的金融账户）中拥有经济利益或签名授权的美国人，均须提交表格TDF 90−22.1、外国银行和财务账户报告（FBAR表格）。外国信托的美国受托人通常对信托的外国账户具有签名权和/或经济利益关系，因此必须提交FBAR表格。信托的美国所有者和/或美国受益人也需要提交此类表格，以报告外国账户的财务权益或签署权。未能提交FBAR表格可能会导致实施民事和刑事处罚。

除了FBAR的备案要求外，美国现在还要求披露总价值超过5万美元的某些外国金融资产。外国金融资产包括外国账户、外国股票和证券、外国金融工具或合同以及包括外国信托在内的某些外国实体的权益。

为了披露这些特定的外国金融资产，国税局已经发布了8938表格，即特定外国金融资产报表（每个SFFA）。提交表格8938的门槛根据个人的申请状态而有所不同。这种新形式是2010年国会颁布“国内税收法”（IRC）第6038D部分的结果，这是2010年雇用激励计划（HIRE）的一部分。

一般来说，SFFA包括：1）由外国金融机构维护的财务账户；2）在持有投资而非持有金融账户的范围内；3）由美国人以外的人发行的股票或证券；4）具有美国人以外的发行人或交易对手的金融工具或合同；5）任何对外国实体中的利益。

新的报告要求通常从2011年纳税年度开始对大多数个人生效。

虽然在8938和FinCEN114上需要报告的财务账目类型有相似之处，但外国银行和金融账户的报告（目前的“FBAR”表格）、8938表格并没有废除、替换或改变纳税人的义务来提交FBAR。

二、美国税制及购买美国地产的规划

本部分我们以美国地产投资为案例具体分析美国税制下的处理和规

划方式。

美国所得税法中包含许多针对外国投资者的陷阱。这部分内容旨在帮助美国房地产的外国投资者了解美国房地产赠与税和所得税的规定，以及这些税法会如何影响他们的投资，并通过合理规划来避税。通过适当的法律建议，外国投资者应该能够：（1）避免美国对他或她进行投资的房地产和赠与品征税；（2）避免对其投资产生的总收入征收30%的预扣税；（3）将其投资产生的净收入的年度美国所得税最小化；（4）尽量减少可盈利投资出售的潜在资本收益。

（一）美国税制

1. 美国人

（1）基本规则。美国人在全球的资产都要向美国缴税；居住在美国的美国人的全球资产都须受制于美国遗产税、赠与税、隔代转移税（GST）的法规要求。

非美国人仅在其美国来源收入上缴纳所得税；非美国人的美国居民仅在美国境内拥有美国资产上缴纳遗产税、赠与税和GST税。

（2）美国人。美国人包括美国公民（包括在美国和他国拥有双重国籍的人）和美国居民（不论其公民身份是什么）。

就美国所得税而言，美国居民包括在美国居住的“绿卡”持有人（或其他合法永久居民）。如果某人在美国有“实质存在”，则该人也是美国居民。一个人被认为在美国是“实质存在”，当他/她：

1）在日历年内在美国境内居住183天；

2）至少在一个日历年中在美国境内生活31天，并且在当年及过去两年中每年平均在美国境内超过121天；

3）在某些情况下选择被归类为美国居民，税款包含许多暂时在美国境内的人的例外情况。

美国会使用不同的测试来判断：该人是否在美国居住并拥有“住所”。一个人在一个国家的居住地无限期居住，无意迁往另一个国家。

（3）美国本土企业。在州法下在美国境内开办的公司可以被认作美国人。

（4）美国本土信托。

1）它受美国法院的优先管辖；

2）一个或多个美国人有该信托的实质决定权。

2. 外侨/非居民外国人（Non-Resident Aliens，NRAs）

一个人是非居民外国人当他/她/它不是美国人。非居民外国人包括外国个人、外国公司、外国遗产与信托。

（二）遗产税

1. 美国人

美国公民或美国居民的遗产受制于遗产税，从所有者死亡的那一刻开始，其对自己在全世界范围的有形和无形资产拥有权利和权力。针对超过534万美元免除的可税遗产，2015年的遗产税率是40%，会随着每年通货膨胀来调整。可以将配偶扣除额从应税遗产中扣除，该数额与留给未亡配偶的资产价值相等。在计算遗产总额时，应将逝者一生应税赠与也计算在内。

2. NRAs

非居民外国人的遗产总额包括所有在美国境内的有形和无形资产，在逝者死亡的那一刻，其对这些资产有利益关系或有权利或权力关系。

对非居民外国人应税遗产超过6万美金的部分征收26%—40%不等的遗产税（应税遗产超过100万美金时，征收40%遗产税）。此外，NRA的遗产是不允许有配偶扣除额的，除非未亡配偶是美国公民。应税赠与不算在遗产总额中，但是要单独计算税费。

包含在NRA遗产里的美国资产包括：（1）其拥有或控制的美国不动产；（2）美国公司股票；（3）一个美国人的债务（某些银行存款和投资组合利息除外）；（4）在美国的利益伙伴关系；（5）美国信托的利益。

即使由美国保险公司支付，人寿保险所得也不包括在NRA的遗产中。已缴纳的赠与税可抵扣遗产税。美国与多个国家签有税收协定，这可能会限制美国遗产税。马萨诸塞州的遗产税适用于位于马萨诸塞州内的房地产和有形个人财产。税率从0.8%—16%不等；如果总遗产不足100万美元，则不需要提交遗产税报税表。美国其他州也对NRA的遗产征收遗产税或继承税（所谓的"死亡税"）。虽然这些税率低于美国遗产税税率，但在规划美国房地产投资时不应忽视这些税。

（三）美国遗产税对美国房地产所有权结构的影响

1. NRA直接拥有权

一位NRA在其死亡时，直接拥有的美国不动产受到美国遗产税（以及任何适用的州死亡税）的约束。

2. 美国本土公司

一位NRA在其死亡时，拥有的美国公司股份受到美国遗产税（以及任何适用的州死亡税）的约束。

3. 外国公司

一位NRA在其死亡时，拥有的外国公司股份不受到美国遗产税（以及任何适用的州死亡税）的约束。

4. 美国本土信托

受益人从一位NRA拥有的美国信托中得到的利益受到美国遗产税（以及任何适用的州死亡税）的约束。

5. 不可撤销外国信托

外国信托拥有的任何美国资产都不受到美国遗产税（以及任何适用

的州死亡税）的约束，除非：（1）该信托是委托人信托；（2）信托设立人在死亡时保有对信托收益的权利。

6. 可撤销的委托人外国信托

如果一个NRA在其逝世之时享有撤销信托的权利，或对信托拥有的任何美国财产有规定的权利，他将会需要缴纳美国遗产税（以及任何适用的州死亡税）。

7. 合伙人权益

如果合伙企业在美国从事业务或持有美国资产，则对合伙企业的投资可被视为美国财产，税法在这个问题上是悬而未决的。

（四）美国遗产税规划

在大多数情况下，对一个外国人来说归类为NRA比归类为美国居民更有利，因为遗产税仅适用于NRA的美国财产，而不适用于其全球财产。然而，慷慨的534万美元的免税额度和配偶抵扣可以保护许多外国居民的遗产免遭税务侵扰，对美国居民也同样如此。如果外国人的大部分财富位于美国，对他或她来说，寻求美国居民身份可能是一个好的遗产规划。

显然，计划投资美国房地产的NRA希望避免个人直接所有权或间接通过美国公司、美国的信托、可撤销的外国信托或美国的合伙关系的投资，因为在上述各种情况下，他都会拥有须征收遗产税的美国财产。通过外国公司或外国不可撤销的信托投资就可以避免这种情况。

1. 外国公司

通过外国公司投资的外国投资者应该避免美国遗产税（以及大部分国家死亡税）。但是，通过预扣税或“分公司利得税”征收所得税可能会阻碍外国公司作为一种可行的替代方案，除非存在有利的税收协定。

2. 外国母公司的美国公司

一种有利的遗产税和收入税结构是，购买创收不动产的美国公司实际上是外国公司所有的。这种结构既避免了遗产税，也避免了分支利润税。

3. 不可撤销外国信托

另外一种有利的遗产税结构是，外国不可撤销信托拥有美国不动产，该资产是不产生任何收入的。在这种情况下，必须注意：（1）在非美国司法管辖区建立信托，或避免指定美国受托人控制信托的实质性决定（避免分类为美国信托）；（2）限制委托人对信托中美国不动产的权力。

4. 外国不可撤销信托拥有的美国有限责任公司

使用外国不可撤销信托的一个缺点是，与公司不同，受托人对所有信托的债务并无限制责任。

避免这个问题的一种方法是信托创建一家全资拥有的美国有限责任公司（LLC），此公司拥有该不动产。

有限责任公司是美国几乎所有州都允许的常见的美国所有权实体。有限责任公司的结构将业主（成员）和管理人员（经理）相结合。因此，不可撤销的外国信托可以建立一个全资拥有的有限责任公司作为美国房地产的所有者，给予受托人和受益人有限责任的保护，并且允许他们使用熟悉的美国实体处理美国合同方。

有限责任公司的一种税收属性可能对投资人来说相当有利：拥有单一所有者的有限责任公司被美国国税局视为“忽视企业实体”，不会被考虑征收所得税。最近美国税务法院的一个案例表明，出于遗产和赠与税的目的，单一成员有限责任公司的会员权益可能被视为单独的美国实体，但这不会导致外国不可撤销信托的遗产或赠与税。

通过单一成员有限责任公司对房地产的所有权也是保护信托所有人身份机密性的好方法。

（五）美国赠与税

1. 美国人

美国人在其全球资产的赠与上都规定须缴纳美国联邦赠与税。赠与税是施加在赠与者身上的，受赠人在收到礼物时不需要缴纳赠与税或所得税。应纳税赠品的税率为18%（适用于不超过10000美元的应税礼品）至40%（适用于超过100万美元的应税礼品），应纳税赠品价值按全球公允市场价值计算。每名受赠人允许每年有14000美元（2015年）非信托收益的赠礼接收额度，配偶可以选择礼物分成（配偶之间分配50：50）。遗产税的终身豁免为543万美元。礼品低于公平市场价值赠送时（“廉价销售”），其超过公平市场价值的部分将被视为应税赠与。向可撤销或设保人信托提供的赠与不是应纳税的赠与，但此类资产仍受信托财产授予人的遗产税和所得税的限制。送给不可撤销信托的赠与是应纳税的，不符合14000美元的年度免额条件。给配偶的赠与可以免税。

2.NRAs

不是美国居民的外籍人士，其美国有形个人财产和现金的礼品要被征收美国联邦赠与税；美国房地产须缴纳赠与税；公司股票和合伙权益则不需要。每名受赠人每年允许拥有14000美元的额度，此额度随通胀所调整。除非配偶是美国人，否则不得与配偶共同赠送礼物。除非配偶是美国公民，否则给配偶的礼物无权享受婚姻扣除，但可以通过对通胀调整每年允许向非公民配偶赠送礼物（2015年为140000美元）。终身赠与不得享受其他免税待遇，但已支付的赠与税可以从遗产税中扣除。

由于礼品税只适用于有形的美国财产，因此不适用于外国公司或其他无形股票财产。只有少数美国州征收礼品税，美国税收协定会限制美国赠与税额。

（六）美国赠与税规划

应该避免直接拥有美国房地产的礼物。股票、债券、银行存款和合伙权益等礼物是不受赠与税的“无形财产”。礼品税通常可以通过在公司或其他实体中持有不动产（或其他有形资产）以及制作公司股票的礼物来避免。

设保人拥有的美国或外国公司的成立美国房地产不收礼品税。创建外国信托拥有房地产可能需要仔细规划。如果信托由捐赠的现金供资由NRA对美国的信托，这可能被认为是应纳税的礼物。

（七）美国居民所得税

1. 个人所得税

2015年，个别的联邦所得税税率分为以下几档：10%，15%，25%，28%，33%和39.6%。税收档位取决于个人纳税人的身份：单身纳税人，已婚合报，遗孀/鳏夫，户主，已婚分报。最高比率为39.6%，2015年的实施情况见表6–2：

表6–2　　美国居民个人所得税

纳税人身份	应税收入
单身纳税人	>413200 美元
已婚合报	>464850 美元
遗孀 / 鳏夫	>464850 美元
户主	>439000 美元
已婚分报	>232425 美元

从2013年开始，“净投资所得税”按3.8%的税率在以下最小项里征收：（1）净投资收入；（2）调整后的总收入超过阈值（已婚合报250000美元；单身125000美元）。

“投资收益”包括：（1）利息、股息、年金、特许权使用费和租金的总收入，但贸易或业务所得除外；（2）被动收入；（3）处置财产所得净收益，除了非被动活动收入的贸易或企业所使用的财产。

2. 企业所得税

公司税率也是分等级的（详见表6-3）：

表6-3　　企业所得税

应税收入	税率
0—50000 美元	15%
50000—75000 美元	25%
75000—100000 美元	34%
100000—335000 美元	39%
335000—10000000 美元	34%
10000000—15000000 美元	35%
15000000—18333333 美元	38%
18333333 美元及以上	35%

累计计算每个档位的税额，所以对10万美元所得征收企业所得税的计算为22250美元［15%档位收7500美元（0.15×50000），25%档位中收6250美元（25000×0.25），34%档位中收8500美元（25000×0.34）］，所得有效税收率22.5%。

3. 信托与遗产所得税

信托被视为独立的应税实体，但有权扣除实际分配给受益人的收入。

信托的未分配收入按照美国所得税的税率计算，具体见表6-4：

表6-4　　信托所得税

应税收入	税率
0—2500 美元	15%
2501—5900 美元	25%
5901—9050 美元	28%
9501—12300 美元	33%
12301 美元及以上	39.6%

（八）NRAs的所得税

NRAs专门用作个人住宅的美国房地产，并非全部或部分时间用于出租或生产的，不需要过度担心所得税问题。租用或产生收入的NRA所拥有的财产将缴纳所得税。

美国对收到“美国来源收入”的NRAs实行特殊的所得税制度。租金是美国来源收入的主要形式，适用于NRA投资美国房地产。NRA房地产投资者通常会收到来自美国再投资基金的股息或利息，这些投资受美国所得税的影响。

1. 美国来源收入

（1）租金。美国不动产收取的租金和其他收入是美国的来源收入。NRA从外国不动产中获得的租金和其他收入是不受美国所得税影响的外国收入。

（2）分红。NRA从一家在美国注册的公司获得的股息收入是美国的来源收入，少数例外。从在外国注册成立的公司取得的股息收入是不受美国所得税影响的外国来源收入（少数例外）。

（3）利息。如果付款人居住在美国，则债务利息是美国的来源收入，只有少数例外。非居民实体（如公司或合伙企业）支付的债务利息（少数例外）是不受美国所得税制约的外国收入。

这条规则有3个主要的例外，以下类型的利息被视为非美国来源收入：1）美国银行存款利息；2）短期债务在183天或更短时间内到期的利息；3）所谓的“投资组合利息”，其中包括对大多数上市债券的利息。

（4）不动产出售收益。NRA对美国房地产的出售或其他处置收益是美国的源收入和须按FIRPTA规则缴纳美国所得税。一般来说，NRA出售或处置美国其他财产的资本收益不受美国所得税制约。

2. 美国收入分类

美国税法提出了以下几个不同方法和水平的收入税类别：固定和可确定的定期收入（FDAP）；来自美国企业的收入；来自美国房地产处置的收益。

（1）FDAP收入。FDAP收入是一个广泛的收入类别，其数量固定，并定期或不定期支付。FDAP收入包括租金、股息、利息、工资和其他报酬。

NRA在美国所有总FDAP收入总额按30%统一税率缴税，这些收入与NRA的美国贸易或业务无关。这笔税款由付款人在源头上扣除，并支付给国税局。因此，FDAP税通常被称为“预扣税”。

美国税务协定可能会限制或取消预扣税，这与NRA的定居国有关。

（2）美国交易或业务收入。与美国交易业务“有效相连”美国来源收入以净额基准来缴纳税（不同于FDAP收入），适用于个人或企业税率。个人所得税率跨度更大，从10%到39.6%不等；企业所得税税率从15%到35%不等。

根据“净租赁”基准的（租户支付房产的大部分或全部所有权成本，如杂税、保险和修理费）美国不动产租金并不能被看作是由美国交易业务产生的，因此被视为FDAP收入。如果NRA拥有美国房地产并偶尔租用而不是定期租赁，则存在租赁收入被视为FDAP的风险。但是，美国的税法拥有一项特殊规定，允许纳税人按其净收入而不是总收入征税。这项规定不适用于其他，可能是FDAP的收入来源。这是一个规划契机，可以避免房地产收入被视为FDAP的威胁。

3. 租金收入抵除

在计算房地产租金净收入时允许的主要扣除额是：（1）当地房地产税；（2）州所得税；（3）保险；（4）折旧；（5）公寓管理费用；（6）利息（根据下文所述的“收益剥离”规则）。

如果房屋既被房主用作居所也被租用，则税收和利息（根据收入剥夺规则）可以全部扣除，但其他扣除将按房产出租时间的比例来计算。

如果一个住所在一个日历年内租用时间少于15天，则对租金收入不征税。

4.企业特殊法则

（1）收益剥离。收益剥离规则仅适用于企业，限制了抵扣利息额度，当利息收入不受美国税务制约或在税务条约下出现减少或消除的情况。

如果其债务权益比率大于1.5∶1，则这些规则仅适用于美国国内或外国公司与美国有有效关联收入的情况（即债务超过公司40%的本金）。

不合格的利息包括：1）纳税人直接或间接地确认或支付给相关人（母公司或控股股东）的利息，并免交美国代扣所得税；2）纳税人直接或间接地确认或支付的债务利息，该债务由关联NRA产生，并免交美国代扣所得税。

超过公司调整应税收入上施征的不合格利息50%的利息是不允许被扣除的。

如果由NRA担保，企业从美国银行贷来的抵押贷款通常会受到利息剥离的制约，因为银行不会因收到的利息而受制于总额预扣税。

（2）分公司利得税。美国税法对从事美国贸易或企业的外国公司征收特殊的“分支利润”税。这税是第二类税（除了基本的美国公司所得税外），等于公司的“股息等值金额”的30%（公司累计净利润且不再投资于其美国业务的金额）。这条规则的目的是有效地强加30%，公司可以但不实际向股东分配的净收入的预扣税。

5.资本收益

如上所述，根据下文即将讨论的FIRPTA规则，NRA出售或处置美国房地产的收益须缴纳美国所得税。

6. 美国所得税申报表

如果美国纳税义务通过预扣FDAP税款完全满足，则在纳税年度内不从事美国贸易或业务的NRA，无须提交美国所得税申报表。

在纳税年度从事美国贸易或企业的NRA必须在1120-F表（对于外国公司）或1040NR表格（对于NRA个人）提交美国所得税申报表。

NRA纳税人必须获得纳税人识别号码。没有社会安全号码的NRA纳税人应该在IRS表格W-7上申请个人纳税人识别号码（ITIN），以及原始的所得税申报表和证明文件。

（九）美国所得税对不动产所有权结构的影响

1. 外国公司

外国公司的美国收入须缴纳所得税。外国房地产公司在其总收入中可能要缴纳30%的预扣税，除非它选择以净收入征税。值得注意的是，一家外国公司需要缴纳分公司的利得税，这使得它成为不能令人满意的投资工具。

2. 外国母公司的美国公司

美国公司在其所有收入（包括资本利得）上按最高税率35%征收所得税。一家美国公司也可能受到其在某些情况下扣除“不合格利益”的收入剥离条款的约束。外国母公司还须从其所控的美国公司缴纳30%的股息和利息预扣税。拥有房产的美国公司可能是“美国不动产控股公司”或“USRPHC”，从而导致对其股票出售征税。

3. 外国不可撤销信托

外国不可撤销信托以其与美国信托相同的方式对其未分配收入征税。信托按个别税率征税，但税率范围较窄，39.6%的最高税率适用于每年超过12300美元的信托收入。不向分配给其受益人的收入征税；相反，受益人以与美国居民相同的方式对分配收入征税。

4. 有限责任公司

有一个以上成员的LLC通常被视为合伙企业（但可以选择被视为美国公司）。伙伴关系是一个“传递”实体，其所有收入均由其合伙人分配，而该合伙人则依据该收入缴纳个人美国所得税。

有单个成员的LLC被视为“无视实体”，于美国所得税的目的而被忽略。因此，单一成员（不论是公司、信托、合伙人，还是个人）直接对有限责任公司的收入征税；LLC甚至不提交所得税申报表。

（十）FIRPTA资本收益税

1. FIRPTA

一般来说，“外国投资不动产税法”（FIRPTA）将美国房地产销售或其他处置的收益或损失视为与美国贸易或企业有效关联。因此，销售房地产的NRA通常以资本收益率缴纳美国所得税。

目前个人最高资本收益率为20%（纳税人为39.6%），企业平均为35%。这为使用外国不可撤销信托（按20%税率征税）而非美国公司（以35%税率征税）为美国不动产所有人提供了便利。

2. FIRPTA扣缴

FIRPTA还要求扣除房地产总销售价格的10%（或更高的公平市价）。这可以超过净销售价格的资本增值税（扣除物业的成本基础和销售成本后）。在某些情况下，它可能低于NRA进行房产抵押后收到的净现金。

然而，与上文所述的FDAP收入30%预扣税不同，FIRPTA预扣金额被视为实际到期的资本利得税的抵免，如NRA美国所得税申报表中所报告的。这意味着如果扣缴金额超过应纳税额，NRA将收到退税。虽然，纳税人通常必须等到销售年度结束才能收到退税，但最终将支付正确的税款。

在某些情况下，FIRPTA预扣不是必需的，包括出售住宅物业价值低于30万美元。如果纳税人能够证明预扣金额超过了纳税人的最高应纳税额，还有一项关于从国税局获得预扣证书的规定。

3. 美国房地产控股公司（USRPHC）

NRA直接或间接拥有一家美国公司，拥有其中的大部分股权，不能靠出售美国公司或其外国母公司的股票来逃脱美国税收。FIRPTA规定，美国公司拥有的不动产超过其50%以上的房地产和商业资产，会被视为USRPHC。出售USRPHC股票（或外国母公司的股票）被视为出售美国房地产。

如果一家有外国母公司的美国公司出售其全部美国资产，它必须支付美国资本利得税，但它就不再是一家USRPHC。这意味着美国公司可以进行清算，销售所得现金收入分配给其NRA股东，而无须由其外国母公司或其NRA股东支付额外的美国税收，因为公司的清算通常是资本收益交易。

（十一）总结

表6-5总结了3种常见FNA投资策略在收入税与遗产税上的优劣势。

表6-5　3种常见FNA投资策略在收入税与遗产税上的优劣对比

类别	外国公司	USRPHC 所有的外国公司	外国不可撤销信托
遗产税	否	否	否
所得税	是	否	是
分支利润税	是	否	否
分红预扣税	否	是（清算时无税）	否
最大资本里的税率	35%+ 分支利润税	35% 没有分支利润税	20%
结论	最差	好一些	最好

三、美国寿险保单

（一）什么人适合买美国保险

1.如果你是美国移民，那你必须要买美国的寿险

根据美国国税局规定，寿险保单内收益免资本利得税，死亡赔付免收入税，不可撤销信托内的保单免遗产税，因此，不可撤销信托+大额寿险保单是美国绿卡、护照持有者以及美国税务居民天然的避税工具。一旦被继承人所投保的保险指定了受益人，被继承人死亡后，保险理赔金由受益人领取，受法律保护，理赔金将不列入被继承人的遗产范围。

对比中国保险，美国对于保险有着非常严格的规定，其中7702条例就规定了一份人寿保险里，投保人最多可以放一定额度的钱进去进行免税投资。而很多非美国的保险都没有金额的限制，你想投多少就投多少。这就意味着，你放进去的钱很可能远远超过了美国税务局规定允许的最大值，这样的一份保险在美国政府的眼里根本算不上保险，只能称为投资，那避税就无从谈起。保险现金增值部分则不能适用7702条例。到时，每年资本利得部分的股利、利息该交的税一分都不能少。

2.如果你不是美国身份，但是你在美国有资产，那你必须要买美国的寿险

非美国人在美国的不动产如果在美国本土被继承，需要缴纳40%的遗产税，而免税额仅有6万美元。

美国税务局规定：被继承人身故后9个月，必须填报税表706NA，并支付税金，否则继承人无法继承资产。

因此，购买与在美资产有可能产生的遗产税等额的美国人寿保险，虽然被继承人无法规避该笔遗产税，但起码在其身故后，其继承人仍可获得被继承人的身故赔偿金用于支付遗产税。因为美国IUL具有高达10倍左右的杠杆，可以用很少的资金获得很高的保额，等同于合理避税。

3. 如果你需要大额保单傍身，隔离生意或婚姻风险，请您选择美国人寿保险

家庭财务与企业财务不分家的模式，在目前中国的中小型私营企业中很普遍，企业主常常把自己所有的身家投入企业经营，和企业一荣俱荣、一损俱损。而这种模式有相当大的潜在风险，比如企业经营不当、三角债甚至破产……都会连带影响家庭财务并影响家庭生活，有违创业的初衷——为自己为家人创造一种优质生活。

在中国，美国人寿保险的现金值都可以不受官司追讨并享受司法豁免的保障。也就是说，哪怕投保人破产或是坐牢了，别人也动不了他保险上的钱。就算是离婚，大额保单也不会被分割。但如果你购买的是内地大额保单，一旦当事人启用司法豁免，必须证明资金来源的清白，如果牵扯上刑事犯罪，法院有权冻结、扣押、查封涉案人的保险。在美国购买的大额保险，受美国保险法案的约束，其他人或者国家都是难以动用这部分财产的。

4. 如果你想做美元资产配置分散风险，美国寿险也是高净值人群的常用工具

高净值的个人投资者须考虑全球资产配置，把一部分资产分散到海外，不要太多集中在单一资本市场或单一货币里面。越来越多的高净值人群开始配置美元资产，但是每年5万美元的外汇兑换额度，对他们来说是远远不够的，购买美国保险就成了配置美元资产的新途径。

人寿保险市场在美国是个成熟而发达的市场，市场充分竞争为投保人带来低成本、高服务的好处。美国的保费在世界范围内都算便宜的，在相同的保障条件下，我们有专门做过比较，发现在美国、中国大陆、中国香港和中国台湾买同样的保险，美国的保费只有中国大陆的1/5、中国香港的1/3、中国台湾的1/2。

美国人寿保险的主要的客户对象是北美居民，而北美地区医疗条件较为发达，人均寿命长。预期寿命越长，则意味着保险公司赔付期限延后，保险成本越低。

例如：35岁的女性，每年只需要花费1万美元，连续缴费10年，即可获得高达100万美元的大额保单，10倍的高杠杆是国内保险乃至香港保险不能达到的。

5.如果你考虑传承遗产规划，物美价廉的美国寿险是你的首选

人寿保险更是作遗产规划必不可少，也是最经济有效的工具。如果你考虑配置人寿保险，目前最先进、保费最低的美国人寿保险就是你的首选。

人寿保险指定受益人，法律关系十分的明确，可以避免纠纷；并且利用寿险的高杠杆放大资产，为子女创造大笔财富。

购买人寿保险要趁早，购买寿险是需要体检的，年龄越大，身体越来越走下坡路，发生理赔的概率就越大，保险公司需要你缴纳的保费就会越高。

美国人寿保险不只是保障，它更有转移资产、隐藏资产、规避税务、分散债务危机、保证资产传承等功能。美国有超过1500多家保险公司，很多保险公司都有上百年的经营历史，极少听到保险公司拒赔的新闻，一旦发生理赔争议，美国法律根据消费者利益最大化的原则，往往站在消费者一方，客户满意度较高。不会因为理赔难等问题使消费者对于保险公司信任度较低。

美国的保险公司重信誉。当被保险人死亡时（当然头两年自杀除外），保险公司不会故意找借口不赔或是故意拖延。在免责条款这方面，美国的人寿保险有非常大的优势，特别是大额保单，哪怕是吸毒致死、自然灾害、战乱、酒驾甚至不可抗力情况，都可以获得赔付。

（二）我需要多少保险

这当然是因人而异，保险业有不同的算法，有的按人的价值来计算

（你一生总共能挣多少钱），有的按家庭需要，有的按收入的倍数等。一般情况下都是按家庭需要来计算。

如果你有房贷，要涵盖房贷总额。你有未成年小孩，按每个小孩每年1.5万元的抚养费，一直计算到18岁，再加上大学4年的教育经费。如果有不上班的太太，还要给其留下若干年的生活费等。这几项加在一起就是你需要多少保险的总额。

一般来说，如果你有一个小孩，还有房贷，你至少需要50万元保险；如果你有两个小孩，则应再加至少25万元。在做遗产规划时，则计算你现在和未来总计资产会有多少，去掉免税额，遗产税会有多少，多数情况下你的保险总额要足够付遗产税。我们帮客户办过1000万元的人寿保险，就是按照遗产税额来计算的。

一家保险公司能卖你多少保险也有一定的限制，一般是收入的20倍为上限。做遗产规划的人可能没有多少现金收入，保险公司则要看你的资产额有多大来决定批给你多少保险。

（三）保费是如何决定的

各种保险，如汽车、房屋保险都是根据发生意外概率的大小来决定保费的，人寿保险则是根据投保人死亡的概率来评估保险公司会承担多少风险，并依风险的大小来决定是否给你保险，给你什么样的费率。

保险公司评估申请人的死亡概率主要是根据申请人现在和过去的身体健康状况、生活方式如是否从事危险性的活动，是否开车常吃罚单以及家族遗传因素等。基本规律是岁数越大，保费越贵，男人保费比女人贵，吸烟者比不吸烟者贵很多，身体不太健康比身体健康的贵。

由此我们也可以得出结论：买保险第一要趁早，越年轻越便宜；第二，要趁现在身体健康时购买。一旦保险买下来了，以后身体不好了，保险公司也无权增加你的保费，更不能取消你的保险。

（四）保单的基本知识

人寿保险保单（policy）都有被保人（insured）、受益人（beneficiary）和所有人（owner）3项。

被保人以自己的生命作保，死后受益人拿到死亡理赔。受益人一般是被保人的配偶、子女或亲属，也可以是某个信托、组织或机构。受益人分为第一顺位和第二顺位两类，被保人死后，赔偿先付给第一顺位受益人，只有在第一顺位受益人已经死亡的情况下才付给第二顺位受益人，又叫条件受益人。

保单所有人一般是被保人，但也可以是不同的人，甚至可以是非自然人。保单所有人拥有该份保险，可以改受益人，可以从保险的现金值中借钱，也有权延续或取消该保险。保人一旦过世，死亡理赔计算保单所有人的财产，而非被保人的遗产，这一点在做遗产规划时非常关键。

如果你是高资产人士，如果你拥有自己的保险，你去世后这份几百万元保险要算作你遗产的一部分，也要交遗产税，通过买保险来交遗产税的目的也就大大地打了折扣。当然，你可以把保险的所有人改为你的子女，但未成年人不可以做保险所有人，即使成年子女作保险所有人也有很多的弊病，如果他/她有离婚或官司诉讼，配偶和官司债权人可以从这笔死亡理赔中分一杯羹。

所以做遗产规划的人寿保险一般也不会指定子女作保险的所有人，比较好的办法是设立一个不可撤销的信托（irrevocable trust），由该信托来拥有该份保险。

由信托来拥有人寿保险可以达到两个目的：第一，理赔不算被保人的遗产，因而没有遗产税；第二，因为信托是理赔的受益人，子女只是信托的受益人，而非死亡理赔的直接受益人，所以可以避免官司的追讨和离婚配偶的瓜分。

（五）公司有提供保险，还需要自己买吗

很多比较大的公司都会提供人寿保险给员工，一般是薪水的1—2倍，员工不用付费或付很少的费，如果你要多买，你要自己付费。

公司的保险一般来说比较便宜，因为大公司人多，有优惠，但大公司保险有三大特点：

第一，这是公司的保险，是公司福利的一部分，你不可以带走，一旦你离开公司，不论是被裁员，还是自己辞职，离开了，你的保险也就没有了。

第二，公司提供的人寿保险一般都是定期保险，就算你在一家公司待一辈子，一旦退休，你的保险也就没有了。

第三，有些公司提供的保险的保费每年都涨，甚至比外面买的还贵，其原因在于公司提供的团体保险不需要体检，有些人身体很不好，风险很大，你年轻又健康，就要替老而病的员工分担这部分风险。

所以，结论是公司的保险要有，但更要有外面买的自己的保险，自己买的保险更可靠。

（六）美国人寿保险产品的类型

人寿保险分为定期和永久两大类。

定期保险只保10年、20年、30年，期限之内人过世了，保险公司赔钱，期限过后保险就没有了。定期保险一般没有现金值，但有一种较新的定期保险称返还保费式保险（Return of Premium Term）有所不同，它规定期限之内人过世了，保险公司赔钱，期限过后，人还活着，保险公司把过去20—30年所有你付的保费还给你。当然，这种保险比纯粹的定期保险贵大概50%，但你到时可以把所有的钱拿回来，相当于以利息换一份保险。

永久性保险就复杂多了，常见的有Whole Life（WL），Variable Universal

Life（VUL）和Index Universal Life（IUL）。

1. Whole Life（WL）

WL又称终身保险，是最古老的一种永久保险，它的保费固定，永远不变，只要你按时付保费，保险永远有效。WL一两年后会有现金值，并可能会有分红（dividend），十几年后现金值可能会和你付进去的保费打平。

WL的最大问题有三个：一是在各种永久性保险中，WL的保费最高，二是保费不可以调整，三是保费付多少年并无书面保证，比如，某家华人比较熟悉的保险公司的产品就叫WL98，就是说理论上保险公司可以要你一直付保费，直到98岁。

不是说WL不好，而是说WL比较适合工作、收入比较稳定，能够长期坚持，把WL当作一种存钱方式的人。时间越长（15年以上），WL的好处越能显示出来。

WL不适合拿来做遗产规划，因为它的保费太高，有太多现金值，多少年付清又没有保证。

2. Variable Universal Life（VUL）

VUL又称投资型保险，它把投资和保险绑在一块。你每月付的保费扣掉各种费用后，投在共同基金中。股市涨了，你的现金值跟着涨；股市下跌，现金值跟着下跌。现金值跌到一定程度不足以付保费和各项费用时，保险公司会要求你多付保费。

如果股市一直涨，每年涨10%—12%，VUL很不错，因为现金值会涨得很快；但如果股市大跌，现金值也会跌得很快。这10年股市两次大跌，买了VUL的人可能亏了不少钱。

VUL的另一个问题是纯粹保费（cost of insurance）会每年上涨，因为它的保费相当于一年的定期保险，岁数越大，死亡概率越大，收的保费自然也就越多，以应对不断上涨的死亡风险。40—50岁可能还不算什么，但60—70岁以后保费上涨的幅度会大大加快，如果你那时没有累积足够大的现金值，你的保险就岌岌可危。那时只有两个选择，要么额外追加保费，每年几千至几万元，要么干脆放弃保险。但如果股市持续下跌，追加保费有可能变成无底洞。如果放弃保险，也就意味着你多少年付的保费打了水漂，或只能拿回来极少。

VUL比较适合对股市极有信心，不怕股市跌，而且越跌越放钱，长期坚守的年轻人。40岁以上的中年人一般不推荐VUL，而遗产规划绝对不适合买VUL。

3. Index Universal Life（IUL）

这是近几年推出来的较新的保险，它与VUL相同的是其现金值都是跟着股市走，不同的是VUL是跟着个别的共同基金走，而IUL是跟着index如S&P500走。S&P涨了，你也涨（有上限），但S&P跌了，保险公司给你最低的1%—2%的利息，也就是说你的现金值不会因股市下跌而下跌。

如果你怕股市剧烈动荡、现金值大幅下跌，但又不想错过股市上涨时现金值涨得较快的机会，买IUL是个不错的选择。

（七）不同种类保险之间如何比较

WL和VUL最大的弊病是你永远不知道保费要付多少年，15年、20年还是一辈子？你不知道，保险公司也不知道。而近几年来推出的Guaranteed UL（GUL）就没有这种模糊不定。

不同于以往的WL或VUL，GUL允许你自己选择保费付多少年（3年、5年、10年、15年等）、保险保到多少岁，保险公司书面保证你付了若干年的保费后，保险一定不会断掉（lapse），一定会保到100岁、110岁甚至125岁，而且每年的保费还比WL低20%—30%。

其原因就在于这种保险没有太多的现金值，后来甚至没有现金值，但你的保险保证一直有效。如果你想以最少的钱买一种有保证的永不失效的保险，GUL无疑是最好的选择。如果你想死后给子女留下一笔钱，买这种GUL也是最合算的方案。

最后介绍一种保险叫Guaranteed Survivorship UL（GSUL），这是专门给做遗产规划的人准备的，又叫second-to-die保险。第一个被保人过世不赔钱，第二个人过世了才赔钱。与GUL一样，你也可以选择付保费的年限、保险保到多少岁。GSUL比GUL还便宜，因为第二个人过世了才赔钱。死亡理赔没有所得税，放在信托中也没有遗产税，是作遗产规划最经济有效的一种工具。

（八）美国人寿保险的新趋势

近几年来人寿保险这个行业变化很大，其中一个很突出的特点是人寿保险开始兼有长期护理保险和重大疾病保险的功效。有些保险产品规定你若患了慢性病、重大疾病或致命疾病，你生前可以先把死亡理赔的一部分或大部分拿出来，用来治病或办其他的事情，这就突破了传统的人寿保险只有人死了才能拿到钱的窠臼。

针对退休的人越来越多、长期护理保险日益重要的趋势，有些人寿保险兼有长期护理保险的功能。你放一笔钱进去，根据你的年龄算出一定的人寿保险额和长期护理保险收益。

以60岁的某女士为例，她一次放进去5万元，保险公司给她9.6万元的人寿保险，总计28.9万元的长期护理理赔。任何时候她都可以取消保单，保险公司无条件退还她已付的5万元保费。如果你年近退休或已经退休，在考虑买长期护理保险时，我们强烈推荐你买这种结合人寿、长期护理和返还保费的三合一保险。

一般的长期护理保险每隔若干年就会涨价，而且如果你没用上，你所付的所有保费就打了水漂。而这种三合一保险，你过世了受益人可以拿到死亡理赔，你生活不能自理了，保险公司每月要给你报销长期护理费用。某天你改变主意了，你可以取消保险，把放进去的钱全部要回来。

（九）保险公司怎么审批保险

填了人寿保险申请表后，过几天保险公司指定的体检公司会派人来给你体检，主要是抽血、验尿、量身高体重，问一些简单的问题，有些可能还会作一个简单的心电图。同时，保险公司还会去调阅你的病历，看看你有没有什么值得关注的病史。如果你的病历很简单，保险公司就会根据体检结果和病历给你通知书，给不给你保，给你什么等级。这个比较平顺的审批过程也就3—4个星期。

如果从你的病历中发现你动过手术，看过专科医生，他们就会再从专科医生那里调你的病历，直到所有的信息都有了，保险公司才会给最后的通知书。这个过程可能拖很长，几个月、半年都可能。这所有体检和调阅病历，你都不须付钱，由保险公司买单。如果你需要，你可以通过你的保险经纪向保险公司索要一份体检报告，这也是免费的。

（十）保险死亡理赔走什么流程

人过世了，家人在处理后事的同时，也要尽快联络保险公司，当然最好是通过你的保险经纪去办理死亡理赔。一般是要你填一张表，提供死亡证明，如果没有什么可疑的情况，多数情况下保险公司会在1—2周内发放死亡理赔。保险公司会给你一个支票本，你可以开支票拿钱，或把钱存到你自己的银行。

（十一）对哪些情况保险公司不赔

美国所有的人寿保险都有2年不可以自杀的条款。从保险日期（policy date）算起，头2年内自杀保险公司不会赔钱，但会把你这2年付的保费还给你的家人，也算是一种人道主义。过了2年，自杀也要赔钱。

所以买保险的人如果头2年过世，保险公司如果觉得可疑，就会进行调查以了解死亡的真正原因。2年之后过世了，你提供了可信的死亡证明，保险公司一般不会再纠结死亡原因而是马上赔钱。

2年之后死亡，保险公司如果拒赔，家人可以打官司。事情一旦闹大，就会搞得路人皆知，影响到保险公司的声誉。所以，如果不是有非常充足的理由，保险公司不会拒赔。

Chapter 7

第七章 婚姻家庭财富的界定与分割

第一节　婚姻家庭财富规划的重要意义

相信对2017年都市情感热播剧《我的前半生》大家都还记忆犹新，剧中的女主人公罗子君开始是一个衣食无忧甚至锦衣玉食的阔太太，可突如其来的婚变让她始料未及。一方面，没有工作不能自食其力，另一方面，要照顾自己的儿子，使这位曾经风光无限的少妇，顿时感觉整个世界都沦陷了，但好在有朋友的帮助和鼓励，使这位年轻的女性又重新焕发活力，有了自己的事业，又重新找到了爱自己的人。剧中的故事情节很美好，但我们应该清醒地认识到，这只是电视剧，现实中因婚姻的变故变得穷困潦倒的阔太太有很多，但又有几个像罗子君一样幸运地爬起来，找到了能够使自己经济独立的事业，并收获幸福呢？显然，这种由于婚姻关系存续与否产生的夫妻财富因婚姻关系而产生，同时，因婚姻关系消灭而被分割。

随着互联网经济的发展，提升了社会对互联网经济的投资热情，特别是互联网金融行业的发展更是势如破竹。高收益的背后，隐藏的是高风险，由于经营不规范和经济形势的变化，造成很多互联网企业破产、资不抵债，更有甚者触犯刑事法律，卷钱跑路。例如，最近全国各地频发的P2P暴雷事件，企业老板们不是卷款潜逃了就是被公安机关立案调查，并身负几亿元、几十亿元、几百亿元，甚至上千亿元的债务。而放眼过去，他们哪个不是小有成就的企业家，但是由于他们不懂得家庭财富的规划和经营，经常把家庭财产同公司财产混同，加上对公司的经营管理不善，违法违规经营，势必要对自己的行为付出倾家荡产、身败名裂的代价。

我们知道公司法律赋予其独立的人格，具有独立的财产，并对外独立承担民事责任。在一般情况下，公司在正常对外经营中产生的债务，公司应当以其全部财产对外承担，股东只是在自己的出资额范围内对外承担有限责任，即公司的债权人只能起诉公司要求其偿还债务，公司如果资不抵债，进行破产清算，也不能因为公司的债务而将公司股东作为被告，要求其偿还公司债务。一旦产生债务纠纷时，往往就因为财务划分不清，进而令公司责任追讨到个人，产生连带的民事法律责任。《破产法》第三十条规定：“债务人财产：破产申请受理时属于债务人的全部财产，以及破产申请受理后至破产程序终结前债务人取得的财产。”《公司法》第二十条第三款规定：“公司股东滥用公司法人独立地位和股东有限责任，逃避债务，严重损害公司债权人利益的，应当对公司债务承担连带责任。”股东滥用公司法人独立地位和股东有限责任，逃避债务的行为表现形式有：财产混同，即公司的财产不能和股东的财产或其他公司的财产区分开来，这往往是由于账目不清造成的，例如，将公司账款划入股东个人账户。可见一旦将公司财产与股东个人财产进行了混同，那就要与公司一起对外承担连带责任。这种情况的后果就是公司不是自己的，家庭的收入要为公司还债也不是自己的，最后落得两手空空、负债累累。因未将家庭财富与公司财产进行有效隔离，最后倾家荡产的例子有：赵薇、黄有龙夫妇现有资产45亿元，而其因以“龙薇传媒”空壳公司欲收购万家文化被监管机构查处，受到1.5亿元的罚款及5年不能进入股市的处罚；同时，面临着股民索赔起诉带来的65亿元的赔款，这可能给他们造成的是直接破产的结果。

上面说的是股东在违法违规经营的情况下，可能出现的风险。那么我们退一步讲，即使你遵纪守法、合规经营，但天有不测风云，商场如战场，风云变化莫测，随时都有可能遭遇破产风险。随着经济下行，平均每天都有十几个甚至几十个互联网企业破产倒闭，据不完全统计，欧美企业的平均寿命是40年，日本企业的平均寿命为30年，中国企业的平均寿命只有7.3年，中国民营企业的平均寿命只有2.9年，中国每年约有100万家民营企业破产倒闭。这些触目惊心的数字，不得不让企业家们感到危机。他们通过自己半辈子的辛苦打拼赚来的资产，谁也不想付之东流。2017年6月25日，富贵鸟集团创始人林国强去世。农业银行石狮支行与富贵鸟集团等人金融借款合同系列案件共计11件，诉讼标的额高达2.9亿余元，而担保人系林国强。银行提出其配偶及子女作为第一顺位继承人在继承遗产范围内承担连带清偿责任。2017年11月25日，泉州市中院民四庭成功调解，子女配偶均放弃对财产的继承。

由此可见，做好家庭财富规划十分必要，它不仅使你的家庭财富安全无忧，更能使你的财产保值增值，创造更多的财富，传承于后人。

第二节　婚姻家庭财富的界定和分类

家庭是指在婚姻关系、血缘关系或收养关系基础上产生的，亲属之间构成的社会生活单位。家庭是幸福生活的一种存在。家庭有广义和狭义之分：狭义的家庭是指一夫一妻制构成的社会单元；广义的家庭则泛指人类进化的不同阶段中的各种家庭利益集团即家族。

财产所有权是指个人对财产的占有、使用、收益和处分的权利。个人对财产的所有权就是对财产具有实际支配和控制的权利和能力，并能够对其享有使用的权利，通过使用获得收益并能够决定该财产的归属和命运。我国《物权法》和《民法通则》都作出了规定：所有权的合法取得方式可分为原始取得与继受取得两种。原始取得包括生产、生活收益和拾得遗失物等；继受取得包括因继承、赠与、互易、买卖等产生的取得物的所有权。

婚姻家庭财富即指婚姻家庭存续期间家庭成员取得的各种财产的总称，包括：夫妻共同财产及家庭成员的共同劳动、共同生活经营所获得的财产及接受赠与等财产。

对家庭共有财产的判定，一般可以考虑以下3个因素：（1）家庭成员是否存在共同生活关系；（2）家庭共有财产关系是否基于一定的法律事实形成，如婚姻关系的存续，或共同劳动、共同经营，或共同接受赠与等；（3）家庭成员之间是否有家庭财产共有的约定，如约定共有或按份共有等。

婚姻家庭共有财产的特征：（1）以家庭成员间的共同生活关系为前提。婚姻家庭共有财产以家庭成员间共同的生活关系为前提，家庭成员之间形成一个生活共同体。（2）只能产生于具备某种特殊身份关系的家庭成员之间。这种家庭不仅仅由一对夫妻和未成年子女组成。（3）全部家庭成员共享所有权。所有家庭成员对财产均享有占有、使用、收益、处分的权利。（4）家庭成员的共同劳动收入。他们有共同的劳动行为或受赠事实。

我们把婚姻家庭的共同财产分为正财产和负财产两大类。正财产系婚姻家庭成员共同劳动、经营所获得的收益或报酬等财产，包括动产、不动产和有价证券等。负财产为婚姻家庭成员所负担的对外债务。

一、婚姻家庭财富中的夫妻共同财产

我国《民法典》第一千零六十二条规定："夫妻在婚姻关系存续期间所得的下列财产，为夫妻的共同财产，归夫妻共同所有：（一）工资、奖金、劳务报酬；（二）生产、经营、投资的收益；（三）知识产权的收益；（四）继承或者受赠的财产，但是本法第一千零六十三条第三项规定的除外；（五）其他应当归共同所有的财产。夫妻共同财产归夫妻共同所有，夫妻对共同所有的财产，有平等的处理权。"

《最高人民法院关于适用〈中华人民共和国婚姻法〉若干问题的解释（二）》第十一条对其他应当归属于夫妻共同财产作出了解释："婚姻关系存续期间，下列财产属于婚姻法第十七条规定的'其他应当归共同所有的财产'：（一）一方以个人财产投资取得的收益；（二）男女双方实际取得或者应当取得的住房补贴、住房公积金；（三）男女双方实际取得或者应当取得的养老保险金、破产安置补偿费。"我们需要注意的是，夫妻共同财产系夫妻关系存续期间夫妻双方所取得的财产，必须是夫妻关系存续期间即结婚登记之后到离婚之前，夫妻任何一方取得的财产。

此外，《民法典》第一千零六十三条还规定了哪些属于夫妻一方个人财产："（一）一方的婚前财产；（二）一方因受到人身损害获得的赔偿或者补偿；（三）遗嘱或者赠与合同中确定只归一方的财产；（四）一方专用的生活用品；（五）其他应当归一方的财产。"另外，夫妻一方婚前个人财产在婚后发生形态转化而产生的财产也属于夫妻个人财产，归一方财产权利人享有。

二、关于夫妻共同债务

夫妻共同债务是指夫妻为满足共同生活需要所负担的对外债务。《最高人民法院关于审理涉及夫妻债务纠纷案件适用法律有关问题的解释》中对夫妻共同债务作出了明确的约定：夫妻双方共同签字或者夫妻一方事后追认等共同意思表示所负的债务，应当认定为夫妻共同债务。夫妻一方在婚姻关系存续期间以个人名义为家庭日常生活需要所负的债务，债权人以属于夫妻共同债务为由主张权利的，人民法院应予支持。夫妻一方在婚姻关系存续期间以个人名义超出家庭日常生活需要所负的债务，债权人以属于夫妻共同债务为由主张权利的，人民法院不予支持，但债权人能够证明该债务用于夫妻共同生活、共同生产经营或者基于夫妻双方共同意思表示的除外。夫妻共同债务具体包括以下内容：

（1）婚前一方借款购置的财产已转化为夫妻共同财产，为购置这些财产所负的债务；

（2）夫妻为家庭共同生活所负的债务；

（3）夫妻共同从事生产、经营活动所负的债务，或者一方从事生产经营活动，经营收入用于家庭生活或配偶分享所负的债务；

（4）夫妻一方或者双方治病以及为负有法定义务的人治病所负的债务；

（5）因抚养子女所负的债务；

（6）因赡养负有赡养义务的老人所负的债务；

（7）为支付夫妻一方或双方的教育、培训费用所负的债务；

（8）为支付正当必要的社会交往费用所负的债务；

（9）夫妻协议约定为共同债务的债务；

（10）其他应当认定为夫妻共同债务的债务。

综上来看，夫妻一方欠下的债，只要是用于夫妻共同生活、共同生产经营或双方共同意思表示的，还是需要夫妻双方共同努力奋斗还债的。但是，下面这些情况却恰恰不同：

夫妻一方的个人债务，依照《最高人民法院关于人民法院审理离婚案件处理财产分割问题的若干具体意见》第十七条的规定，有如下情形不能认定为夫妻共同债务，应按个人债务处理，由一方以个人财产清偿：（1）夫妻双方约定由个人负担的债务，但以逃避债务为目的的除外；（2）一方未经对方同意，擅自资助与其没有抚养义务的亲朋所负的债务；（3）一方未经对方同意，独自筹资从事经营活动，其收入确未用于共同生活所负的债务；（4）其他应由个人承担的债务。

三、对于夫妻之间订立借款协议的处理

对于夫妻之间订立借款协议的，《最高人民法院关于适用〈中华人民共和国婚姻法〉若干问题的解释（三）》（以下简称《婚姻法司法解释三》）第十六条规定，夫妻之间订立借款协议，以夫妻共同财产出借给一方从事个人经营活动或用于其他个人事务的，应视为双方约定处分夫妻共同财产的行为，离婚时可按照借款协议的约定处理。

四、夫妻共同债务的清偿

我国《民法典》第一千零八十九条规定：“离婚时，夫妻共同债务应当共同偿还。共同财产不足清偿或者财产归各自所有的，由双方协议清偿；协议不成的，由人民法院判决。”根据这条规定，我们可知，对于夫妻共同债务的清偿主要采取三个步骤来进行：第一，由夫妻共同来清偿。夫妻双方对夫妻共同债务负有连带清偿责任，夫妻任何一方对于该类债务都有偿还的义务。第二，夫妻协议约定偿还方式。如果夫妻共同财产不足以清偿债务或者财产都归各自所有无法共同清偿的，夫妻双方可以

协议约定如何清偿，但该协议只约束于夫妻双方二人，对于双方以外的债权人并不具有约束力，双方对债务仍负有连带清偿责任。第三，如果夫妻共同财产不足以清偿债务，夫妻双方又达不成清偿协议的，可以由人民法院根据《民法典》的相关规定对双方所欠债务的责任方进行判决，同时亦不能改变夫妻双方对债务的连带清偿责任。

夫妻双方就对外债务承担连带清偿责任，是指夫妻一方在共同债务中承担的债务份额不能对抗债权人，不能成为其对抗债权人、不履行债务的理由。但是，这也并不意味着夫妻一方偿还完所有的债务后就无法向另一方追偿，并不意味着夫妻之间就没有债务比例的分担。连带债务人之间，除了法律另有规定和当事人另有约定外，应当平均分担债务。当事人的离婚协议或者人民法院的生效判决中关于夫妻共同财产和共同债务的负担原则是夫妻一方债务清偿后行使追偿权的依据。因此，夫妻一方履行了连带清偿责任后，可以按照人民法院的生效判决所确定的标准来对另一方行使追偿权。

第三节　婚姻家庭财富的风险预防

要做好婚姻家庭财产风险的预防，首先我们要学会对婚姻家庭财产进行有效的隔离，在我们的财产外建立一座“防火墙”，主要从以下几个方面入手：

一、个人财产和夫妻共同财产的隔离

厘清个人财产和夫妻共同财产，并对其进行分别保管，避免对方财产的损失。举一个例子：A和B是夫妻，B与C、D一起开设了一家有限合伙企业，几个人共同出资，开始生意不错，几个人赚了点钱，准备继

续投资将生意做大，但让人没想到的是，经济危机，投资失败了，而且还欠下了巨额债务。债权人找到C让他还钱，可C表示自己没钱，自己的钱都投资了，家里只有一套房子，但产权是妻子的。债权人找到了B让其还钱，B没办法只好拿出存有夫妻二人连续十几年打拼攒的钱的一张银行卡交给了债权人用于还债。这个例子中很显然，C做到了个人财产与夫妻共同财产相分离，当债权人找上门时，避免了夫妻共同财产遭受损失。但B就比较盲目，把自己家庭所有的财产全部交给债权人用于偿还企业的债务，这种做法虽然还清了债务，但影响了家庭的正常生活，造成了家庭财产的损失。

二、夫妻财产和家庭财产的隔离

上边我们讲到夫妻共同财产是夫妻关系存续期间夫妻一方或双方取得的工资、奖金、生产经营收益、知识产权收益、继承或赠与所得到的财产等等。家庭财产是婚姻家庭存续期间家庭成员取得的各种财产的总称，家庭财产包括夫妻共同财产。夫妻共同财产与家庭财产的隔离就需要夫妻共同财产同其他家庭成员取得的财产相分离。例如，未成年人参加的商业性的活动所获得的由其监护人管理的报酬费用，明智的家长就要对该笔收入与夫妻的共同财产区分管理，避免因夫妻共同债务影响到该笔款项的安全。

三、家庭财产和公司财产的隔离

前边我们也有提到赵薇夫妇的例子，一旦公司垮台，面临的就是倾家荡产的危险。不仅是家庭财产与公司财产的混同，还有个人财产与公司财产的混同，无论是哪种混同，都值得我们予以关注。在这里，我要提醒大家的是：商场如战场，一定要公私分明。

第四节 婚姻家庭财富的传承

随着科技的进步和互联网经济的飞速发展，经济投资的高风险性与日俱增，特别是互联网金融高投资、高收益、高风险的行业特性对资金的安全性要求越来越高。很多企业家在这种高收益的诱惑下，不惜投入了家庭的所有资产来搞金融投资，可最终由于资金无法回流，导致企业终究破产。在一些高净值人士心中，拥有财富并不是难事，难的是将自己的财富合理、合法又安全，最好能够保值增值地留给后代。存在银行，利率低，加上通货膨胀，基本上是贬值的；进行赠与公证，费用要那么高；进行转让，要交很多税费。如何将自己所获得的财富传承给后人，下面我们将介绍分析几种当今社会比较流行的做法。

一、遗嘱

立遗嘱，是比较传统的财富传承处理方式。方法其由律师协助客户撰写遗嘱并进行遗嘱见证。它的优点在于：可以进行妥善的安排，遗嘱管理的专业化可以尽量避免继承人之间的纷争，将纠纷的伤害程度降低，能够使遗产得到有效配置，并顺利地传承给继承人。不过它也有自己的弊端，遗嘱传承有个非常大的问题就是它只能实现一次性传承，在被继承人去世之后只能将遗产传给在世的人，如果被继承人手里的资产规模较大且子女众多，他并不能准确地判断哪一类资产更适合哪个人。并且，我国遗嘱继承手续繁杂，流程比较复杂。比如说，拿着遗嘱去做房产过户登记目前还无法实现，必须把所有的利益相关人召集到一起。如果所有人都同意，再去做继承权公证，然后才能去做过户；如果有人不同意的话，还要走诉讼程序。

很多遗嘱的效力也很难被认定，往往因程序不合法或遗嘱书写上的瑕疵等被认定为无效遗嘱。律师提供的专业遗嘱代书、遗嘱见证、遗嘱保管、遗嘱执行服务，可以保障客户选择遗嘱作为传承工具的有效性。另外，公证遗嘱也是不错的选择。

二、保险

很多发达国家的人寿保险是常用的传承及资产配置工具之一，同时也被用作财富风险管理工具。我们大多数人对此存在误解，以为它只是一种以被保险人寿命为保险目标、被保险人的死亡为给付条件的人身保险，其实它还是资产管理及财富传承的重要工具。

现在很多高净值人群愿意去购买大额保单来实现传承，比如购买保额为3000万元的终身寿险，保险的受益人可以在被保险人去世之后明确拿到这3000万元，实际上推导过来就是保险公司给投保人做了一个年化百分之几的收益承诺。

而保险的弊端在于，能够实现传承的保险种类是非常少的，目前只有一些人身保险可以，万能险、企业年金之类的保险从传承方面而言，在税收与债务隔离方面的功能性弱一些。

另外，保险本身也属于一次性传承，不能定制，只能传承给已经出生的人，没有办法惠及未出生的人。如果保险金兑付给未成年人，按照未成年人保护法，这笔钱是要给法定监护人的，那么，这么一大笔钱容易发生道德风险，这也是我们需要谨慎思考的一个问题。

三、家族信托

因为信托进入我国社会的时间比较晚，所以很多人对此了解甚少，信托则在发达国家使用比较普遍。按照财富传承的要求，家族信托有其自身的优势。

从工具的灵活性来看，家族信托是这3种传承方式中最为灵活的，这种灵活性体现在多个方面：

首先，受益人安排较灵活。信托可以指定的受益人范围非常广泛，只要是自然人，甚至是未出生的人都可以作为受益人，一旦子孙出生之后，他就可以凭借有效的身份证明来获取信托利益。

其次，收益分配灵活。信托计划的本金以及收益分配方案可以灵活地制订，比如有一个1000万元的信托计划，指定子女为受益人，每年可以按时领取生活费，鼓励子女考上好的学校可以多领取，以约束子女的不良行为，如果未来子女有违法犯罪行为则可以剥夺其收益权。

从传承工具的功能上看，家族信托的持续性较强。

第一，在客户生前，遗嘱是不发生效果的，但是家族信托和保险都是生前有效的。相比较而言，遗嘱和保险缺乏较长时间的持续性，只有家族信托能够在被继承人去世若干年后，依然可以遵照被继承人的财富传承意愿执行。

第二，家族信托更适应企业的传承需求。在企业传承过程中，焦点问题一般集中在企业所有权和管理权的安排上，家族信托可以通过股权交易机构或者制订股权激励方案等方式实现传承，以避免传承中出现的纠纷。

第三，家族信托能够较好地应对复杂家族因素。在应对存在非公开的家族成员问题时，例如非婚生子女和养子女的问题，家族信托可以实现将财富分配给非公开的家族成员，家族信托则可以在相对隐蔽的情况下，将财富传承给非公开的家族成员。

综上来看，这三大财富传承工具各有利弊，每个工具的侧重点不同。在具体应用时，应根据自身的财富传承总体及细分目标、家庭成员关系、所传承财产类别等等实际状况，选择适合自己的财富传承方式。总体而言，从财富传承的角度来讲，保险显得比遗嘱更有增值效应，而信托则显得更加灵活，更有利于实现家族企业股权的集中管理，避免股权分散或者股权被变卖而导致家族企业衰败，防范婚变被分割财产，实现家族财富的保值增值等。

第五节　夫妻离婚时家庭财富的处理

在前面我们讲到，家庭财富的种类有很多，包括夫妻共同财产及家庭成员的各类财产总和。可以说一个生命从出生到死亡，都有自己的财富权利。下面我们就来看一下，家庭中不同财产的分割处理。

一、夫妻财产分割的原则

（一）协议优先原则

协议分割优先原则是夫妻财产分割的首要原则，并优先于其他原则加以适用。《民法典》第一千零八十七条第一款规定："离婚时，夫妻的共同财产由双方协议处理；协议不成的，由人民法院根据财产的具体情况，按照照顾子女、女方和无过错方权益的原则判决。"夫妻在离婚过程中，优先适用协议约定，无论是婚前财产协议、婚内财产协议，还是离婚财产协议，只要是关于财产分割的条款，都可以在离婚过程中成为分割夫妻财产的主要依据。夫妻双方只要有协议约定在，即使财产分割上有明显的不对等，但只要该协议是在双方自愿的基础上签署的，且不存在《民法典》中关于民事法律行为无效的情形，那么它就是有效的，对夫妻双方均有约束力，法院也不可认定其为无效。需要注意的是，夫妻双方签订的财产分割协议对财产的处分，必须是对夫妻共同财产的处分，不得对自己无处分权的财产进行处理，损害他人合法权益或夫妻双方串通损害债权人利益的协议无效。

（二）公平原则

公平原则应当是分割夫妻共同财产应当遵循的重要原则。公平原则主要包含以下几方面：第一，公平，适当地对照顾子女、家庭付出多的一方，对因照顾家庭而放弃工作、脱离社会生活的一方予以照顾；第二，遵循《民法典》中男女平等的原则，禁止性别歧视；第三，在分割财产时要坚持男女财产均等，不能因为分工不同、从事的工作不同、收入高低等因素影响财产分割中男女财产分配的比例，这其中也隐含了对夫妻双方中放弃工作从事家务劳动一方的照顾，从法律精神层面，保证了双方在财产分割权益上的对等。

（三）照顾子女和女方权益原则

分割夫妻共同财产时照顾子女和女方权益是《民法典》第一千零八十七条第一款的要求，该条规定并不违反男女平等的原则。女方为照顾家庭，往往放弃工作，缺乏经济来源，在社会竞争中处于不利地位，正因为如此，照顾子女和女方权益就成为法律优先考虑的事项。

（四）有利生产、方便生活原则

在夫妻财产的分割上，应当物尽其用，尽量不要损害财物的使用价值，分割财产时既要考虑公平合理，更要有利于生产，方便双方生活。例如，A、B起诉离婚并进行财产分割，A是一个手工作坊主，主要进行豆制品的加工，B是一名人民教师，二人的共同财产分别为500元银行存款和一台打豆机（价值500元左右），法院在分割财产时，就可以把打豆机判给A享有，由B获得500元银行存款，这样不但做到了公平平等，而且从两个人的职业生活上来看，这样分割更有利于双方的生产生活，创造更大的财富。

二、不同形式财产的分割

在生活中我们经常会听说这样一种情况，男女双方谈恋爱的时候甜如蜜糖，可一到了谈婚论嫁就会产生各种矛盾，而这种矛盾的产生可能不是因为两个人的感情出现了问题，往往是两个家庭的问题。因为，我们知道，双方一旦谈婚论嫁就会涉及很多财产问题，比如彩礼、房子、车子等。

（一）彩礼的分割

这里所称的“彩礼”是指男女双方为结婚按照当地的风俗习惯而给付的财物。给付彩礼，在现实生活中多表现为男方父母给付女方家庭财物的行为，彩礼的收受方为女方家庭，给付方为男方家庭。甚至很多男方家庭为了让儿子娶媳妇，给付的彩礼并不是家庭财产而是对外所借债务，那么当婚姻在短时间内破裂，他们能否主张要回他们的辛苦血汗钱——彩礼?

《最高人民法院关于适用〈中华人民共和国婚姻法〉若干问题的解释（二）》第十条规定：“当事人请求返还按照习俗给付的彩礼的，如果查明属于以下情形，人民法院应当予以支持：双方未办理结婚登记手续的；（二）双方办理结婚登记手续但确未共同生活的；（三）婚前给付并导致给付人生活困难的。适用前款第（二）（三）项的规定，应当以双方离婚为条件。”这条司法解释的规定支持了三种情形下彩礼的追讨：第一，虽然已经给付了彩礼，办理了婚宴，但男女双方并没有办理婚姻登记手续，也就是说二人结婚时间并不长，离婚给二人并不会造成什么损失。第二，男女双方已经办理了结婚登记手续，但是并未共同生活过，夫妻双方都未曾尽到其职责，离婚不会给任何一方带来损失伤害。第三，因为了结婚给付彩礼，使给付彩礼一方家庭出现生活困难。关于何为“生活困难”，最高人民法院《关于适用〈中华人民共和国婚姻法〉若干问题的解释（一）》第二十七条中这样规定：“婚姻法第四十二条所称‘一方生活困难’，是指依靠个人财产和离婚时分得的财产无法维持当地基本生活水平。一方离婚后没有住处的，属于生活困难。”对此，比照这个定义，“生活困难”在现实中多指男方父母为了筹集和给付彩礼，花光所有积蓄甚至负债累累，生活质量大大降低，甚至低于当地的最低生活水平，在这种情况下，夫妻离婚，给付彩礼一方是可以要求接受彩礼方返还或部分返还彩礼的。当然，我们要注意的是，第二、三种要求返还彩礼的形式，必须以夫妻双方离婚为前提，法理不外乎人情，这一点大概是出于维护家庭和睦的考虑吧。

所以综上所述，男女双方按照当地风俗习惯为缔结婚姻而给付的彩礼，一旦双方感情出了问题，没有进行婚姻登记；或者已经办理了结婚登记，但没有共同生活而要求离婚的；双方结婚时间较短，后离婚的，但结婚彩礼使给付方生活上发生严重困难的。在这几种情形下我们都是可以要求分割或者返还彩礼的。

【案例7–1】金某（原告）与马某（被告）于2007年11月经人介绍认识并自愿订下婚约。马某向金某索要彩礼约30000元，其中现金20800元（自愿给付800元、订婚3200元、送干礼16600元、回门200元），“三金”5506.50元（黄金项链1条15.36克3456元、黄金耳环1对6.5克1462.50元、黄金戒指1枚2.39克588元），衣服等约4000元。2008年1月31日，金某借资15000元与马某举行了结婚仪式，但未办理结婚登记手续。随后，金某与马某同居生活不到一个月时间，后因家庭矛盾，金某向法院起诉与马某离婚，并要求返还订婚彩礼等共计45000元。经法院审理判决：马某返还金某彩礼金2万元。

最高人民法院《关于适用〈中华人民共和国婚姻法〉若干问题的解释（二）》第十条规定："当事人请求返还按照习俗给付的彩礼的，如果查明属于以下情形，人民法院应当予以支持：（一）双方未办理结婚登记手续的；（二）双方办理结婚登记手续但确未共同生活的；（三）婚前给付并导致给付人生活困难的。适用前款第（二）（三）项的规定，应当以双方离婚为条件。"因为金某与被告马某未办理结婚登记，根据上述规定，被告应当将彩礼返还给金某，但双方同居生活了一段时间，根据我国《民法典》第一千零四十九条的规定，要求结婚的男女双方应当亲自到婚姻登记机关申请结婚登记。原告金某与被告马某未办理结婚登记手续，其行为是不受法律保护的，考虑到双方按照民族习俗举行了结婚仪式，被告方也有一定的损失，未办结婚登记双方同居生活，双方均有一定责任，因此判决被告返还部分礼金给原告是正确的。

（二）嫁妆的分割

说到了彩礼，那么还有我们熟知的一个词"嫁妆"。在我国的婚嫁习俗中，"彩礼""嫁妆"是很盛行的两种财产分配的行为，尤其是在广大农村，这样的习俗还依然流行。嫁妆在现实生活中多为女方父母在女儿出嫁前或出嫁时给付女儿的财物。可惜的是，我国法律对嫁妆的分割并没有做出特别的规定，关于对它的处理我们只能按照赠与来予以处理。关于财产的属性，这就要对嫁妆赠与的时间节点有严格的区分，对于在女儿出嫁前，父母给付给女儿的财物，应认定为对女儿的个人赠与，算作女儿的婚前个人财产；对于在女儿结婚后父母的赠与，如果没有明确表示为赠与女儿个人的话，即视为对夫妻双方的赠与，属于夫妻共同财产。

基于此，夫妻离婚时嫁妆的分割，首先要确定的就是嫁妆财产获取的时间节点，如果是女方婚前获得，即为女方婚前个人财产，不予分割；

如果为婚后女方父母所赠，在没有明确约定赠与女方的情形下，属于夫妻共同财产，予以分割。在明确约定赠与女方个人的情况下，仍为女方个人财产，不予分割。

（三）货币财产的分割

我们这里所说的货币财产包括现金、银行存款、支票等。这种财产一般是在夫妻关系存续期间共同生活中取得的，属于夫妻共同财产。该类财产在没有特殊情况下，由夫妻双方平均分割。

（四）有价证券的分割

我们这里所说的有价证券是指股票、债券、投资基金等。随着人们生活水平的不断提高和投资多样化的发展，投资股票、基金等有价证券的家庭越来越多，他们渴望从繁重的家庭开支上获得些额外收益。

在婚姻关系存续期间，所取得的有价证券无论是记在哪一方名下，在双方婚姻关系破裂时，它都将作为夫妻共同财产予以分割；并且，有价证券的价值是随着市场价值上下波动的，在夫妻离婚时，如何对该有价证券进行分割，可以由夫妻协商确定。如果双方无法协商或协商不成，法院可以根据案件受理的时间或者案件开庭时有价证券当时的市场价值进行分割。对于如何分割，首先是由夫妻双方进行协商，实在协商不成的，法院可以根据《最高人民法院关于适用〈中华人民共和国婚姻法〉若干问题的解释（二）》第十五条的规定进行分割，即“夫妻双方分割共同财产中的股票、债券、投资基金份额等有价证券以及未上市股份有限公司股份时，协商不成或者按市价分配有困难的，人民法院可以根据数量按比例分配”。

关于婚前取得的股票期权的分割，如果行权人不能证明购买股票的资金属于婚前个人财产，则该股票期权应当认定为夫妻共同财产予以分割。但是股票期权对行权人身份有严格的要求，所以，在股票期权未实际行权的情况下，关于股票期权可能无法分割，只能等到得知实际行权后再提起诉讼分割股票期权所获得的收益。

需要特别注意的是，法律法规规定的限制转让的股票及股权不能分割处理。例如，我国《公司法》第一百四十一条规定："发起人持有的本公司股份，自公司成立之日起一年内不得转让。公司公开发行股份前已发行的股份，自公司股票在证券交易所上市交易之日起一年内不得转让。公司董事、监事、高级管理人员应当向公司申报所持有的本公司的股份及其变动情况，在任职期间每年转让的股份不得超过其所持有本公司股份总数的百分之二十五；所持本公司股份自公司股票上市交易之日起一年内不得转让。上述人员离职后半年内，不得转让其所持有的本公司股份。公司章程可以对公司董事、监事、高级管理人员转让其所持有的本公司股份作出其他限制性规定。"在相关法律的规定下，所持公司的股份是不能随意转让的，这样就需要遵守相关规定，不能随意转让其股权，待符合转让条件后才可以对股权进行分割处理。

（五）常见房产的分割

对于房产，我们按照其取得的时间进行分类，分为婚前所购房产和婚后夫妻共同房产；按是否全款购买分为全款所购房产和按揭房产；按是否取得房屋所有权，分为已取得所有权和尚未取得所有权的房产；按房屋类型分类，可分为商品房、经济适用房、小产权房、房改房、承租房等。下面我们就此分类，分别说一说夫妻离婚时房产的分割。

1.婚前所购房产和婚后夫妻共同购买房产的分割

夫妻一方婚前所购买的房产，如果系夫妻一方全额出资购买，则为购房一方个人财产。我国《民法典》第一千零六十三条规定"有下列情形之一的，为夫妻一方的财产：（一）一方的婚前财产；（二）一方因受到人身损害获得的赔偿或者补偿；（三）遗嘱或者赠与合同中确定只归一方的财产；（四）一方专用的生活用品；（五）其他应当归一方的财产。”《最高人民法院关于适用〈中华人民共和国婚姻法〉若干问题的解释（一）》第十九条规定：“婚姻法第十八条规定为夫妻一方所有的财产，不因婚姻关系的延续而转化为夫妻共同财产。但当事人另有约定的除外。”根据这一条规定，夫妻一方婚前以自己的财产所购买的房产，只是改变了自有财产的形式，如果没有另外约定，仍为其个人财产。

对于婚后夫妻共同购买的房产，若没有特别约定，则属于夫妻共同财产，这一点相信大家是没有疑问的，夫妻婚后以共同财产购买的房产，离婚时仍为共同财产予以分割。

2. 全款购买的房产和按揭所购房产的分割

根据如上所述，对于夫妻一方婚前用自己的资金全款购买的房屋，该房屋属于该个人婚前财产，夫妻离婚时对该房屋不予分割。而对于夫妻一方婚前付首付婚后夫妻共同还贷的房屋，夫妻离婚时又该如何处理呢？《最高人民法院关于适用〈中华人民共和国婚姻法〉若干问题的解释（三）》第十条规定：“夫妻一方婚前签订不动产买卖合同，以个人财产支付首付款并在银行贷款，婚后用夫妻共同财产还贷，不动产登记于首付款支付方名下的，离婚时该不动产由双方协议处理。依前款规定不能达成协议的，人民法院可以判决该不动产归产权登记一方，尚未归还的贷款为产权登记一方的个人债务。双方婚后共同还贷支付的款项及其相对应财产增值部分，离婚时应根据《婚姻法》第三十九条第一款规定的原则，由产权登记一方对另一方进行补偿。”根据这条司法解释的规定，假设A在婚前购买了一套房产，付了首付款，房产登记在A名下，后其与B结婚，婚后以A、B两人的夫妻共同财产偿还房屋贷款。几年后，房屋贷款尚未还清，但A要与B离婚，对于该房屋的分割，首先由A、B协商处理，在协商不成的情况下，A要将夫妻关系存续期间两个人共同还贷的一半及其利息补偿给B，房屋归A所有。如果在A和B离婚时房屋的贷款还未偿还完毕，则剩余的贷款会作为A的个人债务，由A自己偿还。当然房屋有增值的，对于共同还贷部分的对应增值，B也有权参与分割。

对于如何确定未取得不动产所有权一方，即A所应得到的补偿款数额，审判实践中有几种不同的计算方式。目前，多数法院采取的计算方式如下：

假设婚前贷款购房者所购房屋的单价是每平方米15000元，面积80平方米。首付款是36万元，按揭贷款84万元，贷款期限20年（240个月），则利息总计为603452.87元，还款总额为1443452.87元。如果采用等额还款的方式，月均还款6014.39元。双方当事人婚后共同还贷3年（36个月）后诉讼离婚，离婚时房屋经评估，价值400万元。计算可知，购房者为购买该房屋总共支付1803452.87元（1200000元+603452.87元）。其中，首付款在房价（房价款+利息）中所占比例为19.96%（360000元÷1803452.87元×100%），夫妻共同还贷216518.04元（6014.39元×36），占房价款的12%（216518.04元÷1803452.87元×100%）。如果不考虑其他因素，则可以判决房屋归婚前购房者所有，由其对另一方补偿24万元（400万元×12%×1/2）。剩余贷款1226934.83元（1443452.87元-216518.04元），仍由原购房者继续偿还。由于目前各银行及互联网上均能够提供房贷的计算标准，因此上述计算方法不失为一种简便、实用的计算办法。

假设上述案例中的购房者是男方，离婚时双方当事人无子女，或者虽然有子女但女方经济独立，无须照顾，则上述分割不动产的办法即可直接适用。但如果离婚时子女两岁，需要随女方生活，女方另有居住房屋但经济困难，则首先考虑在分割上述不动产时，对于夫妻共同还贷部分所对应的财产价值，分割时根据照顾女方和子女利益的原则，给女方多分。如果法官认为将该部分全部分给女方才足以体现照顾子女和女方利益的原则，判决结果并不违反本条司法解释的规定。如果离婚时女方没有住处，则人民法院还可以依据《民法典》第一千零九十条和《婚姻法司法解释（一）》第二十七条之规定，判决男方对女方给予帮助，让承担抚育子女义务的女方在此房屋居住，直到其另行找到住处或者再婚。

【案例7–2】王某与闫某于2006年12月经人介绍相识，2007年7月登记结婚，婚后未生育子女，夫妻感情一般。2011年7月，王某以夫妻感情破裂为由起诉至法院，要求与女方离婚，并依法分割财产。经法院审理查明，王某在婚前购买了楼房一套，总房款50万余元，其中，王某婚前支付首付款20万元，其余办理了按揭贷款，该房产在婚前办理了房产所有权证书，登记在王某名下。在诉讼过程中，两人一致认可，结婚时该房价值99万元，在共同生活期间共同还贷15万元，王某起诉时该房价值1496984元。《婚姻法司法解释三》第十条规定："夫妻一方婚前签订不动产买卖合同，以个人财产支付首付款并在银行贷款，婚后用夫妻共同财产还贷，不动产登记于首付款支付方名下的，离婚时该不动产由双方协议处理。依前款规定不能达成协议的，人民法院可以判决该不动产归产权登记一方，尚未归还的贷款为产权登记一方的个人债务。双方婚后共同还贷支付的款项及其相对应财产增值部分，离婚时应根据《民法典》第一千零八十七条第一款规定的原则，由产权登记一方对另一方进行补偿。"

经法院审理认为，该楼房系王某婚前购买并交纳首付款，且办理了房产证，该楼房应为王某的婚前个人财产，同时王某应补偿闫某婚后共同还贷部分及其对应的房屋增值款，判决王某补偿闫某婚后共同还贷的一半7.5万元及其对应的房屋增值款12万元左右。

这类案件主要从以下几方面予以考虑：

夫妻之间是否存在关于房屋还贷问题的相关约定或者实行夫妻分别财产制的约定，有约定的按照约定执行，对于没有约定的按照上述司法解释的规定执行；第二，看偿还贷款的时间是否处于夫妻关系存续期间，主要是偿还贷款的时间处于夫妻关系存续期间，无论还贷的资金来源于夫妻哪一方，都属于夫妻共同财产。

房屋购置资金一般分为以下几部分：夫妻一方婚前购房支付的房屋首付款、夫妻双方共同偿还的贷款、尚未偿还的贷款。对于房屋的增值部分补偿，可根据这几部分房屋购置资金的来源及在全部房屋购置款中所占的比例进行考量。夫妻一方婚前购房支付的房屋首付款部分房屋的增值，该部分属于夫妻一方的婚前财产购买，且为婚后的自然增值，不属于夫妻共同财产的范围。对于夫妻双方共同偿还的贷款，该部分无论是用夫妻哪一方的资金还贷，都属于夫妻共同财产，但因现在房价上涨，购房的成本不断加大，所以不仅要考虑由夫妻一方补偿另一方共同还贷的一半，还要考虑补偿对方共同还贷部分对应的房产增值。关于尚未还贷的部分，《婚姻法司法解释三》第十条中已经明确该部分作为获得房屋所有权人的个人债务，那么对于该部分的增值，亦应归该所有权人享有，不予分割。

对于公共还贷部分房产增值的计算，法律并没有明确规定，各地房价不同、政策不同，各地的法院对该部分的计算方法也不一样。

总之，对于这一部分，我们要考虑《婚姻法司法解释三》第十条规定的主导原则，既要保护个人婚前财产，又要公平分割婚后共同共有财产，更不能损害债权人的利益。法院在判决时应综合考虑、平衡男女双方的利益，保护妇女权益，公正判决。

对于已经取得所有权的房屋，可以按照我们所说的上述规则去处理，但对于未取得所有权或未完全取得所有权的福利性公有房屋等，我们又该如何处理呢？对当事人就离婚时尚未取得或者尚未取得完全所有权的房屋权属和分割发生纠纷的，我们认为，在当事人双方对争议的房屋均不享有所有权的情况下，根本就无权对房屋所有权的归属问题提出请求，虽然当事人双方可以占有、使用该房屋，但无处分权。因此，对当事人双方就房屋所有权提出的诉讼请求是不能予以支持的。当然，双方当事人可以就房屋的居住、使用以及以后房屋所有权的取得、归属协商解决，如果就上述问题无法达成一致意见，人民法院只可就房屋的居住、使用作出判决，而不能对房屋所有权的归属进行判决。

按照法律规定，离婚时尚未取得房屋所有权的当事人在交清全部购房款并办理房屋权属转移登记手续后，即可取得房屋所有权。根据国务院住房改革政策，以标准价购买福利性公有房屋的，在将标准价与成本价或者市场价之间的差价补足交清后，房屋所有权归个人所有。如前所述，在房屋所有权尚未取得或者尚未完全取得的情况下，人民法院无法对房屋所有权的归属和分割予以判决，而只能就房屋的居住和使用纠纷问题进行处理。但在人民法院对房屋的居住、使用纠纷处理完毕之后，在当事人取得了房屋所有权或者房屋的完全所有权的情况下，如果当事人双方就房屋所有权归属和分割无法协商一致又发生争议时，当事人可单独就房屋所有权问题另行向人民法院起诉，而不受前一诉讼已经终结的影响，人民法院不得以“一事不再理”为由不予受理。

【案例7-3】李某与王某于2003年4月登记结婚，且二人都为再婚，双方未生育子女，李某曾与前夫生育过一子，王某曾与前妻生育过一儿一女，现在3个孩子都已经成年。现李某将王某诉至法院要求与其离婚并分割夫妻共同财产。王某同意与李某离婚，但是对于分割夫妻共同财产不予认可，他认为，他与李某之前曾经口头约定财产归各自所有，并无夫妻共同财产可分割。经法院查明：2003年9月，王某以其个人婚前财产购买了A套房屋，房屋总价50万元，登记于王某名下并由王某使用。2008年1月初，王某名下的B号院落拆迁，王某获得拆迁补偿款500万元，后王某用这500万元分别购买了C和D房产共计450万元，这两套房屋均登记在王某自己名下，并予以出租，剩余50万元。

现李某认为王某购买的A、C、D套房产均属于王某婚后购买，属于夫妻关系存续期间购买，应当属于夫妻共同财产。王某则认为增值属于房屋的孳息，应属于婚前个人财产，且两人有财产约定分别归各自所有，该3套房产不属于夫妻共同财产，不能予以分割。

另外，王某称其将补偿款购房后剩余的50万元存入银行获得利息约5万元，并于2011年2月20日将上述存款、利息及房屋租金共计70万元购买了银行的个人理财产品，其理财产品的申请书中记载至2012年2月19日可获得增值2万元，无其他财产。经法院审理判决：准予双方离婚，双方各自名下存款、理财产品等归各自所有，前述3套房屋归王某所有，王某向李某支付补偿款80万元。

本案的争议焦点为：一方用其婚前个人财产婚后购买商品房和理财产品，所购房屋及理财产品是属于个人财产还是夫妻共同财产？上述财产婚后价值增值的部分是属于孳息还是投资收益，在离婚时是否应作为夫妻共同财产进行分割？

根据《民法典》规定，婚前的个人财产不因其形态发生变化而改变其个人财产的性质，王某用自己的婚前财产购买的房屋及理财产品只是个人财产形态上的变化，但仍属于王某个人财产。根据我国《民法典》《最高人民法院关于适用〈中华人民共和国婚姻法〉若干问题的解释（二）》的相关规定，夫妻关系存续期间，夫妻一方以个人财产投资所产生的收益属于夫妻共同财产。本案中王某在自有住房的情况下仍购房并收取租金，并将所得租金及存款等用于购买理财产品，很显然王某是一种投资行为。而这种投资行为又恰恰是他与李某夫妻关系存续期间发生的，那么根据相关法律的规定，其投资行为所产生的收益是属于夫妻共同财产的。另外，根据相关法律的规定，夫妻之间关于财产的约定应当使用书面形式，李某与王某采取口头约定婚姻关系存续期间所得的财产以及婚前财产归各自所有，没有书面约定，且王某亦未提供相应的证据予以证明，法院无法采信。所以，王某以其个人财产在婚后购买房屋和理财产品是在双方婚姻存续期间的投资，投资所得的收益即房屋和理财产品的增值部分，应当属于夫妻共同财产予以分割。

（六）不同类型房屋的分割

1. 商品房

对于商品房的分割是我们最关心的。关于商品房的分割，我们可以参照上述规则予以处理，在这里就不再赘述。

2. 经济适用房

经济适用房是国家计划为低收入家庭解决住房问题的政策性用房，一般价格比市场同类房价要低很多，属于社会保障性住房。

对于经济适用房的分割，同样要看购房的时点来加以区分。夫妻一方在婚前取得了购买经济适用房的资格，并且在婚前购买了适用房，则在对该房屋进行财产分割时应当属于购房者的婚前个人财产，不予分割。夫妻一方在婚前取得购买经济适用房的资格，但购买房屋是在婚后进行，该房屋应当属于夫妻共同财产，但在对该房屋进行分割时，应优先将房屋分配给具备购房资格的一方，由该方向对方支付房屋折价款予以补偿。在婚姻关系存续期间取得的购房资格，并在婚姻关系存续期间买房的，该房产无疑是夫妻共同财产，但在分割时应当考虑对子女的照顾及女方权益保护的原则，一方取得房屋所有权，向对方支付房屋折价款。在双方都没有能力支付对方折价款的情形下，法院可以判决该房屋由双方共同使用。对于双方都主张所有权的，夫妻双方可以竞价决定谁取得房屋的所有权。

3. 小产权房

小产权房是指建设于农村集体土地上，向村集体以外的居民出售的房屋，因该房屋没有房管部门颁发的产权证，非农村集体经济组织的成员购买该类产权的房屋是无法获得房屋产权证的。我国对小产权房的出售一直都是禁止或限制的态度，但是乱开发、乱出售的现象还是比比皆是，这就出现了一个问题，那就是小产权房在夫妻离婚时该如何进行分割呢?

小产权房的处理要针对不同购房主体进行区别对待。（1）如果该小产权房为非农村集体经济组织成员购买，则该行为可能会违反法律或行政法规的规定，该诉争房产并不受法律保护，所以并不能对诉争房屋的所有权进行分割；在房屋买卖合同有效的情形下，从保护交易安全的角度出发，可以对该房屋的使用权进行分割，可以由双方共同享有房屋使用权，也可以由一方享有使用权，同时给予另一方一定的补偿。对于双方都想获得使用权的情形，可以通过竞价的方式来获得使用权。（2）如果该小产权房为农村集体经济组织的成员取得，则须看取得的方式：如果是通过旧房改造安置所得，即通过旧房屋置换所得，则对所诉争房屋进行所有权分割处理；如果该房屋系农村集体经济组织成员通过购买等其他途径获取的，违背了我国《土地管理法》“一户一宅”的基本原则，则对诉争的房屋仍是对其使用权进行分割，对于所有权的认定缺乏物权基础。

需要注意的是，上述的小产权房的分割，是基于夫妻双方婚姻关系解除而进行的财产归属的认定，目的是确定夫妻双方财产的归属，并不能成为权利人要求登记机关进行物权登记的依据，更不能对抗有权机关对房屋是否合法的认定及相关处理。

4.房改房

房改房又称已购公有住房，是指根据国家现行房改政策的有关规定，单位将原公房通过优惠的形式出售给已经承租或使用该房屋的职工，职工对其享有部分产权或者全部产权的居住用房。

下面我们将介绍不同形式的房改房的分割。

（1）以一方父母名义购买，产权登记在一方父母名下。该类情形是以夫妻一方父亲或母亲的名义参加房改，且房屋的产权登记在夫妻一方的父亲或者母亲的名下。《最高人民法院关于适用〈中华人民共和国婚姻法〉若干问题的解释（三）》第十二条规定："婚姻关系存续期间，双方用夫妻共同财产出资购买以一方父母名义参加房改的房屋，产权登记在一方父母名下，离婚时另一方主张按照夫妻共同财产对该房屋进行分割的，人民法院不予支持。购买该房屋时的出资，可以作为债权处理。"我国对于购买房改房的资格有着严格的限制，只限于单位职工个人或者家庭，且对于职工的职务和工龄等也有严格的要求。对于该类房屋，夫妻参加房改的，会在房屋产权证书中有所体现，夫妻为房屋的共有产权人。如果夫妻也享有购买房改房资格，可以确认房屋产权为全家人共有；但如果夫妻以一方父母名义购买房改房，产权登记在一方父母名下，父母作为完全的产权人，夫妻离婚在分割财产时并不能将该房屋作为夫妻共同财产予以分割。

（2）以一方父母名义参加房改但权属登记于夫妻一方或双方名下。根据房改房的特殊性，其权属登记一般登记在参加房改的职工名下。对于以夫妻一方父母名义参加房改，但房屋产权经父母的买卖或赠与，将房屋过户到夫妻一人或双方的名下，该情形视为父母放弃对房改房享受的福利，将房产作为对夫妻一方个人或者双方的赠与，对于此种情况应根据相关规定，将房屋作为夫妻一方或双方的共同财产予以分割。

（3）夫妻双方共同出资购买登记于夫妻一方父母名下的房改房。因房改房对购房对象要求具有特殊性，是一种对特殊对象的福利性住房。夫妻一方父母在符合参加房改房资质要求的情况下，由夫妻双方共同出资购买，产权登记于父母名下。该行为应视为对父母的借款或者是赠与，对于夫妻离婚一方要求对登记在一方父母名下用夫妻共同财产购买的房屋增值部分予以补偿，该主张一般不会获得支持，因房改房有一定的福利政策性，其出售并非按照市场定价，其行为不符合房改房的本质。

（4）婚前由一方承租、婚后以个人财产购买的房改房。婚前由一方与单位之间形成房屋租赁关系，承租公有房屋，对该房屋享有占有、使用的权利，婚后以其个人财产购买该房屋。对于该房屋的财产归属如何认定，是否属于夫妻共同财产，在司法实践中还未有定论。一般认为，对婚前由一方承租婚后以个人财产购买的房改房，法务权属证书记载的权利主体为承租人个人，购房人以婚前自己的个人财产购买或者双方有明确的约定该房屋属于承租人个人的，该房屋归个人所有。

（5）婚前由一方或一方父母承租的公有房屋，婚后以共同财产购买该房屋。对婚前由一方或一方父母承租的公有房屋婚后以共同财产购买的，根据《最高人民法院关于适用〈中华人民共和国婚姻法〉若干问题的解释（二）》第十九条的规定，“由一方婚前承租、婚后用共同财产购买的房屋，房屋权属证书登记在一方名下的，应当认定为夫妻共同财产”。在司法实践中，我们还要具体问题具体分析：

第一，一方婚前承租的公房，即单位福利性住房，婚后以夫妻共同财产购买该房屋产权，其中并无任何单位另加的强制性规定，由于在婚姻关系存续期间内购买，无法体现出公房使用权的交换价值，则在离婚分割产权房时，一般作为夫妻共同财产处理。

第二，一方享受该单位公租房承租权，是其以个人财产支付对价取得的，婚后又以夫妻共同财产购买公租房产权，在离婚分割该产权房时，需要将之前获得公租房使用权所支出的费用视为一方个人财产的出资予以扣除，剩余房屋的价值才为夫妻共同财产。

第三，婚前夫妻一方父母所承租的公房，夫妻结婚后，用夫妻共同财产购买了该房屋的产权，并将产权登记在夫妻一方或者是双方名下，夫妻离婚时该房屋属于夫妻共同财产予以分割。

但是，需要注意的是，对于原有公房使用权的交换价值可依据《最高人民法院关于适用〈中华人民共和国婚姻法〉若干问题的解释（二）》第二十二条和《最高人民法院关于适用〈中华人民共和国婚姻法〉若干问题的解释（三）》第七条的规定，婚前出资，无特别约定登记在自己子女名下视为对自己子女的赠与，为一方婚前个人财产。婚后出资，无特别约定，登记在双方名下视为对双方的赠与，为夫妻房共同财产；登记在一方名下的为对一方的赠与，为一方个人财产。

有一个例外就是上海1994年颁布的《关于出售公有住房的暂行办法》规定，出售的公房只能登记在一人名下，这样一来我们就不能单以产权登记在谁名下来判断是对谁的赠与，这还要具体问题具体分析。

第四，婚前夫妻一方父母承租的公房，婚后用夫妻共同财产出资购买该房屋产权，并登记在夫妻一方父母名下的，根据《婚姻法司法解释（三）》第十二条的规定，该房屋并非夫妻共同财产，对于以夫妻共同财产对该房屋的出资，可以作为债权处理。

【案例7-4】李某与吴某于1990年结婚，婚后育有一女。2005年双方因感情破裂开始分居，2009年8月20日，李某将吴某起诉至法院，请求法院判令解除双方婚姻关系，并将双方共有的一套住房判归自己所有，被告吴某也向法院主张该诉争房屋的所有权。原告李某申请专业机构对诉争房屋进行鉴定评估，评估价值为30万元。

经法院审查，夫妻双方对该诉争房屋均不具有完全产权，该房属于房改房。故本案不宜对房屋所有权的归属做出判决，只能根据实际情况判决房屋由一方使用，待一方对该房屋取得完全所有权后，如有争议，可另行向人民法院提起诉讼。正因如此，原告所出示的评估报告不能全面、客观、科学地反映该房屋的实际价格，法院依法不予认可。按照《民法典》照顾子女和女方的权益的原则，综合考虑双方的实际情况，最终法院判决准予原告李某与被告吴某离婚，双方诉争房屋归原告李某使用，待该房屋取得所有权后，如有争议，可另行向法院起诉。

5. 承租房

对于承租方的分配，司法实践中实行具体问题具体分析。对于夫妻一方婚前取得的房屋承租权，不因婚姻关系存续时间的长短而变化，承租权始终属于夫妻一方所有。对于夫妻一方在婚前享有的单位房屋的承租权，婚后两人均成为本单位职工，双方离婚时，对于承租方的归属，该房屋仍归原承租权人占有使用，并不会因婚姻或配偶变更为本单位职工而有所影响。夫妻一方婚前取得的房屋承租权，婚后因拆迁安置，另一方作为安置配房人口参加拆迁安置的，安置房屋应作为夫妻共同财产离婚时予以分割，如果在拆迁安置时另一方不作为配房人口参加拆迁安置，则仍属于一方个人财产。同样，拿原承租房调换的房屋也不因婚姻关系的变化而变化，除非调换后的房屋包含了配偶一方的安置因素，可以作为夫妻共同财产。夫妻一方婚前取得房屋承租权，借款购买了房屋产权，婚后夫妻共同还债的，夫妻离婚时，房屋的产权一般还是归于原承租人，由该承租人给另一方对婚后共同还债的数额予以折价补偿。

（七）机动车的分割

认定机动车是否属于夫妻共同财产的关键是看机动车的所有权是婚前取得还是婚后取得。需要注意的是，机动车作为一种特殊的动产，既有动产的交付后发生所有权转移，同时又采取登记对抗效力，未经登记不得对抗善意第三人。因此，机动车在结婚登记之前交付的，该机动车属于婚前个人财产，不属于夫妻共同财产。如果机动车系双方在婚前共同购买，并在婚前取得所有权的，则该机动车为双方按份共有，双方离婚时可以对机动车按所占分割比例进行分割，由一方获得车辆所有权并给予另一方折价补偿款。

如果机动车属于夫妻一方以其个人婚前财产购买，在婚后才取得机动车的所有权，则机动车应视为夫妻一方个人财产的婚后转化形式，应认定为夫妻一方的个人财产，也就是我们前边所讲到的只是个人财产的形式发生改变，并不能改变财产的归属。如果机动车系双方婚后购买，且在婚后取得所有权，那么该机动车属于夫妻共同财产。

还有一种双方在夫妻关系存续期间购买了机动车，婚后才取得机动车所有权的情况。在这种情况下，机动车应视为夫妻共同财产的转化形式，并予以分割。

【案例7–5】李某、王某于2008年12月26日举行结婚仪式并同居生活。同居时，王某娘家收取李某彩礼28800元。2010年8月18日生育女儿李小某，现随李某生活。李某、王某于2011年2月18日补办了结婚证。婚后，双方常因生活琐事发生吵闹。2012年上半年，双方又因生活琐事发生吵闹厮打。王某之兄曾于2012年六七月份给双方做过调解工作，双方因故未能和好，一直分居生活。李某遂提起离婚诉讼。经法院判决两人离婚，孩子由李某抚养。但庭审中对购买的车子进行分割时，王某认为该车是夫妻婚姻关系存续期间购买的，应当属于共同财产予以分割，而李某则认为该车系用自己婚前的一辆车变卖后所得财产所购，不属于夫妻共同财产。经法院审查，该机动车为李某婚姻关系存续期间购买，且车辆登记在李某名下，至于李某说的以婚前财产购买并未提供证据，法院不予采信。法院判决车辆归李某所有，车辆被估价2万元双方均认可，由李某支付王某车辆折价款1万元。

（八）有限责任公司股权的分割

有限公司有较强的人合性，股东之间相互信任，共同出资组成一个有机整体。有限责任公司的资本由全体股东认缴，《公司法》对于有限责任公司的股东向股东以外的人转让股权规定了一定的限制条件。因此，在离婚财产分割中，涉及有限责任公司股权的分割，不仅要遵守《民法典》的规定，还必须遵守《公司法》的有关规定。

《公司法》第七十二条规定（《公司法》（2013修正）第七十一条）：“有限责任公司的股东之间可以相互转让其全部或者部分股权。股东向股东以外的人转让股权，应当经其他股东过半数同意。股东应就其股权转让事项书面通知其他股东征求同意，其他股东自接到书面通知之日起满三十日未答复的，视为同意转让。其他股东半数以上不同意转让的，不同意的股东应当购买该转让的股权；不购买的，视为同意转让。经股东同意转让的股权，在同等条件下，其他股东有优先购买权。两个以上股东主张行使优先购买权的，协商确定各自的购买比例；协商不成的，按照转让时各自的出资比例行使优先购买权。公司章程对股权转让另有规定的，从其规定。”根据以上规定，如配偶一方并非公司股东，对于股权的分割首先可依公司“章程”处理，未实际分得股权的一方有权获得相应的价值补偿。如果公司“章程”没有规定，而要将股权分割给非股东的配偶一方，则必须经过其他股东过半数同意且放弃优先购买权，如果其他股东过半数同意，此时，配偶一方可直接获得股权，成为公司股东。未经其他股东过半数同意的，不得将股权分割给配偶一方，当然，不同意的股东应当购买该转让的股权，不购买的，则视为同意转让。对此，最高人民法院关于适用《中华人民共和国婚姻法》若干问题的解释（二）第十六条也做了明确规定："人民法院审理离婚案件，涉及分割夫妻共同财产中以一方名义在有限责任公司的出资额，另一方不是该公司股东的，按以下情形分别处理：（一）夫妻双方协商一致将出资额部分或者全部转让给该股东的配偶，过半数股东同意、其他股东明确表示放弃优先购买权的，该股东的配偶可以成为该公司股东；（二）夫妻双方就出资额转让份额和转让价格等事项协商一致后，过半数股东不同意转让，但愿意以同等价格购买该出资额的，人民法院可以对转让出资所得财产进行分割。过半数股东不同意转让，也不愿意以同等价格购买该出资额的，视为其同意转让，该股东的配偶可以成为该公司股东。"

对于是否属于夫妻共同财产，要根据《民法典》及其他相关司法解释的规定，准确作出判断。《最高人民法院关于适用〈中华人民共和国婚姻法〉若干问题的解释（二）》第十一条规定了婚姻关系存续期间，下列财产为夫妻共同财产：（一）一方以个人财产投资取得的收益；（二）男女双方实际取得或者应当取得的住房补贴、住房公积金；（三）男女双方实际取得或者应当取得的养老保险金、破产安置补偿费。这其中就包括一方以个人财产所得的投资收益，所以，公司股东婚前以其个人财产投资所取得的公司股权应当归该个人所有。婚后公司扩大经营、新增注册资本，这时股东无论是以个人财产还是以夫妻共同财产认缴出资，虽然都是基于股东身份的行为，但这时的股权应当认定为夫妻共同财产，在夫妻离婚时予以分割。

【案例7-6】张某与李某系夫妻，在2003年夫妻关系存续期间，李某与第三人赵某共同出资成立了A有限责任公司，公司注册资本为100万元。李某出资70万元，享有公司70%的股权，赵某出资30万元，享有公司30%的股权，二人为A公司的股东。后张某与李某因感情不和于2007

年6月协议离婚，约定A公司给付给李某120万元后，李某将其名下的70%股权转让给张某。2007年7月，张某与李某办理了离婚登记，两人在民政局重新签订了离婚协议，但该协议并未对李某名下A公司的70%股权作出约定。后张某向法院起诉要求分割一半股权。李某辩称：该70%股权系其亲属借款作为资金来源投入公司形成，其名下A公司70%的股权属于其个人财产，双方于2006年5月27日签订的离婚协议书中约定，公司给付李某120万元后被告将其名下的股权转让给原告，原告在离婚协议书中已明确表示有条件地放弃了公司股权、经营权。

第三人赵某表示认可诉争股权为原、被告共同财产，但并不知晓双方在离婚协议中对诉争股权的约定。后赵某表示同意其约定，并放弃优先购买权。

法院经审理，依法判决：确认被告李某名下A有限公司70%股权的一半即35%的股权归原告张某所有。

本案的争议焦点为夫妻一方对外投资所产生的股权是否作为夫妻共同财产。随着大众创新、万众创业的投资热潮兴起，股权分割问题在离婚诉讼中已经越来越普遍，处理这一问题的前提就是确认股权的归属。对此，《民法典》和《最高人民法院关于适用〈中华人民共和国婚姻法〉若干问题的解释（二）》已经作出了明确的规定。《民法典》第一千零六十二条规定了生产、经营的收益属于夫妻共同财产，《最高人民法院关于适用〈中华人民共和国婚姻法〉若干问题的解释（二）》第十六条规定："人民法院审理离婚案件，涉及分割夫妻共同财产中以一方名义在有限责任公司的出资额，另一方不是该公司股东的，按以下情形分别处理：（一）夫妻双方协商一致将出资额部分或者全部转让给该股东的配偶，过半数股东同意、其他股东明确表示放弃优先购买权的，该股东的配偶可以成为该公司股东；（二）夫妻双方就出资额转让份额和转让价格等事项协商一致后，过半数股东不同意转让，但愿意以同等价格购买该出资额的，人民法院可以对转让出资所得财产进行分割。过半数股东不同意转让，也不愿意以同等价格购买该出资额的，视为其同意转让，该股东的配偶可以成为该公司股东。用于证明前款规定的过半数股东同意的证据，可以是股东会决议，也可以是当事人通过其他合法途径取得的股东的书面声明材料。”

用于证明前款规定的过半数股东同意的证据，可以是股东会决议，也可以是当事人通过其他合法途径取得的股东的书面声明材料，表明婚姻存续期间以夫妻一方名义在有限责任公司中的出资额为夫妻共同财产。

在明确股权属于夫妻共同财产的基础上，再来处理该财产的分割问题。和其他财产不同的是，股权作为夫妻共同财产的分割，会涉及公司和公司其他股东的利益。有限责任公司具有人合性，法律对于公司股权的转让有很多限制，而股权在夫妻之间分割有可能涉及股权的转让的问题，因此在处理股权分割问题时，不仅要依据《民法典》和相关司法解释的规定，还要遵循《公司法》的有关规定。

根据上述规定，夫妻双方虽然在离婚时可以对夫妻财产的分割作出约定，但如约定涉及股权的分割，还不能违反《公司法》的规定，不能侵害公司和其他股东的利益。夫妻双方约定在支付对价的情况下将股权转让给另一方，该约定侵害了其他股东的优先购买权，该约定是无效的。

根据《最高人民法院关于适用〈中华人民共和国婚姻法〉若干问题的解释（二）》第十六条的规定，对在本案中，夫妻双方未能就股权分割达成一致时，夫妻中非股东一方希望通过分割股权成为股东，而夫妻中股东的一方不同意，又不愿意以同等价格购买该股权，公司的其他股东表示同意的，可以确认夫妻中非股东一方拥有股东一方一半的股权。

（九）合伙企业中夫妻共同财产的分割

夫妻之间离婚主张分割合伙企业中的财产份额的，除了遵守《民法典》及相关司法解释的相关规定外，还应当遵守《合伙企业法》及其相关规定处理，不能损害其他合伙人或者债权人的利益。在夫妻之间不存在约定财产制，且合伙企业的投资是在夫妻关系存续期间的任何一方的投资，双方因离婚向法院提起诉讼要求分割合伙企业中夫妻共同财产的，适用《最高人民法院关于适用〈中华人民共和国婚姻法〉若干问题的解释（二）》第十七条的规定："人民法院审理离婚案件，涉及分割夫妻共同财产中以一方名义在合伙企业中的出资，另一方不是该企业合伙人的，当夫妻双方协商一致，将其合伙企业中的财产份额全部或者部分转让给对方时，按以下情形分别处理：

（一）其他合伙人一致同意的，该配偶依法取得合伙人地位；

（二）其他合伙人不同意转让，在同等条件下行使优先受让权的，可以对转让所得的财产进行分割；

（三）其他合伙人不同意转让，也不行使优先受让权，但同意该合伙人退伙或者退还部分财产份额的，可以对退还的财产进行分割；

（四）其他合伙人既不同意转让，也不行使优先受让权，又不同意该合伙人退伙或者退还部分财产份额的，视为全体合伙人同意转让，该配偶依法取得合伙人地位。"

夫妻离婚要求分割夫妻共同财产、转让合伙企业中的财产份额的，须征得其他合伙人的同意。其他合伙人不同意将财产份额转让给另一方的，其他合伙人可以行使优先受让权，法院将其他合伙人受让的价款分割给夫妻另一方。对于其他合伙人既不同意夫妻之间相互转让份额，又不同意自己受让份额，同意夫妻中一方合伙人退伙的，法院可以将退伙中退还的财产分割给夫妻双方一人一半。对于其他合伙人既不同意夫妻之间相互转让财产份额，又不同意行使优先受让权，更不同意让夫妻一方退伙退还全部财产份额的，视为同意夫妻之间转让财产份额。

夫妻离婚时不仅涉及合伙企业财产份额的分割，还涉及合伙企业债务的承担。根据我国《合伙企业法》第五十四条的规定："合伙人退伙时，合伙企业财产少于合伙企业债务的，退伙人应当依照本法第三十三条第一款的规定分担亏损。"第三十三条第一款规定："合伙企业的利润分配、亏损分担，按照合伙协议的约定办理；合伙协议未约定或者约定不明确的，由合伙人协商决定；协商不成的，由合伙人按照实缴出资比例分配、分担；无法确定出资比例的，由合伙人平均分配、分担。"也就是说，夫妻之间通过一方退伙的形式分割合伙企业财产份额的，夫妻离婚时，如果合伙企业中的财产少于合伙企业债务，夫妻双方要求退伙的，应当根据合伙企业对外所负债务的情况分担亏损。

（十）一人公司和个人独资企业的财产分割

我国《公司法》第五十七条规定："本法所称一人有限责任公司，是指只有一个自然人股东或者一个法人股东的有限责任公司。"夫妻投资设立一人有限公司，对于该公司的财产，夫妻离婚时应当如何处理？关于夫妻设立一人有限公司离婚时财产的分割，法律并未予以明文规定，对此我们可以借鉴夫妻以共同财产设立个人独资企业的相关规定。对于夫妻双方以共同财产设立独资企业，离婚时，夫妻分割该独资企业中的共同财产，《婚姻法司法解释（二）》第18条有如下规定："夫妻以一方名义投资设立独资企业的，人民法院分割夫妻在该独资企业中的共同财产时，应当按照以下情形分别处理：（一）一方主张经营该企业的，对企业资产进行评估后，由取得企业一方给予另一方相应的补偿；（二）双方均主张经营该企业的，在双方竞价基础上，由取得企业的一方给予另一方相应的补偿；（三）双方均不愿意经营该企业的，按照《中华人民共和国个人独资企业法》等有关规定办理。”尽管一人有限责任公司和个人独资企业一个对外承担有限责任，另一个承担无限责任，但对于夫妻共同财产的分割来看基本上是一致的。不管是哪一种公司形式，只要是以夫妻共同财产予以投资，其收益当然属于夫妻共有。如果夫妻一方以其个人财产进行投资，那么公司财产仍归夫妻一方个人所有，但根据《民法典》第一千零六十二条第二款规定，在婚姻关系存续期间取得的生产、经营性收益属于夫妻共同财产，离婚时应当按照夫妻共同财产予以分割。

（十一）保险产品及其收益分割

现代社会，保险除了具有保障性特征外，还被人们更多地用以储蓄或投资等其他形式。而对于保险金财产的分割，又是如何规定的呢？下面我们将分别予以阐释。

1. 关于人身保险的分割

通常来讲，以夫妻共同财产支出所购买的人身险，无论被保险人是否为夫妻中的一方还是第三人，如果夫妻之间没有事前约定，则应当认定为夫妻共同财产。但是存在一个例外，就是夫妻约定以其未成年的子女作为被保险人和受益人的，认定为夫妻对子女的赠与行为，该财产不计入夫妻共同财产的范围。对于夫妻一方以个人财产为对方购买人身保险的，视为对对方的赠与，财产为对方所有。对于他人以夫妻中的一方为被保险人或者受益人的，应当认定为对夫妻一方的赠与，保险标的归夫妻个人而非夫妻共同财产。对于已经理赔的除非具有人身属性的，属于夫妻共同财产的应当予以分割；对于尚处于履行期限中的保险合同的分割，分割的对象是保险费或保单的现金价值，该部分财产中属于夫妻共同财产的应予以分割。需要注意的是，如果夫妻一方投保人身险，人身保险合同的受益人为夫妻中的另一方，离婚后须及时变更受益人，由保险公司在保单上进行变更。对于夫妻中一方为投保人，另一方为被保险人的保险，离婚时，投保人要求退保，被保险人则要求继续履行保险合同的，这时可以允许被保险人自己或其指定的受益人继续缴纳保险费，履行人身保险合同。

2. 关于财产保险的分割

在夫妻离婚时，关于财产保险的分割主要从以下几个方面予以区分：（1）保险费是由夫妻一方个人财产所出，那么根据《最高人民法院关于适用〈中华人民共和国婚姻法〉若干问题的解释（一）》第十九条的规定，财产保险所形成的财产性收益仍为一方个人财产。如果该保费系夫妻共同财产，那么保险收益则为夫妻共同所有，即保费来源于个人保险收益属于个人财产；保费来源于夫妻共同财产则保险收益也为夫妻共同财产。在保险标的已经转化为保险金的情况下，就要对保险金进行分割，如果原来的保险标的属于夫妻一方所有，则相应的保险金归属夫妻一方所有；如果之前的保险标的属于夫妻共同所有，那么保险金也由夫妻共同所有。夫妻离婚时对保险的分割，其实质是对保费的分割，对于夫妻离婚时尚未履行完毕的保险合同，应区分不同的保险类型：对于保障型保险，能否实现保险利益尚不确定，对于该类型保险的分割，主要是对剩余保险期间的保险费进行分割；而对于返还型和投资型的财产保险则是对保单的现金价值进行分割。在以夫妻共同财产作为保费投保在夫妻一方个人所有的财产上，当发生了财产损失，夫妻一方拿到了保险金，另一方可以主张对保费享有一定的份额。

（2）保险标的被价值分割，由夫妻双方之外的第三人承接时，夫妻双方可以要求退保，选择分割保费，也可以选择将财产保险的价值一并包含在保险标的的价格里变现，从而分割获得的款项；在保险标的由夫妻中的一方获得时，获得方可以决定退保分割获得的保费，也可以不退保，在该保费限额内给对方以相应的补偿；在实物分割的情形下，保险合同的权利义务实际上仍然由离婚夫妻双方继续享有，不同的是原来以共同享有的模式，变更为按份享有。

（3）财产保险在离婚过程中被分割后，新的被保险人按照我国《保险法》的相关规定履行一定的告知义务，即及时通知保险人，由保险人在30日内决定是否解除保险合同或者加收保险费用，否则将承担一定的保险后果。

【案例7–7】王五与张美（双方名字均为化名）于2006年经人介绍认识，后一直保持恋爱关系，两人于2008年6月6日登记结婚，婚后两人感情一直很好，2010年生下了儿子王小六。2015年，张美用自己工资为儿子购买了“一生幸福”保险，受益人为儿子小六，保险费每年1000元，交费期限为15年。随后，张美每年用自己的工资为儿子缴纳保险费，截至2018年6月，张美共为儿子缴纳保险费4000元。2018年7月，因夫妻感情不和，张美起诉到法院要求与王五离婚，并要求儿子王小六由自己抚养。王五同意了妻子张美的离婚诉讼请求，但是提出张美为儿子投保所缴纳的保险费或保单上的保险金应为夫妻共同财产，如果张美继续占有保单的话，则应补偿一半保险费或保险金给他。法院判决王五与张美离婚，儿子王小六由张美抚养，张美支付王五一半已缴纳的保险费，即2000元。本案属于离婚诉讼，本案的争议焦点在于张美为儿子投保所缴纳的保险费或保单所载明的保险金是否属于夫妻共同财产？针对这点，我们可以从以下几个方面进行分析：

（1）张美给儿子投保保险的行为应认定为对儿子的赠与行为。我国《合同法》第一百八十五条规定：“赠与合同是赠与人将自己的财产无偿给予受赠人，受赠人表示接受赠与的合同。”赠与是赠与人将自己的财产无偿给付给受赠人，受赠人表示接受的行为。本案中，张美用自己的工资为自己的儿子办理了保险，缴纳了保费，儿子无偿获得保险金，应当属于赠与合同行为。

（2）该赠与属于可撤销的赠与。我国《合同法》第一百八十六条规定："赠与人在赠与财产的权利转移之前可以撤销赠与。具有救灾、扶贫等社会公益、道德义务性质的赠与合同或者经过公证的赠与合同，不适用前款规定。"根据这条规定，张美为儿子购买保险的行为属于赠与，赠与的是保险金，还未实际支付到儿子手中，因为保险期限还未到，或者是说支付保险金的条件还未成就。这只是一种可期待利益的赠与行为，待支付保险金条件成熟或者保险期限届满，保险公司向受益人王小六支付保险金。同时这种赠与不具备社会公益、道德义务性质或经公证的排外情况，所以属于可撤销的赠与。

（3）保单中载明的保险金不属于夫妻共同财产。根据我国《保险法》的有关规定，保险金的请求权属于被保险人或受益人。而这种请求权在保险事故发生之前或者保险期限届满之前只是一种可期待的利益，这种利益可能因保单失效或者受益人先于被保险人死亡、受益人杀害被保险人等情形而灭失。根据《保险法》的规定，在没有上述特殊情形出现的情况下，在保险事故发生或者保险期限届满发生给付保险金时，保险金是归受益人所有的。对于本案，受益人为张美、王五的儿子王小六。所以，虽然现在保险金还是可期待利益，但即便是支付保险金的条件成熟，夫妻任何一方都不是受益人，保险金也不属于夫妻公共财产，而是属于儿子王小六。

（4）张美为儿子投保所缴纳的保险费属于夫妻共同财产。张美是在夫妻关系存续期间以自己的工资收入为儿子王小六缴纳保险费的，根据我国《民法典》第一千零六十二条规定，在婚姻关系存续期间工资、奖金，生产、经营的收益，知识产权的收益，继承或赠与所得的财产等都属于夫妻共同财产。在张美与王五双方无特别约定的情况下，张美用自己的工资所缴纳的保险费应当属于夫妻共同财产。保险费是投保人交付给保险公司，要求保险公司在保险条件成熟时支付一定的保险金。一般情形下，保险费是属于保险公司的，但是根据我国《保险法》的规定，在保险事故发生之前或者保险期限届满之前，投保人可以要求保险公司退保，即退回保险费。张美用自己工资支付的保险费属于夫妻共同财产的范畴，在张美不肯退保的情况下，应支付已支付保费的一半给王五，即2000元。

综上，在上述情形下，夫妻一方或双方为孩子投保的保险费应当属于夫妻共同财产，而保单上记载的保险金则不属于夫妻共同财产，应归属于受益人。

第六节　夫妻离婚时子女抚养权的确定

确定离婚后子女的抚养，应以有利于子女的健康成长，保障子女的合法权益为出发点，结合双方父母的抚养能力和抚养条件等予以妥善处理，主要从以下几方面入手：（1）考虑父母双方的个人素质、对子女是否有责任感、家庭环境如何、父母与子女的感情等因素。（2）还要考虑对不能再生育和再婚有困难的父或母的合理要求。（3）在双方的各种条件都基本相同的情况下，原则上由经济能力较强的一方抚养。（4）8岁以上有识别能力的子女，无论随父还是随母，应充分考虑子女本人的意见。

不同情形下对子女抚养问题的处理有如下几种：

（1）对哺乳期内的子女的抚养。从有利于子女生长发育的角度考虑，夫妻离婚，对于尚在哺乳期的子女的抚养，一般跟随哺乳的母亲抚养，这样更有利于婴幼儿的成长发育。在司法实践中，一般两周岁以下的孩子，法院会判给随母亲一起生活，除非该母亲有传染病或其他严重疾病或者是母亲义务不利于孩子成长、母亲经济条件极差、生活环境对孩子成长不利、母亲的品行等不利于对孩子的教育、母亲有违法犯罪行为等。

（2）对于两周岁以上孩子的抚养。夫妻离婚后，对两周岁以上的未成年子女，随父或随母生活，首先应由父母双方协议决定。因此，当父母双方对抚养未成年子女发生争议时，法院应当进行调解，尽可能争取当事人以协商方式解决。在当事人双方自愿、合法的前提下，协商决定子女随哪方生活由哪方抚养，或者在有利于保护子女利益的前提下，也可以由父母双方轮流抚养。

如果当事人双方因子女抚养问题达不成协议时，法院应结合父母双方的抚养能力和抚养条件等具体情况，根据有利于子女健康成长的原则对子女抚养进行判决。但应注意以下问题：对两周岁以上未成年的子女，父母双方均争取子女的抚养权，一方有下列情形之一的，可予优先考虑：①丧失生育能力的一方；②子女随其生活时间较长，改变生活环境对子女健康成长明显不利的；③一方无其他子女，而另一方有其他子女的；④子女随其生活，对子女成长有利，而另一方患有久治不愈的传染性疾病或其他严重疾病，或者有其他不利于子女身心健康的情形，不宜与子女共同生活的。

（3）子女与祖父母共同生活多年的，可作为子女随父生活的优先条件予以考虑，但抚养义务人仍是父母双方。《民法典》第一千零六十七条规定："父母不履行抚养义务的，未成年子女或者不能独立生活的成年子女，有要求父母给付抚养费的权利。"父母双方抚养子女的条件基本相同，双方均要求随子女生活的，但是子女跟随祖父母、外祖父母生活多年，且祖父母、外祖父母有能力照顾子女生活的，该情况可以作为子女由哪方抚养优先考虑的条件。虽然如此，但子女不管随哪一方生活，都不能免除另一方对子女保护、教育的义务，父母双方都是未成年子女的法定监护人。同时，子女由祖父母、外祖父母负责照顾也不能免除父母对孩子的抚养教育义务，他们只是属于帮忙性的角色，不能替代父母的角色。

（4）在有利于保护子女利益的前提下，父母双方可以选择协议轮流抚养子女。父母双方可以协议子女随一方生活并由抚养方负担子女全部抚育费。但抚养方的抚养能力明显不能保障子女所需费用，影响子女健康成长的，对单方负担全部抚育费的请求，法院不予准许。双方在有利于保护子女利益的前提下，对于双方均不放弃抚养权的，也可以协议由双方轮流抚养子女。

（5）子女愿意随生活条件较差的一方生活的，应尊重其意愿。我国《最高人民法院关于人民法院审理离婚案件处理子女抚养问题的若干具体意见》第五条的规定："父母双方对10周岁以上的未成年子女随父或随母生活发生争执的，应考虑子女的意见。"由于民法总则将限制行为能力年龄调整到了8岁，所以在离婚案中，涉及8岁以上孩子的利益的，应参考、尊重孩子的意见。在离婚诉讼中，除非父母一方存在不宜与子女共同生活的情形，否则子女选择跟随生活困难一方生活的，法院应予准许。同时，法院应将子女成长过程中的各项合理需求计算在内，在法律规定的范围内判决子女抚养费的负担。

第八章 股权传承的法律智慧

Chapter 8

第一节　法律视角下的私人财富

一、什么是私人财富

私人财富有别于公共财富，在法律中的私人财富又称为私人的合法财产，是指家庭合法资产和个人合法资产的总和。顾名思义，私人财富等于个人或家庭所合法拥有的固定资产、有形资产、现金、存款、政府或公司债券、有价证券、公司股票（股权）、虚拟资产等的总和。

二、私人财富的来源

招商银行和贝恩公司于2019年6月发布了《2019中国私人财富报告》，报告显示中国私人财富市场规模和高净值人群数量增速较过去放缓。2018年，中国个人持有的可投资资产总体规模达190万亿元，2016—

2018年年均复合增长率为7%。

按职业划分，我国高净值人群主要分为创富一代企业家、二代继承人、企业高级管理层/企业中层/专业人士、职业投资人、其他。一代企业家在数量占比上一直保持优势，创业是造富的主要途径。随着传统产业升级、新兴产业规模化为经济发展注入新动能，新经济崛起下的股权增值效应推动企业中、高级管理层与专业人士等新富人群涌现。“互联网+”“智能+”和新兴产业规模化共同注入经济发展新动能。如图8-1所示，目前中国千万级的高净值人群主要由4部分人构成：55%的企业主、15%的金领、20%的炒房者、10%的职业股民。显而易见，股权作为一种资产形态是高净值人群资产的核心组成部分，股权收益是个人资产或家庭资产的重要来源。

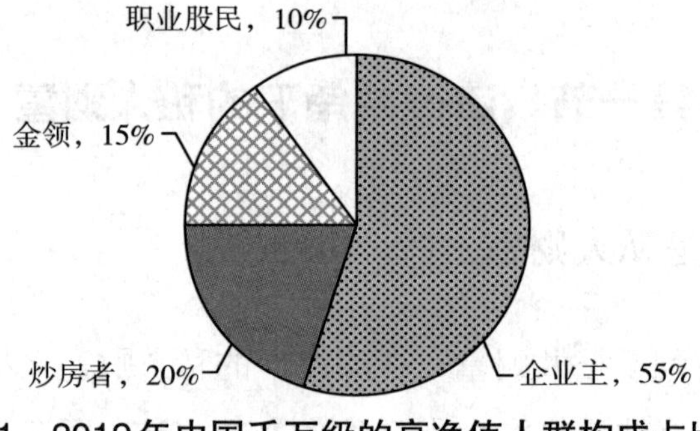

图8-1　2019年中国千万级的高净值人群构成占比情况

资料来源：ChPBCLUB中国私人银行家俱乐部。

从资产配置组合上看，高净值人群对单一资产依赖度下降。2015年高净值人群财富相对集中在股票和公募基金；2017年财富主要集中在银行理财产品、信托和股票；2019年，最大单一资产占比进一步下降，高净值人群依据市场情况和监管影响做出调整。根据胡润研究院调研数据，中国高净值人群私人财富资产的法律形态较集中在房产、有价证券、珠宝、字画、人寿保单、上市公司股权、非上市公司股份（股权投资）、虚拟资产等，详见图8-2所示。私人财富资产占比最高的为上市公司股权，其次是非上市公司股权、房产、珠宝、字画、有价证券、虚拟资产、保单。中国私人财富的资产构成，是我们研究私人财富传承综合解决方案的法律风险防范端的必备要件。

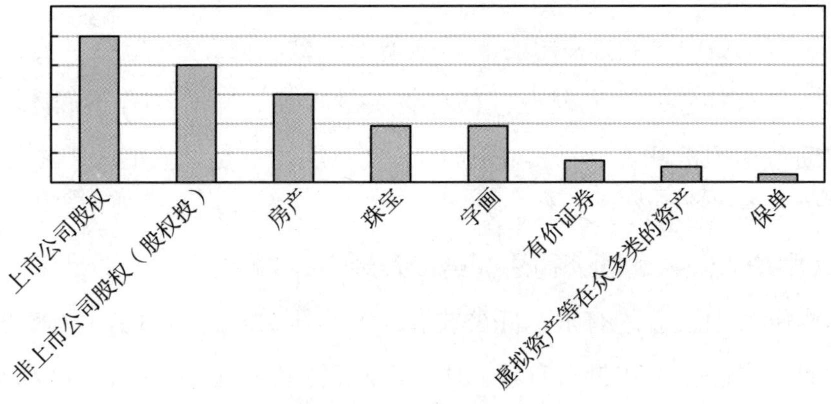

图8-2　2019年中国高净值人群资产构成占比情况

资料来源：ChPBCLUB中国私人银行家俱乐部。

追根溯源，股权是私人财富的根源即核心来源，财富的最大载体无疑是我们私人财富传承研究的客体，那么，企业股权如何传承、企业股权在传承中面临什么样的法律风险，必然是研究和探讨的核心问题。

第二节　股权传承的核心法律问题

一、什么是股权

股权是以公司为媒介，基于自然人或其他主体因投资公司或创办公司，取得股东资格，从而成为股东，是股东所拥有的权利和义务的总和。股权是有限责任公司或者股份有限公司的股东对公司享有的人身和财产权益的一种综合性权利，是股东在初创公司中的投资份额，即股权比例。股权比例的大小，直接影响股东对公司的话语权和控制权，也是股东分红比例的依据，并参与公司经营管理。

公司是股权的载体，为了更好地理解股权的含义，我们首先来探讨一下什么是公司？

《中华人民共和国公司法》第三条第一款、第二款规定："公司是企业法人，有独立的法人财产，享有法人财产权。公司以其全部财产对公司的债务承担责任。"可见，我国的公司在法律上是独立的民事主体，享有物权、债权和部分人格权。

《中华人民共和国公司法》第二条规定："本法所称公司是指依照本法在中国境内设立的有限责任公司和股份有限公司。"目前，我国公司类型为有限责任公司和股份有限公司，有限责任公司由50个以内的自然人、法人或其他组织在中国境内设立，以其认缴的出资额为限对公司及其债务承担有限责任。股份有限公司是自然人、法人或其他组织以其认购的、被划分成等额股份的公司资本为限对公司及其债务承担有限责任的公司。股份有限公司更被大家熟知的名称是上市公司。

从法律层面分析，《中华人民共和国公司法》第三条规定："有限责任公司的股东以其认缴的出资额为限对公司承担责任；股份有限公司的股东以其认购的股份为限对公司承担责任。"第四条规定："公司股东依法享有资产收益、参与重大决策和选择管理者等权利。"因此，公司股东一般是履行出资义务后，可以享受资产收益、参与重大决策和选择管理者等权利的自然人、法人或其他组织。

股权是有限责任公司或者股份有限公司的股东对公司享有的人身和财产权益的一种综合性权利，也就是说，股权既是一种财产性权益，又是一种人身权益。股权的取得，首先是股东基于股东资格（股东身份）的取得并确认后，以公司为媒介，通过企业实际控制人和运营团队的经营管理，实现投资价值及股东权益最大化，从而获取财产性权益。所以说，股权既是一种身份性权益，又是一种财产性权益，且是一种永久且无限逐利的权利，是目的权利和手段权利的有机结合。

股权作为私人财富的一种资产形态，其权利属性有别于珠宝、字画、房产、有价证券、虚拟货币等其他资产，所以笔者特别强调，我们在制订私人财富传承计划和具体解决方案时，股权传承的解决方案必然有别于其他类型财产的传承。

股权传承的解决方案有别于其他类型财产传承，核心原因，就来自于其股权权利属性的特殊性，那么，股东到底拥有哪些权利呢？《公司法》第四条规定：公司股东依法享有资产收益、参与重大决策和选择管理者等权利。股权权利具体如下：

（一）股东拥有的权利

1.质询权、查阅权；

2.决策表决权；

3.选举权；

4.收益权；

5.优先权；

6.提议召集权、提案权；

7.股东代表诉讼提起权；

8.解散公司权；

9.制定和修改章程的权利。

（二）公司股东在享受股东权利的时候也同步履行股东义务

1.遵守法律、行政法规和公司章程。

2.按时足额缴纳出资，不得抽逃出资。

3. 不得滥用股东权利损害公司或者其他股东的利益，应当依法承担赔偿责任。

4. 不得滥用公司法人独立地位和股东有限责任损害公司债权人的利益。公司股东滥用公司法人独立地位和股东有限责任，逃避债务，严重损害公司债权人利益的，应当对公司债务承担连带责任。

股东权利基于股东资格而取得，这些权利并非是民法上所赋予的权利，而是股东成员权的具体内容或者职能，既是一种财产性权利又是一种身份权，不同于其他财产性权利。笔者认为，企业股权的传承设计方案，并不是简单的财产性的继承或者传承问题，而是以公司为媒介的股东资格确认后在科学、合理的公司组织管理架构和股权架构基础上的企业经营管理、运营决策的综合解决方案。

二、股东资格确认

随着《中华人民共和国民法典》的出台，我国的法治建设有了跨时代的意义，这得益于改革开放以来中国经济的飞速发展，也得益于公民对于自身权益保护意识的提升。自然人和法人开办公司、投资公司的行为越来越常见，进而引发诸多对于公司股东资格的纠纷案件。截至2020年5月21日，中国裁判文书网显示在280928件以公司有关的纠纷为案由的判决中，股东资格纠纷的判决有25020件，还有其他大量涉及公司股东资格的案件。可见，公司股东资格问题已经成为我国民事活动乃至私人财富风险管理中必须重视的一个课题，那么股权作为中国高净值人群的首要核心资产，股东身份资格的确认是股权传承的基础和前提。

什么是股东资格呢？股东资格又称股东地位，是基于股权合法性的获得而取得股东身份，并从公司获得经济利益，参与公司经营管理的权利，股东资格是一种身份和地位。具有股东资格，就意味着股东享有包括自益权和共益权在内的各项权利，同时，也意味着权益主体才有权利进行股权传承。

投资人基于投资行为，必然获得股东资格吗？这个答案是否定的。依据我国《公司法》的相关规定，不是每一个人或者法人、社会团体都可以基于投资行为获得股东资格。

（一）什么样的情况下才可以当股东

1. 普通股东的资格限制

（1）自然人股东应具有完全行为能力。虽然《公司法》并未对自然人股东的行为能力做出明确要求，但是，按照《民法通则》的基本规定，自然人作为公司股东应当具备完全行为能力才能有效地进行相关投资协议的签订、章程的签署、出资的缴纳等法律行为。

（2）法人股东应是可以从事营利性活动的法人。当前，各类国家机关被禁止经商、办企业，也就不能成为公司的发起人和股东。

（3）公司不能成为自己的股东。为了避免因公司兼为自己股东的双重身份可能导致的权利义务关系不清，防范因公司收购和持有自己的股权导致公司实际资本的减少，以及可能发生的上市公司借此操纵本公司股票价格的现象，各国公司法一般都禁止公司成为自己的股东。

（4）企业的法定代表人不得成为所任职企业投资设立的有限责任公司的股东。为了避免在被投资的有限公司股东会中的身份重合，进而危害任职企业的利益，《公司登记管理若干问题的规定》第二十四条做出如上禁止性规定，这也同《公司法》第一百四十九条禁止董事、高级管理人员同本公司竞业的立法精神相一致。

2. 股份有限公司发起人资格的限制

《公司法》第七十九条规定，设立股份有限公司须有半数以上的发起人在中国境内有住所，这是为了便于公司设立责任的承担和公司经营管理的参与和监督。

（二）股东资格的确认

下面，我们通过一个案例来解读股东资格确认问题。

【案例8–1】 股东资格确认纠纷案例

甲、乙、丙（法人股东）、丁系互联网A公司的创始股东。甲占注册资本20%，乙占注册资本18%，丙公司占注册资本40%，丁占注册资本22%。同时，甲可以代表丙行使股东权利。

2016年6月，A公司拟通过增资扩股，引入新的股东张某，遂与张某协商，由张某出资510万元，占公司15%股权。

2016年7月29日，张某以个人名义向银行贷款530万元，2016年8月4日，张某将所借510万元打入A公司账户，会计凭证记载为“实收资本”，并出具了“出资凭证”。同年8月，A公司修订《公司章程》，增加张某为A公司股东，且认缴出资为510元，持有公司股权15%。

2017年3月20日，甲向张某补写一张借条，内容为：“借到张某人民币510万元，此款已于2016年8月4日打入A公司账户，由公司承担银行利息和本金归还，期限为一年半，若到期未能偿还作为资本债转为公司股金。”

2017年3月20日至12月20日，甲分3次打入张某账户510万元。

2018年1月，张某屡次要求A公司进行股东身份工商登记，均以张某不是公司股东，其投资款510万元系甲与张某个人借款为由，遭到A公司及甲、乙、丙的拒绝，不配合进行股东变更登记，因张某要求A公司将其确认为股东未果，2018年3月，张某向法院提起诉讼，请求确认其系A公司股东。

本案例争议的焦点问题：张某是否具有股东身份。

张某认为自己系A公司的真实股东，原因如下：

1. 张某出资510万元，会计账本记录系“实收资本”且有出资凭证。

2. A公司有“章程”记载，增加张某为A公司股东，且认缴出资为510万元，持有公司股权15%。

A公司认为张某不是公司股东，张某打入公司的钱系股东甲的借款，非出资款且按工商备案登记，张某并不是公司股东。

本案中张某已经向A公司实缴出资，且有A公司出具的出资凭证，打入目标公司账户510万元，即成为目标公司的法人财产。另查，张某的股东身份已经记载于公司“章程”，张某也以股东身份实际参与了目标公司的经营管理。

无论是张某主动要求A公司将其出资转变为借款，还是甲代表A公司向张某出具借条并将出资作为借款偿还，抑或是张某与A公司协商一致，将出资转变为借款而归还，本质上都是根本改变张某对A公司出资性质的违法行为，都会导致丙抽回出资并退股的法律后果，这是有违《公司法》的禁止性规定的，因而上述行为均应无效，丙的股东身份自然也不应因此种无效行为而改变。

综上，张某已经取得了A公司的股东身份，借条的出具并不能将其对A公司的股权转变为债权，法院判令A公司届日配合张某办理股东身份变更登记。

（三）股东资格认定的依据

（1）公司章程

《中华人民共和国公司法》第二十五条规定：“有限责任公司章程应当载明下列事项：（一）公司名称和住所；（二）公司经营范围；（三）公司注册资本；（四）股东的姓名或者名称；（五）股东的出资方式、出资额和出资时间；（六）公司的机构及其产生办法、职权、议事规则；（七）公司法定代表人；（八）股东会会议认为需要规定的其他事项。股东应当在公司章程上签名、盖章。”因此，公司章程是确定股东资格的重要依据。

（2）出资证明书

《中华人民共和国公司法》第三十一条第1款规定：“有限责任公司成立后，应当向股东签发出资证明书。”很明显，法律明文规定了公司必须向股东签发“出资证明书”这一出资凭证。但是，在法律实务中我国绝大部分有限责任公司并不会签发该凭证。《中华人民共和国公司法》第三十一条第2款规定了出资证明书的内容：“出资证明书应当载明下列事项：（一）公司名称；（二）公司成立日期；（三）公司注册资本；（四）股东的姓名或者名称、缴纳的出资额和出资日期；（五）出资证明书的编号和核发日期。出资证明书由公司盖章。”

（3）实际出资证明

《中华人民共和国公司法》第二十八条第1款规定：“股东应当按期足额缴纳公司章程中规定的各自所认缴的出资额。”实际出资证明代表了股东履行了出资义务，实际缴纳了认缴的出资额。

（4）股东名册

《中华人民共和国公司法》第三十二条规定：“有限责任公司应当置备股东名册，记载下列事项：（一）股东的姓名或者名称及住所；（二）股东的出资额；（三）出资证明书编号。记载于股东名册的股东，可以依股东名册主张行使股东权利。公司应当将股东的姓名或者名称向公司登记机关登记；登记事项发生变更的，应当办理变更登记。未经登记或者变更登记的，不得对抗第三人。”

（5）工商登记

《中华人民共和国公司法》第二十九条规定：“股东认足公司章程规定的出资后，由全体股东指定的代表或者共同委托的代理人向公司登记机关报送公司登记申请书、公司章程等文件，申请设立登记。”第二十九条仅规定了股东设立登记的情形，如果股东变更还须进行股东的变更登记。工商登记有对外公示的作用，但效力仅及第三人，不涉及公司及其他股东，可谓“内外有别”。

笔者认为，工商登记备案具有对抗第三人的效力，法定股东资格的确认，应满足两个要件，即实质要件和形式要件。实质要件是依法向公司出资或者认缴出资为取得股东资格的必要条件；形式要件为公司对股东的出资或认缴出资的记载和对股东身份以股东名册记载，即实质要件的外在表现。股权取得实质要件是向公司认购出资或者股份而取得股权，包括原始取得和继受取得。股东身份的确认贯穿于公司设立、经营的整个过程，比如说公司发起设立的协议，公司成立时章程的签字确认，实际或认缴出资的出资协议，工商登记，签发出资证明书，记载于股东名册，到最后以股东名义实际行使股东权利。

股权是一种特殊的资产形态。在制订私人财富的股权传承设计方案时，首先应确认股权在法律状态下的权利状态，即股东资格合法性的取得并认可，是财富传承的大前提。《最高人民法院关于适用〈中华人民共和国公司法〉若干问题的规定（三）》第二十二条规定：“当事人之间对股权归属发生争议，一方请求人民法院确认其享有股权的，应当证明以下事实之一：（一）已经依法向公司出资或者认缴出资，且不违反法律法规强制性规定；（二）已经受让或者以其他形式继受公司股权，且不违反法律法规强制性规定。”

《中华人民共和国公司法》（2014年3月1日起施行）规定：

第三十一条　有限责任公司成立后，应当向股东签发出资证明书。

第三十二条　有限责任公司应当置备股东名册，记载下列事项：（一）股东的姓名或者名称及住所；（二）股东的出资额；（三）出资证明书编号。记载于股东名册的股东，可以依股东名册主张行使股东权利。

公司应当将股东的姓名或者名称向公司登记机关登记；登记事项发

生变更的，应当办理变更登记。未经登记或者变更登记的，不得对抗第三人。

第七十三条　依照本法第七十一条、第七十二条转让股权后，公司应当注销原股东的出资证明书，向新股东签发出资证明书，并相应修改公司章程和股东名册中有关股东及其出资额的记载。对公司章程的该项修改不需再由股东会表决。

三、股权代持

在经济飞速发展的今天，商事交易日益频繁，这也导致股权代持行为频繁地出现在公司运作中，合法的股权代持有利于吸引投资者的进入、稳定公司的经营发展。但由于目前我国法律中对于股权代持行为的规定较为匮乏，制度体系的不完善导致此类案件只能以《公司法司法解释三》以及相关的司法判例作为解决问题的依据。由此就引发了大量非法的股权代持行为，破坏公司正常的经济秩序的同时也影响有效的股权传承即财富传承方案的设计。因此，股权代持行为的风险防范研究就显得尤为重要，对《公司法》的完善及私人财富传承方案的处理具有重大意义。

（一）股权代持的含义

1.股权代持的含义

股权代持又称委托持股、隐名投资或假名投资，是指实际出资人与名义出资人达成约定，由名义出资人作为名义股东进行工商变更登记，以他人名义代实际出资人履行股东权利义务，而实际上由实际出资人出资并享有股权收益的一种持股方式。

《〈中华人民共和国公司法〉若干问题的规定（三）》（以下简称《公司法解释三》）第二十五条规定："有限责任公司的实际出资人与名义出资人订立合同，约定由实际出资人出资并享有投资权益，以名义出资人为名义股东，实际出资人与名义股东对该合同效力发生争议的，如无合同法第五十二条规定的情形，人民法院应当认定该合同有效。”

2. 股权代持的主要原因

（1）因为法律规定某些特定身份或职业主体不能成为股东，股权代持是为了规避法律的规定，如关于国家公职人员禁止投资或入股，外商投资准入、《公司法》股东人数的限制等。

（2）规避股权激励、资产隔离、关联交易、竞业限制等限制性因素。

（3）有关于一些法律所禁止的利益输送，如受贿等违法行为。

（二）股权代持中存在的风险问题

1. 代持协议的效力

股权代持协议是隐名股东或实际出资人与名义股东间设立彼此权利义务的合同，《公司法》并未禁止隐名出资，隐名投资行为合法有效。根据《公司法解释三》第二十四条，代持协议有效的前提是首先适用于有限责任公司，其次协议内容不存在《合同法》第五十二条规定的内容，那么股权代持协议合法有效。如果实际出资人与名义股东因股权投资权益的归属发生纠纷，实际出资人以其履行了实际出资义务为由向名义股东主张权利的，法院应予支持。

但对于股份公司股权的代持，法律尚未加以明确约定。虽然我国不是判例法国家，但对最高人民法院发布的指导性案例，各级人民法院审判类似案例时应当参照，关于股份公司股权的代持，最高人民法院的指导性案例确认了裁判规则。

2. 股权代持中的风险

（1）股东权利。股东权利，即股东权，简称股权，是基于股东资格而对公司依法享有的权利。股权是股东基于股东身份参与公司经营管理并获得经营收益的权利，是《公司法》的核心问题。股东权包括股东与财产有关的各种权益和企业内部经营管理的各种权益，是集财产与经营两种权利于一体的一种综合性的权利形态。

（2）股权代持中的风险。根据《公司法》第四条，股东的权利主要体现为资产收益权及参与公司重大决策和选择管理者的权利。隐名股东作为实际出资人，应实际履行股东义务并享受股东权利，名义股东配合实际出资人实施股东行为。但由于股东资格的认定以工商登记或内部的股东名册为准，故显名股东作为登记的主体，可以在未经实际出资人同意的情况下实施股权变更、转让等行为，所以在股权代持中，隐名股东存在一定的风险。

1）名义股东滥用经营管理权、表决权、分红权、增资优先权、剩余财产分配权等权利。名义股东作为该企业法律文件实际记载的股东，对外可以行使一切有关股东的权利。对内来说，名义股东应当是受制于实际出资人的，其一切法律行为应当向实际出资人汇报并在作出重大处分决定时必须事先获得实际出资人的同意。

然而，由于名义股东作为工商登记或股东名册的主体，享有股东的权利外观，为了利益驱使常常会基于其公示的股东身份滥用表决权、分红权、优先认缴权、剩余财产分配权等股东权利，从而侵害实际出资人的权益。

2）代持人擅自转让或质押股权。根据《公司法司法解释三》第二十六条的规定，名义股东未经实际出资者同意将被代持股权转让或质押的，实际出资人只能依据《物权法》第一百零六条的规定处理，适用善意取得，实际出资人只能向名义股东主张赔偿损失，而不能主张名义股东和善意第三人之间的转让合同无效。

3）名义持有人不按协议约定向实际出资人支付分红所得及其他相关收益。名义持有人作为显名股东，应按照股权代持协议约定履行义务，作为名义股东代为出资，并积极促使确认股东身份的各项程序进行，代为行使股东权利义务。如怠于履行责任，应根据协议约定承担相应责任。

4）因名义持有人原因损害实际出资人合伙份额的完整性和安全性风险。当名义持股人出现其他不能偿还的债务时，法院和其他有权机关可以依法查封、冻结、扣押上述股权，并将代持股权用于偿还代持股人的债务。实际出资人如果未能及时阻止，只能依据代持协议向代持人主张赔偿责任。

此时，实际出资人不能以有代持协议、自己为隐名股东为由主张代持的股份不属于显名股东的被执行财产。如果该股权被执行，虽然隐名股东可以向代持人主张损害赔偿，但也同时要承担代持人没有清偿能力的风险。

5）实际出资人不能实名风险。当实际出资人主张股东身份即请求显名时，根据《公司法解释三》第二十五条的规定，不能以自己实际出资为由主张变更登记。若实际出资人无法提供其他股东过半数同意的相关证据，即使其为实际出资人，但向法院主张成为显名股东的诉求也难以得到支持。

6）税务风险。实际出资人变更企业合伙人登记仅为形式变更，不产生合伙份额转让所得，亦无须缴纳企业所得税或个人所得税。然而，在实际操作过程中，实际出资人因为缺乏有利证据材料等种种原因存在被税务机关按照公允价格计税的风险，甚至在企业代持个人股权的情形下，存在双重征税的风险。

（三）股权代持风险的规避

股权代持行为虽然屡见不鲜，但不乏风险的存在，无论是实际出资人还是名义股东，风险或来自于内部因素如未签代持协议、协议约定不明等，或来源于外部因素如违反法律强制性规定、代持股权被强制执行等。为更好地规避股权代持中的风险，笔者提出如下建议：

一是签署完善的股权代持协议，股权代持协议是认定实际出资人与名义股东间关系的重要依据，只有明确了双方间的股权代持关系，实际出资人的股东权利才能得以确认。

二是就代持的股权设立担保物权。在办理股权代持的同时，可以将代持的股权向实际出资人办理质押担保。这样就确保了代持人无法擅自将股权向第三方提供担保或者出卖转让。

三是为了防止代持人在实际出资人不知情的情况下擅自行使股东权利，因此，如果条件许可，应当告知公司的其他股东或者由其他股东在协议上书面认可。

四是实际出资人保留所有针对公司投资的书面记录，并且投资的资金经过本人的账户中转。

五是有关出资的转账凭证或交款收据等要完整无歧义，可要求名义持股人出具书面文件，确认实际出资人已出资金额和时间。

六是发现权利被侵害时，应尽快采取法律措施。

综上所述，股权代持行为已成为当下多见的模式，在不可避免地建立股权代持关系时，实际出资人与名义股东之间应当将两者之间的法律关系性质、权利义务关系在不违反法律法规的情况下尽可能地约定明确，避免不必要的纠纷产生。

（四）有限公司股权代持还原

我国法律已正式肯定了有限责任公司的股权代持法律效力，即代持合同的效力，在股权代持合同有效的情况下，具有代持股东身份是否就可以成为代持公司股东呢？显而易见，答案是否定的，公司作为独立的法人，人格独立，有限公司具有人合性的法律特征，公司股东身份的确认即代持股权的还原不仅受《合同法》《公司法》的调整，还受到公司章程的制约。

【案例8-2】 股权代持还原

钱某、陈某、刘某等人系某有限公司（以下简称“某公司”）的原始股东，陈某持有某公司45%的股权。公司经过两年的努力，年收入过亿元，陈某作为公司股东，为更好地开发业务，引入资源方张某，帮忙介绍资源、开拓市场。陈某向张某承诺，通过增资扩股的方式引入张某，因张某不便持有股权，由陈某代为持有，双方签订了《代持协议》并约定：“张某持有某公司10%股权，在某公司的股权在公开市场流通前，由陈某代持。”两年后，由于公司业绩飞速增长，有望在一年后上市，张某因身体不佳，不能再帮陈某拓展市场，此时张某儿子张小某已从海外留学回国，张某想让儿子张小某持有某公司股权，经过多次沟通公司其他股东均不认可张某系某公司股东，无奈之下张某起诉到法院要求确认代持协议有效，并判令某公司还原自己的股东身份。

笔者认为在上述案例中，张某与陈某的股权代持协议系自愿签署，属于正常的商业交易行为，不存在《合同法》第五十二条规定的4种合同无效的情形，且没有损坏国家利益和社会公共利益的行为，也不存在恶意串通损害第三人利益的情形。《公司法解释三》第二十五条规定：“有限责任公司的实际出资人与名义出资人订立合同，约定由实际出资人出资并享有投资权益，以名义出资人为名义股东，实际出资人与名义股东对该合同效力发生争议的，如无合同法第五十二条规定的情形，人民法院应当认定该合同有效。”这一规定正式肯定了有限责任公司委托持股合同的法律效力，故张某与陈某的股权代持协议有效。

在这里笔者特别强调的是，有限责任公司股权代持合同效力的认可，并不代表代持股权就可以顺理成章地还原，在股权代持存续期间，实际出资人张某视情况需要解除代持关系，成为某公司的显名股东。如果届时代持人陈某（名义出资人）不配合解除股权代持或不配合办理工商变更登记，将导致实际出资人显名存在障碍。《公司法解释三》第二十五条规定："实际出资人未经公司其他股东半数以上同意，请求公司变更股东、签发出资证明书、记载于股东名册、记载于公司章程并办理公司登记机关登记的，人民法院不予支持。"简言之，如公司其他过半数股东不同意实际出资人张某显名，则实际出资人张某亦将面临无法显名之风险。

综上所述，在上述案例中，张某想解除代持股权、还原代持股权、由其子张小某持有某公司股权的想法，在过半数股东不同意的情况下很难实现。这也是股权传承中经常会遇到的问题。

（五）上市公司股权代持

针对上市公司的股权代持，考虑到更多上市公司股权结构的稳定性问题，最高人民法院认为，对于上市公司股权代持合同效力的认定应当根据上市公司监管相关法律法规以及《中华人民共和国合同法》（以下简称《合同法》）等规定综合予以判定。根据《首次公开发行股票并上市管理办法》（以下简称《首发管理办法》）、《中华人民共和国证券法》（以下简称《证券法》）等相关规定，上市公司IPO过程中股权要清晰、股东身份要明确，不允许隐匿真实股东，上市公司股权不得隐名代持。若上市公司股东不清晰，必然会导致监管落空，损害广大非特定投资者的合法权益，从而损害到资本市场基本交易秩序与基本交易安全，损害金融安全与社会稳定，并最终损害社会公共利益。所以，上市公司股权代持合同因违反了《合同法》第五十二条第四项的规定，应属无效合同。

上市公司股权代持合同因涉及上市公司隐名持股危害社会公共利益而无效，但并不意味着否认实际出资人与名义股东之间委托投资关系的效力，更不意味着否认双方之间委托投资的事实。实际出资人可查明委托持股的股权数量，请求分割相关委托投资利益。

四、股权继承

我国改革开放40余年，市场经济高速发展，创造了一批优秀的企业家，根据《中国私人银行2017：十年蝶变，十年展望》的研究，目前中国高净值人士在财富来源和年龄集中度方面具有共性特点，即：在财富来源方面，创办企业是财富积累的主要来源之一，同时资产超过5000万元的人群，多集中在20世纪50—60年代出生，年龄在40—60岁，从年龄结构和企业家需求分析报告显示，未来5—10年，中国第一代企业家逐步进入退休年龄，家族财富的保障与传承，将引来一波新的企业变革浪潮！股权作为企业家的核心资产，如何有效地被传承下去是必须解决的一个问题。

当企业家突然不幸身亡，其名下的股权，是否作为遗产能当然继承呢?

（一）有限责任公司股权继承

下面我们通过一个案例来解读有限责任公司股权继承的相关法律问题。

【案例8-3】张某、李某和王某等人于2005年1月共同出资成立了某高新科技有限公司，注册资本2000万元，其中张某占出资总额的30%，为该公司的实际控制人，并担任公司的董事长。公司成立之初，制定了公司章程，对公司的经营范围、方针，以及机构部门设置等相关问题进行了制定，但没有对股东继承的问题进行相应的约定。公司经营很好，年利润可观，张某不幸于2015年3月因病去世，张某的继承人为其妻子宋某和年仅16岁的女儿，张某去世后，其妻子宋某从未主张过继承股权一事。公司一直照常经营，并且历次股东会也从没有通知过宋某及其女儿。2015年年底，宋某及其女儿要求继承张某股权并要求出任董事长一职，决定年底股权分红。该公司以宋某及其女儿不是公司股东，且不能担任董事长为由拒绝支付分红，于是宋某及其女儿向法院提起诉讼，要求确认股东资格并且进行分红。

本案的焦点问题为宋某及其未成年的女儿是否能够继承为股东？是否有权要求分红？

笔者认为：股权作为一种财产性权益能够被继承，但是继承人不会因继承股权当然地成为公司的股东。基于其财产性属性，股权作为一种财产性权利，在公司股东死亡时，其财产性合法权益可以被继承，但是由于股权同时又兼有人格权的属性，即基于股东身份而获得的管理权、决策权等身份性权利不能被继承的法律性质，股权继承与一般的财产，比如房产、珠宝、字画等财产作为遗产继承的程序和方式不同。

就上述本案件股权继承分体分析，我们首先要分析两个问题：（1）宋某和其未成年的女儿是否可以继承张某的股权？（2）宋某和其女儿作为继承人是否基于股权继承取得董事长身份，参与公司运营，决定公司分红？

首先，我们来分析第一个问题，《公司法》第七十六条明确规定，有限责任公司中，“自然人股东死亡后，其合法继承人可以继承股东资格；但是，公司章程另有规定的除外”。在这里，笔者特别强调，在有限责任公司，继承人是否可以继承公司股权，采用的是股东意思自治原则，如果公司章程没有特别加以限制，股东的合法继承人可以继承股东资格。根据《继承法》的规定，继承是在被继承人死亡后才开始的，也就是说，张某去世后，宋某及其女儿当然地可以继承股东资格并享有股权。此时，宋某及其女儿可以要求该公司进行股东名册的变更、工商登记变更等手续。

其次，对张某女儿为未成年人是否当然获得股东资格这一问题，在前面笔者讲到股东资格确认时明确指出，自然人股东要具备完全民事行为能力，这个案件涉及一个核心的法律问题，即无完全民事行为能力人继承股东资格的问题，在公司章程对股权的继承人资格没有规定限制性条件的情形下，股权继承中，无完全行为能力人是以继承人的身份获得股东资格的，无须承担作为发起人的实际出资义务，至于他们参与公司管理、行使表决权等需要股东做出意思表示的事项，可以由他们的法定代理人或法定代理人委托的人进行。张某的女儿未成年，其继承张某股权后，其股东权利行使应由法定监护人宋某代为行使。

最后，宋某和其女儿作为继承人基于股权继承，并不可以当然获得董事长身份参与公司运营、决定公司分红。企业股权的继承，有别于现金、珠宝、房地产等单纯性财产属性的继承，就企业而言，企业价值及股权价值的体现建立在良好的企业运营管理基础上，实际经营者的企业管理能力是关键，对于企业来说，股权的继承，董事长身份的继承，蕴藏了两层含义：一是领导力的传承，二是股权（利益）继承。

（二）股份有限公司股权继承的问题

股份有限公司是典型的资合性公司，无记名股票与记名股票的继承在程序上有明显的区别。记名股票的继承应严格按照证监会的相关要求办理背书，无记名股票的继承，只需要交付股票即可。股份有限公司或上市公司的股权继承问题相对于有限责任公司股权继承会简单得多。

第三节　企业股权传承的法律智慧

一、企业股权传承概论

无居安思危之心可以亡国，无风险管理之策可以亡企，经济高速发展的时代缔造了一大批优秀企业家，产业迭代更新、资本汹涌云集，企业家也不断面临着挑战——创富的收益与风险、增长与负债、家庭与企业、守富与传承，都需要企业家去平衡和面对。招商银行与贝恩公司联合发布的《2019年中国私人财富报告》报告指出，在全球经济政治环境不确定性增加、国内宏观经济下行压力持续、供给侧改革不断深化的背景下，2018年，中国个人持有的可投资资产总体规模达190万亿元，2016—2018年年均复合增长率为7%。2018年年末，中国的高净值人群数量达到197万人，与2016年相比增加了约40万人，其中超高净值人群规模约17万人，可投资资产5000万元以上人群规模约32万人。从财富规模看，2018年中国高净值人群共持有61万亿元的可投资资产，年均复合增速为12%。高净值人群人均持有可投资资产约3080万元。

2014—2015年，我国超高净值人群50岁以上的占比58%，其中，60岁以上的占比17%。且高净值人群资产规模与年龄呈现一定的正相关性，资产规模越大的高净值人群，其平均年龄也越大。2019年已经准备传承安排的超高净值客户群首次超过50%。由此可以基本推断，未来10—20年将是中国私人财富集中传承的“窗口期”，中国的财富战场上将迎来波澜壮阔的重要时刻：一方面，经济转型的新机遇将继续催生一代创富英雄；另一方面，日益逼近的传承脚步将会衍生出大量继受上一代财富的“富二代”“富三代”，由此揭开个人财富向家族财富演进的序幕。

从传承工具以及可传承资产的范围来看，如今上一辈人能够传承给下一代的财富种类不再仅仅是单一的现金资产，企业及股权作为私人财富的核心组成部分，已成为企业家私人财富传承面临的重要课题。企业家传承股权，如何在新的经济发展环境下促进财富有序持久地增长？股权作为一种永久且无限逐利的企业家权利，如何实现企业的“基业长青、百年不老”？在面临“企业长青之需”时，我们应该做什么？这些都是摆在每个企业家面前的重要课题。

企业传承的过程见图8-3。

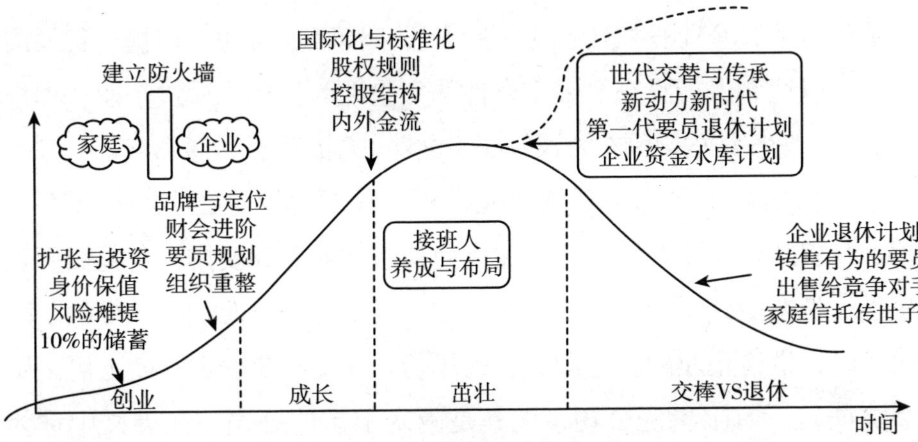

图8-3　企业传承示意图

资料来源：ChPBCLUB中国私人银行家俱乐部。

如果说一般家庭法律意义上的传承安排，运用的是信托、保险、遗嘱等工具来达到守护和递延财富的目的，家族企业的传承则面临着纷繁复杂的问题。例如，如何实现企业有效的治理与运营？如何选择企业管理的接班人？如何实现企业股权传承合理分配的同时又不影响企业股权结构的稳定性？如何实现“败家子”的财富保障？是否要考虑未来接班人婚姻风险，以免导致“肥水外流”以及其他意外？家族企业如何与资本市场和私募股权基金处理好合作关系？家族企业股东协议和家族宪法的特别考量、对股权信托的设计和筹划、重要股东的保险和企业治理的关系和特别安排等，根据上述企业图谱，笔者认为企业股权传承应注意以下4个核心问题：（1）建立企业防火墙，保护企业资产和股东资产的完整性。（2）构建基业长青之基石，保护企业核心人物。（3）合理设计企业股权架构，所有权与经营权分离。（4）善于使用各类工具，实现企业长青。

二、企业股权传承的具体解决方案

（一）筹划锦囊之一：企业治理、股权结构和股东协议

笔者认为，企业股权传承应以股东股权清晰、合法为前提，正如前文所述，以达到保护股东财富安全性和完整性为目标，通过企业章程合理性设计、股权结构、股东协议等配套文件，制订前期传承方案。

中国大多数企业都不重视企业章程、股东协议。在实践中，企业治理、股权结构和股东协议，往往成为被忽视的重要安排，章程惯用工商模板，股东协议多为空白或制式约定，当企业一旦面临股东变故、婚变纷争时，带给企业的就是颠覆性的风险。其实，在一定程度上可以做到事先防范。有限责任公司，尤其是尚未上市的公司，在英文中称为Closely Held Company或者Private Company，其非常重要的特性就是“资合”之外还有“人合”，企业的成功很大程度上仰赖各个股东之间有效、默契地协作配合，共担风险、共享收益。

近年来企业股东意外身亡屡次发生，昆明柏联国际（集团）有限公司总裁郝琳坠机身亡、遗孀争夺百亿股权，中国首位私有篮球俱乐部神秘富豪李苏猝死导致代持股权落入他人之手、亿万资产不翼而飞等案例比比皆是，面对变故或不测，作为继承人该如何掌管企业，作为继承人如何参与进来？能否顺利接管企业？中国企业的章程、股东协议往往很少有相应的安排和规定。

在传承中，企业家是否应该考虑自己的股权、股份在其身故后，应该平均分配给所有的继承人，还是倾向性地给予将参与实际管理的继承人？如果后者在掌握管理权之后侵害其他家族成员（继承人）的权益，该如何处理？是否有的成员应该有投票权，而其他成员则只享有受益权而没有投票权？

实际上，对上述这些问题，一定程度上可以巧妙地在公司章程或者股东协议中加以规定，而这些规定则要配合企业传承、遗嘱、家族宪法等进行统筹规划并进行无缝对接。

（二）筹划锦囊之二：转股或回购安排设计

股权结构化设计是企业股权传承的重要“环节”，也是企业股权架构的一个组成部分。关于企业家意外事件致其变故或丧失行为能力，以笔者的经验来看，应做到“未雨绸缪”。非上市公司的股东如果发生意外、丧失行为能力，将面临股权继承的问题，企业其他股东必然会担心因股权继承而出现股东的人合性问题，从而危及公司的正常经营发展和未来企业业绩、成长性。针对上述特殊性事件，笔者认为，可以在公司章程性文件或者股东协议中约定，股东之间可以按照约定的价格购买对方的股权，或者借助投资机构或者外来资金，由公司或具备经营能力的股东购买、赎回去世或丧失行为能力、不具备经营能力的股东的股权。如果所涉及的是非控股股权，根据协商可能会在该价值基础上给予一定的折扣，其理由是股权的非控股性质无法主导公司管理，因此在市场上转让的吸引力也会下降。

股权回购或特定条件下的股权转让，早已经在欧美较为成熟地运用，并且完全可以在中国被灵活应用。

（三）筹划锦囊之三：应对婚变的保财性文件和企业股权信托

“从前车马很慢，书信很远，一生只够爱一个人。”这是我们每个人渴望的爱情故事。往往，美好的婚姻都蕴藏在智慧和故事里，当现实事与愿违的时候，婚姻与人们的事业、财富并不是截然分开的两个世界。当婚姻开始亮起红灯，企业家的事业发展、财富安全将被打上大大的问号——企业家婚变势必造成企业形象受损、股价下跌，投资人甚至会考虑企业资产转移、股权分割等一系列的连锁事件，必然导致企业经营受阻、资金短缺。例如，真功夫创始人蔡达标与前妻因婚变引发股权确认纠纷，拖垮企业；土豆网创始人王微与杨蕾离婚纠纷，导致企业上市滞后，等等。因婚变争产令企业歇业，无疑，企业家婚变，撼动的不仅是双方的感情，更危及企业家财富之根基！

意外和明天不知道哪个先来！面对不可确定的企业经营风险，企业家如何保证企业持续稳定，不受意外干扰，是企业家必须面对并解决的一个问题。

依据笔者经验，企业家善于应用婚内或婚前财产约定、企业股权信托等筹划方案是良策。

1. 企业家保财的婚前或婚内财产约定

中国人的情感表达通常很含蓄，一对恩爱的夫妻来谈“婚内财产约定”或“婚前财产约定”难免会很尴尬，双方也很难接受这种婚姻模式。笔者调研了众多企业家的离婚案件，尤其在企业家的离婚诉讼中，虽然法院在对夫妻共同持有的企业股权进行分割时，会结合《公司法》等有关规定，依法保护其他股东的优先购买权，根据不同情况依法分别作出处理，这使得财产核实、认定、分割耗时很长。如果公司股东能够与配偶签订详尽的夫妻财产协议，通过协议明确婚前财产的范围，确立双方婚后财产的使用方法以及采用夫妻财产共同所有制还是个人所有制，确定双方在家庭生活中的义务以及保障相关公司、股东的权益。例如，富士康科技集团创始人、总裁郭台铭结婚之前与妻子签了婚前协议，约定如果离婚，郭名下的股权不进行分割，但会基于股权价值给予补偿。基于上述安排，反而更有利于公司的发展，一旦离婚，至少“人没了、钱还在”，不至于“两败俱伤、恩怨深似海”。

2. 企业家股权信托

通过股权信托，可使企业股权或家族股权的所有权集中在信托内，企业主的婚变或家庭成员的变动不会影响公司整体的经营和股权结构，确保企业的实际控制权的稳定。

××公司主席吴××与丈夫××解除婚姻关系，虽未有股权之争，但也引发股价连续3天下跌，万幸的是股价连跌3天后开始反弹，公司未受到实质性影响，大家就会觉得为何同样是上市公司股东离婚，该公司就会幸免股价暴跌之诅咒呢？这就凸显了股权信托架构的优势——吴××与丈夫在龙湖地产上市之前设立了一套以家族信托为依据的持股架构，从而有效地防止了婚变带来的股权变动和经营风险。

（四）筹划锦囊之四：鲜为人知的保险工具应用

保险工具作为私人财富传承的工具之一，巧妙应用保单，可以有效建立私人财富的“护城河”，实现家庭资产和企业资产的有效隔离，合理应用保单构建企业备付金，打通融资渠道，助力企业转危为安，东山再起；同时，还可以应用保单架构实现企业结构稳定，不受外来之殇。

企业中的三大关键人物规划是企业长青的基石，企业的经营及永续长存的最核心是“人”。杰克·韦尔奇（Jack Welch）说：“人对了，事就对了！”人才作为企业最重要的资产，他们的身故、离职、婚变带给企业是毁灭性的灾难，比如，生产力下降、企业经营秩序混乱、公司信用受损、接班人更迭等。当企业核心的合伙人离开，企业及家人将面临什么样的选择？企业清算还是由其他股东与已故股东的继承人共同经营？其他股东出售股权给已故股东的继承人？其他股东出售股权给外人？已故股东的继承人将股权出售？上述诸多问题都让企业面临着生存还是死亡、发展还是停滞的挑战！

【案例8-4】张某、朱某、李某、A公司共同创办了一家高新科技FEIFAN公司，公司经营业绩良好，有望一年后在香港上市，但是张某一直身体不佳，也担心日后不能参与公司运营，故辞去董事长职务。大家一致表决，觉得朱某年轻有魄力，可以担任董事长一职，带领企业走向辉煌。朱某担任董事长一职后，因考虑张某身体原因，担心张某万一病逝或出现意外，其儿子、妻子来争夺股权，导致企业股权结构不稳定，影响企业上市进程，于是就找张某沟通企业未来经营权问题，经过多轮谈判，达成如下协议："一旦张某发生意外，导致股权继承问题，公司实际控制人以FEIFAN公司以每股××元的价格，购买张某50%股权，同时，张某放弃经营权、决策权，只享有剩余股权的分红收益权。"

在达成上述协议后，公司为有效实现协议约定内容，使用保险工具，筹备现金购买股权，如图8-4所示：

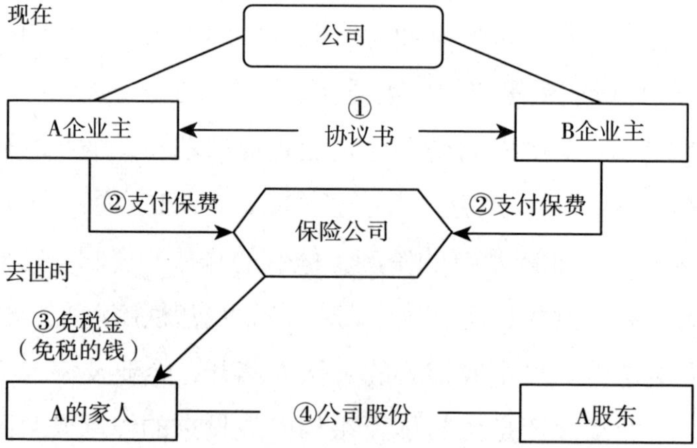

图8-4 股份保险协议

资料来源：ChPBCLUB中国私人银行家俱乐部。

在上述案例中，当张某身故，保险公司给付赔偿金，根据协议约定，该笔赔偿金用于收购股权，如差额部分由实际控制人补齐，这样既保证了继承人股权价值变现，也保障了公司运营的稳定。

根据上述案例，笔者建议，为不影响公司正常经营，应针对管理层股东的意外身亡或离世，设计配套的回购或股权转让条款及相关的配套协议。企业在管理结构设计时，应针对核心股东或管理层股东配套设计合理的福利计划，公司通过支付少量费用为股东进行投保或者由股东先自行购买保险（保费公司作为福利予以报销）。一旦该股东不幸身故，保险公司支付高额保险金，那么公司作为保单受益人，就可以通过获得的保险金来回购辞世股东的股权，这既满足了股东继承人退出套现的要求，也缓解了公司现金流的问题。

保险费统一由公司承担，在税务上还可能达到节税的目的。但问题是，公司获得的保险赔偿并不独立于公司的其他资产，也就是说公司的债权人如果要对公司作为债务人的还款义务进行司法强制执行，则该保险赔偿金可能会被冻结用于偿付公司债务，导致回购安排落空。

可以规避保险赔偿金偿债的方法是股东互相购买寿险。当一方死亡，另一方股东可将获得的保险金赔付收购辞世股东的股权。这种方法解决了公司为股东购险的问题，但是如果公司的重要股东超过3名，操作起来就比较复杂，需要专业人士的架构设计，以达到对所有股东公平的目的。此外，作为受益人的股东，就获得的保险金赔付是否要缴纳个人所得税，在法律上尚存在不确定性。

股东互相购买寿险模式的另一个问题是，年轻的股东要为年长的股东支付的保险费，明显高于年长的股东为年轻的股东支付的保险费。

就上述问题，实践中可通过合同手段加以解决，比如保单先由股东个人购买，再由公司报销股东个人支付的保险费，将其视为公司给股东个人的贷款。该贷款在发生保险事件后（即被保险的股东死亡）、保险公司支付保险金的时候由受益人归还公司。还可以考虑其他变通做法，比如，要求股东在收到保险金之后将该金额增资注入公司，而公司以获得的增资款来回购辞世股东的股权。